「大思政」视域下

德育工作序列化实践探究

编 著

上海教育出版社
SHANGHAI EDUCATIONAL
PUBLISHING HOUSE

图书在版编目（CIP）数据

"大思政"视域下学校德育工作序列化实践探
究 / 黄宁编著. — 上海：上海教育出版社，2024.9.
ISBN 978-7-5720-3088-8

Ⅰ. G631

中国国家版本馆CIP数据核字第2024ST3890号

策划编辑　刘美文
责任编辑　庄雨蒙　姜一宁
装帧设计　王鸣豪

"大思政"视域下学校德育工作序列化实践探究
黄　宁　编著

出版发行　上海教育出版社有限公司
官　　网　www.seph.com.cn
地　　址　上海市闵行区号景路159弄C座
邮　　编　201101
印　　刷　上海普顺印刷包装有限公司
开　　本　700×1000　1/16　印张 17.5
字　　数　288 千字
版　　次　2024年9月第1版
印　　次　2024年9月第1次印刷
书　　号　ISBN 978-7-5720-3088-8/G·2746
定　　价　68.00 元

如发现质量问题，读者可向本社调换　电话：021-64373213

编委会

目　录

引　言

在湖南省长沙市长郡双语实验中学校园中心广场科技楼前的横卧石碑上，刻有"养正毓德"四个大字，白底红字与周边红白相间的建筑浑然一体，给人难忘的视觉记忆。

"蒙以养正，圣功也""蒙，君子以果行育德"，道出了中小学教育的关键，即从童年开始，施以正确的教育，培养良好的品德，使学生摆脱蒙昧，归于正道。学校教育的根本也应指向学生良好德性的养成，因此，学校德育尤为重要。从狭义上看，德育即道德教育，旨在引导人形成良好的道德意识，产生良好的道德行为。从广义上看，德育包含了整个社会对公民进行的思想道德、政治认同、法治意识等方面的教育。可见，学校德育既要着力提高学生的思想道德素养，引导学生向善向上向美，具有教育性；又要加强意识形态教育，引导学生爱党爱国爱社会主义，具有政治性。

长郡双语实验中学始终以"养正毓德，博学笃行"为育人思想，在探索、沉淀与优化中将学校办学特色与时代发展相结合，积极探索，走出了一条具有特色的学校德育工作序列化道路，发挥了整体育人功能，体现了教育领域改革的新特点、新动向。

一、学校德育工作序列化形成的时代背景

（一）基于为党育人、为国育才的时代使命

从社会发展的角度来看，当前社会思潮激荡、价值观念多元，科学技术迅速发展，特别是随着数字信息技术的广泛应用和人工智能产业的繁荣发展，社会对学校人才的培养提出了更高的要求。如何抓好学生的思想政治教育工作，培根铸魂，帮助青少年"扣好人生的第一粒扣子"，如何紧扣时代脉搏、面向未来发展，培养"德才兼备"的高素质人才，是新时代面临的重要课题。

从国际形势的角度来看，当今世界正处在百年未有之大变局，不确定因素增多。意识形态决定着一个国家、一个政党走何种路、举何种旗帜，学校德育工作关涉国家的意识形态。因此，学校更应发挥德育的政治引航、价值导向作用，既要扎

根祖国大地，让我们的下一代永葆红色；又要面向广阔世界，引导学生关心人类的前途与命运，在"大思政"视域下培养有大格局、大视野，勇做时代的弄潮儿。

从民族复兴的角度来看，在实现中华民族伟大复兴的奋斗进程中，加快建设教育强国是关键的一环。学校德育工作作为教育现代化的重要任务之一，其开展的深度与广度关系着教育强国建设的成效。因此，立足国家发展、民族复兴的战略需求，引导学生坚定道路自信、理论自信、制度自信、文化自信，把爱国情、强国志、报国行自觉融入建设社会主义现代化强国、实现中华民族伟大复兴的奋斗中，培养一代又一代德智体美劳全面发展的社会主义建设者和接班人，确保党的事业和社会主义现代化强国的建设后继有人，是学校德育工作的重要使命。

新中国成立以来，党和国家历来重视中小学校德育工作，先后出台多个政策文件，为新时代中小学德育工作提供了根本遵循、指明了前进方向。

2021 年新修正的《中华人民共和国教育法》明确规定："教育应当坚持立德树人，对受教育者加强社会主义核心价值观教育，增强受教育者的社会责任感、创新精神和实践能力。"这为学校德育工作提供了有力的法律保障和价值引领。

2022 年，教育部等十部门联合发布《全面推进"大思政课"建设的工作方案》。该方案不仅强调我们要善用历史和现实、课内与课外、国际与国内来延展思政课的深度与广度；更强调要有大环境观，要充分整合相关力量与资源，建设"大课堂"、搭建"大平台"、汇聚"大师资"，指向学生的大格局与大素养。

2022 年，中共中央办公厅印发《关于建立中小学校党组织领导的校长负责制的意见（试行）》。建立中小学校党组织领导的校长负责制，要求学校德育工作在思想上要讲政治、讲党性，在组织上听党话、跟党走，在各项工作开展中要对课堂教学、德育活动、社会实践、文化建设等加强政治把关，要推动党建带团建、队建机制，推动学校党建与德育管理、日常德育深度融合。2023 年，全国中小学党建德育工作会议召开，提出了"中小学党建德育"，再次强调应发挥党组织对学校德育工作的整体设计、引领和实践，建构有效的德育工作体系。这些举措为"大思政"视域下学校德育工作的序列化实践提供了组织保障与政策支持，这也是学校推进党建德育、形成办学特色的重要契机。

（二）基于立德树人的根本任务

立德树人的基本内涵包含"立什么德"和"树什么人"两个方面。在中华文明的历史长河中，有许多强调德性重要性的经典古句，如老子云"道生之，德蓄之，物形之，势成之"，司马光云"才者，德之资也；德者，才之帅也"，《左传·襄公二十四年》中说道"太上有立德，其次有立功，其次有立言"，《管子·权修》中明确记载"一年之计，莫如树谷；十年之计，莫如树木；终身之计，莫如树人"，等等。可见，中华优秀传统文化为立德树人提供了魂之底色、育之方式和精神支撑。

确定立德树人的"根本任务"既继承了优秀教育传统，又发扬了新的时代内涵。基于新时代的要求来看立德树人——所谓立德，即立大德、公德、私德，要求"明大德、守公德、严私德"；所谓树人，即培养德智体美劳全面发展的社会主义建设者和接班人。

如何让立德树人这一根本任务在学校德育的实际工作中落地，不沦为空谈的口号，是我们所有教育工作者需要思考与努力的方向。2017年教育部出台的《中小学德育工作指南》(以下简称《指南》)作为指导中小学德育工作的规范性文件，从指导思想、基本原则、德育目标、实施途径、实施要求、组织实施六大方面进行指导与阐述，切实增强了中小学德育工作的时代性、科学性和实效性。其中的"两个结合"(坚持教育与生产劳动、社会实践相结合，学校教育与家庭教育、社会教育相结合，形成德育工作的合力)为学校德育工作提供了理论指导；"一个体系"(着力构建方向正确、内容完善、学段衔接、载体丰富、常态开展的德育工作体系)和"三个关键"(以培养学生良好思想品德和健全人格为根本，以促进学生形成良好行为习惯为重点，以落实2015年修订的《中小学生守则》为抓手)为学校德育工作序列化实施提供了方法指导。

（三）基于学校发展的实际需要

德育作为学校教育的核心组成部分，是达成教书育人目标的关键。学校德育工作的成效关乎学生品德的塑造，关乎学生的全面且有个性的发展，也关乎学校的长远发展。一所注重德育的学校，往往能够营造出积极向上、和谐融洽的校园氛围，往往能够形成良好师风、学风、校风的良性循环，助力学校持续健康发展。

学校应坚持以德育为先、智育为本、体育强身、美育修身、劳育养德，将立德树人全方位渗透在学生成长的学习和生活中，落实"五育并举"，促进学生德智体美劳全面发展。长郡双语实验中学创办至今，既站在国家的高度、社会需求的角度开展德育，坚持为党育人、为国育才；又遵循教育基本规律，充分尊重学生，以德育为先，以德铸魂、以文化人，尝试把立德树人融入学校的学科教学、学生活动、日常管理等各环节。学校坚持以常规管理促习惯养成，编写了《长郡双语实验中学学生成长手册》，通过自主执勤、主题班会、经典诵读、21天习惯养成记、升旗仪式、"常规之星"评选、小组合作自评与互评等途径，让学生在"刚性要求"与"自律自悟"并施中，养成良好的行为习惯；以校园活动助力学生成长，通过"我最达人"校园达人评选、"我来讲时政"大赛、演讲比赛、微宣讲、主持人大赛、"最美长郡人"评选、澄池才艺秀等形式多样的教育活动，给予学生充分展现自我的机会和平台，让学生在参与中体验，在参与中锻炼，增强他们的胆量与自信心，提高他们的抗挫折能力，全面提升自我生存与发展的能力。

在深入推进学校德育工作的同时，我们发现学校德育工作容易陷入"大、多、繁杂"的现实困境。因此，将一颗颗散落的"珍珠"串起来，化繁为简、打好组合、形成序列、发挥合力，形成具有特色的学校德育品牌是我们努力的方向。一个有着较高认同度和美誉度的德育品牌往往会产生不可估量的"磁场"效应，产生强大的教育功能、凝聚功能和激励功能。而德育品牌的建设，本身就需要长期的实践探索、科学的规划整理、及时的提炼总结。

二、学校德育工作序列化实践的现实基础

（一）长郡中学的文化内核

长沙市长郡中学系湖南省示范性普通高级中学，1904年由长沙知府颜钟骥创建，始称"长沙府中学堂"，是当时唯一的府立中学堂，在长沙首倡新学。1912年，府制废除后，在长沙府中学堂的基础上建立湖南长郡公立学校。此后，学校先后更名为湖南第一联合县立中学、长郡公学、湖南长郡联立中学校、长沙市第一中学（1951年）、长沙市第二中学，1984年恢复长郡中学的校名。百廿年来，长郡中学以"朴实沉毅"为校训，陶铸群英，为国家和社会输送了近十万优秀毕业生，造就了徐特立、李维汉、陈子展、周世钊等一代名师，孕育了李立三、罗章龙、任弼时、李富春、萧劲光、陈赓、曾三等11位老一辈无产阶级革命家和彭公达、郭亮、刘畴西等48位革命烈士，走出了张孝骞、沈其震等14位院士和蔡仪、吕骥、张也、杨雨等文学艺术界的名家，更有一大批遍布海内外的行业中坚力量。

新中国成立后，特别是改革开放以来，长郡中学实现跨越式发展。学校将"培

养完整的人"的思想融入校训的内涵之中，尊重、理解、诚信、互敬互谅、自尊自爱弥漫于校园中，成为长郡人的交往文化；团结协作、文明守纪渗透在校园中，成为长郡人的自律文化；自主、合作、探究、实践洋溢在课堂上，成为长郡人的课程文化。2014 年至 2022 年，就有 600 名学生被北京大学、清华大学录取；教育教学各项评价指标在全国名列前茅。推进拓展型课程，促进自主发展，高中数学、物理、化学、生物、信息学五科有 1300 余人次获得全国奥林匹克联赛一等奖，131 名学生入选国家集训队，夺得国际奥林匹克竞赛金牌 14 枚，银牌 2 枚，亚洲金牌 4 枚；学校交响乐团、合唱团多次代表湖南省参加全国中小学艺术展演并荣获各类奖项，还多次赴美国、德国、俄罗斯等国家交流演出；学校体操、武术、田径、羽毛球、乒乓球等体育代表队多次代表中国参加世界中学生运动会，也代表湖南省参加全国中学生运动会；学校因群众体育工作表现突出，4 次获国家殊荣，3 任校长受到国家主席亲切接见。百年长郡，从"明大义而有专长"到"成材必先成人"的教育主张，从"只只蚂蚁捉上树"一个也不放弃的全员育人信念到"以人为本，追求卓越"和"尊重个性，唤醒自我，激发潜能"的教育理念，无不体现学校对德育建设、学生全面发展的重视。

（二）长郡双语实验中学的蓬勃发展

长沙市长郡双语实验中学创办于 2009 年，系长沙市教育局直属公办学校。学校传承百年长郡优良办学传统，与长郡中学文化相融、师资互派、教学统一、资源共享、协同发展，是长郡教育集团初中课程中心主任单位。2019 年开始，长郡双语实验中学先后与长沙市及其下属区县政府合作开办长郡双语洋湖实验中学、长郡双语谷山实验中学、长郡双语雨花中学、长郡双语白石湖实验中学、长郡双语星沙学校等。2023 年，长郡双语教育集团成立，2024 年更名为长郡双语教育共同体。2024 年 9 月，长郡双语实验中学高中校区落成并重启招生顺利开学，学校形成"一校两区"办学格局，是一所拥有初、高中的完全中学。

长郡双语实验中学秉承"朴实沉毅"的校训，以人为本，臻于至善，激扬活力，追求卓越；以"有理想、乐求知、勤修身、勇担当"为育人目标，养正毓德、博学笃行，扎根中国大地、传承优秀文化、厚植湖湘精神，培育具有中国根基和国际视野的阳光少年；聚焦"活力"与"豪迈"思想内核，推进内涵发展，不断攀登教育新高度。

长郡双语实验中学以"教育家精神"为指引，以"做豪迈的中国教师"为目标，汇聚优秀的教师以培养更优秀的学生，建设了一支师德高尚、业务精湛、充满活力，具有情怀使命、责任担当、国际视野的教师队伍。现有特级教师 5 人，正高级教师 6 人，教育部新时代中小学名师名校长培养对象 1 人，长沙市教育专家 3 人，长沙市教育人才 4 人，长沙市学科带头人 2 人，长沙市学科名师 6 人；荣获全国"五一"劳动奖章、湖南省优秀教育工作者等国家级、省级荣誉者 5 人，长沙市优秀教师、优秀班主任、优秀教育工作者 30 余人；长沙市骨干教师 19 人；长沙市卓越教师 18 人。

长郡双语实验中学聚焦学生成人成才，坚持立德树人的根本任务，把德育放在学校工作首位。学校积极开展党建带团建、党建带队建，着力推动党、团、队育人链条相连接、相贯通，获评"全国'五四'红旗团委""全国优秀少先队大队""湖南省先进基层党组织"；学校充分把握关键节点和重要仪式，积极开展爱国主义教育，坚定理想信念，厚植家国情怀，获评"全国中小学国防教育示范校""湖南省绿色学校"；学校注重学生的习惯养成，加强学生日常行为规范，获评"全国最美中学生""湖南省新时代好少年""湖南省书香少年""长沙市新时代好少年"等奖项的学生有 20 余人，学校获评"全国文明校园""长沙市书香校园"；学校积极开展家庭教育指导工作，认真办好家长学校，注重发挥家庭学校社会的协同合力，获评"湖南省示范性家长学校"；学校认真落实体艺"2+1"，注重学生身体素质的提高和艺术素养的提升，学校女子篮球队曾获中国中学生篮球锦标赛冠军，学校在班级合唱比赛中连续 13 年荣获长沙市初中组一等奖，8 次荣获湖南省初中组一等奖。学校始终坚持德育为先，"五育并举"，促进学生德智体美劳全面且有个性地发展。

长郡双语实验中学致力于推进基础教育优质均衡发展。作为长郡教育集团初中课程中心主任单位，以"1+N"模式，牵头湖南省内 50 余所兄弟学校，围绕"双减""智慧赋能""数字化转型"等教育重点、难点、突破点，开展理论研究和实践创新，推动政策理论在日常教育教学活动落实落地。

三、学校德育工作序列化实践的理论依据

（一）马克思主义系统观

随着 19 世纪系统性知识的形成，马克思在创立历史唯物主义的同时形成了系

统观。系统观念是马克思主义认识论和方法论的重要内容。

马克思主义系统观强调，社会关系就是一切关系同时存在而又相互依存的社会机体，社会机体中的各个要素按照一定的运动规律相互作用，整个社会形态的发展是一个有机体的进化过程，不断变化发展。因此，我们在认识和改造世界的过程中，要善于把握事物发展规律，用联系的观点看问题，树立全局观念，掌握系统优化的方法，用系统思维认识事物，优化组合，使整体功能大于部分功能之和。①

从"大思政"视域来看学校德育，不难发现，学校德育工作本身就是一个系统工程。在这样一个系统工程之下，有学生、教师、教辅人员、家长、社会人员等多个产生影响的主体，有学校、家庭、社会等多个产生影响的场域，有组织建设、课程建设、文化建设等多个关键环节。以马克思主义系统观指导学校德育工作，有助于充分整合现有的德育队伍、德育活动、德育资源，形成德育合力。

（二）习近平新时代中国特色社会主义思想中关于德育的重要论述

习近平指出，"办好中国特色社会主义大学，要坚持立德树人，把培育和践行社会主义核心价值观融入教书育人全过程"，这为学校德育提供了目标方向；他强调，"培育时代新人，要坚持立德树人、以文化人，弘扬民族精神和时代精神，加强爱国主义、集体主义、社会主义教育"②，这为学校德育提供了内容指导。

以习近平新时代中国特色社会主义思想指导学校德育工作，我们应着重用新思想铸魂育人，深入开展社会主义核心价值观教育，弘扬以伟大建党精神为源头的中国共产党人精神谱系，用好红色资源，深化爱国主义、集体主义、社会主义教育和中华优秀传统文化教育，抓好"思政课"这一关键课程，弘扬劳动精神，教育引导学生崇尚劳动、尊重劳动。

（三）道德发展阶段论

发展心理学家科尔伯格提出儿童的道德认知是从他内心产生的，其变化是循序渐进的，儿童的道德发展是有顺序、分阶段进行的。一个人道德判断的发展一般要经过"三个水平"（前习俗水平、习俗水平、后习俗水平），每个水平有两个阶段，

---

① 魏宏森.坚持系统观念就是坚持辩证唯物主义系统观，就是坚持马克思主义［J］.系统科学学报，2022，30（1）：1—6.

② 中共中央宣传部.习近平新时代中国特色社会主义思想学习纲要［M］.北京：学习出版社、人民出版社，2019:143—145.

共六个阶段，是一个由低到高发展的过程。为此，科尔伯格提出了一些在道德教育中我们应该遵循的原则：不将道德原则直接交给儿童，不能用权威的影响向儿童灌输道德，要理解和关心儿童道德思维的成长，要善于利用一切有利于学生思维发展的教学策略以提高学生的道德判断水平。①

以道德发展阶段论指导学校德育工作，我们发现，学生正处于"三水平六阶段"论中"习俗水平"的好孩子定向阶段和遵守法规定向阶段，处在世界观、价值观、人生观形成的关键时期。我们应充分尊重学生的身心发展规律和道德认知规律，不揠苗助长，也不低龄重复，引导学生的道德发展由低级走向高级，由以自我为中心走向以社会为中心，努力做一个有理想、有本领、有担当的新时代好少年。

（四）人本主义理论

人本主义于 20 世纪五六十年代在美国兴起，并在七八十年代迅速发展，对今天的心理学、教育学研究仍有深远的影响，其代表人物主要有马斯洛、罗杰斯、弗罗姆等。人本主义强调"人的责任"和"人的成长"，指出人自我实现的创造性首先强调的是人格，而不是其成就。创造性教育的重心应放在"人性转变，性格转变，整个人的充分发展"上，培养"创造性地做任何事情"的能力以及创造性的人格和态度。②

以人本主义理论指导学校德育工作，强调的是学生作为德育过程的主体，尊重学生的个体差异和独特性，关注学生的情感需求和发展潜能。学校应提供一个安全、积极、支持性的环境，使学生能够自由表达自己的观点、情感和体验；提供丰富的道德教育资源和实践机会，让学生在实践中体验道德价值，形成坚定的道德信念和道德行为；提供情感支持和情感教育的机会，帮助学生建立健康的情感关系，增强情感调节能力和情感表达能力；提供社会服务和社区活动的机会，让学生在实践中体验社会责任和公民义务，形成积极的社会态度和行为；建立和谐的师生关系和同伴关系，使学生感受到被尊重、被理解和被支持。

---

① 谢娟，亓舒，杨婷.基于科尔伯格道德发展阶段理论的大中小学思政课一体化建设路径研究［J］.中国德育，2024，（3）：15—19.
② 袁赛丹.罗杰斯人本主义教育思想对德育的启示［D］.南京师范大学，2011.

四、学校德育工作序列化实践的内涵价值

（一）学校德育工作序列化实践的概念厘清

1. "大思政"

从语义视角来看，"大思政"由两个词组成，即"大"和"思政"，具有思想政治教育属性，"大"强调的是思想政治教育内涵和外延的拓展。

从教育视角来看，"大思政"是一种教育观，至少包括三个层面的内涵：一是强调参与主体之"广"，不仅包括思政课教师、班主任、行政干部，还包括科任教师、后勤服务人员和学生自身；不仅强调思想政治教育工作者对学生的教育与引领，还强调学生的自我教育与管理，提升思想道德素养，走向"全员育人"。二是强调教育场域之"大"，学校肩负教书育人的重要使命，是思想政治教育的主场域，但"家庭是孩子的第一所学校"，"社会是学生成长的淬炼场"，学生世界观、人生观、价值观的形成和思想道德素养的培育，与他们所处的学校、家庭、社会密切相关，学校、家庭、社会要协同共育，走向"全方位育人"。三是强调教育时间之"长"，用全面的、发展的眼光将思想政治教育贯穿学生学习和生活的始终，遵循教书育人规律和学生成长规律，坚持显性教育与隐性教育相结合，坚持系统性与阶段性相结合，实现课前、课内、课后的接续递进，点滴渗透，久久为功，走向"全过程育人"。

2. 学校德育工作序列化

《指南》指出，中小学德育应以理想信念教育、社会主义核心价值观教育、中华优秀传统文化教育、生态文明教育和心理健康教育为主要内容，对学生开展教育。学校德育指学校按照国家和社会的发展要求，围绕立德树人的根本任务，通过课程、文化、活动、实践、管理、协同等途径，在良好的师生互动中，有目的、有计划、系统地对学生施加思想、政治和道德教化与培育的活动，旨在坚定学生的理想信念、厚植家国情怀、培养思想品德、健全人格发展，形成良好习惯，最终目标是培育德智体美劳全面发展的社会主义建设者和接班人。由此可见，学校德育工作是一个系统工程。

"序列"一词在信息学、生物学、工程学等领域应用广泛，往往指各元素之间具有相关性，按一定的顺序排列。而将德育工作序列化，梳理和整合各类德育资

源，结合学生身心特点和学校发展实际，合理规划和安排学校德育工作，使德育内容更有层次、更有条理，使学校德育更成体系，更容易被学生接受和理解。这是促进学生德智体美劳全面发展的需要，也是学校走出办学特色、形成自身德育品牌的需要，更是落实立德树人根本任务、推动教育减负增效的需要。

我们认为，学校德育工作序列化应围绕立德树人的根本任务，在遵循学生发展规律和思想政治教育规律的基础上，充分把握影响德育的各个要素，整合资源、优化组合，分层次、分阶段、分步骤，有目的、有计划、有组织地开展德育工作，形成横向有序、纵向贯通的德育工作格局。

（二）学校德育工作序列化实践的结构框架

长郡双语实验中学坚持以立德树人为根本任务，扎根中国大地、传承优秀文化、厚植湖湘精神，在充分汲取中华优秀传统文化的教育思想和百年长郡"朴实沉毅"校训的基础上，明确了"养正毓德，博学笃行"的育人思想，以"有理想、乐求知、勤修身、勇担当"和"做豪迈的中国人"为育人目标，从组织育人、课程育人、文化育人、活动育人、实践育人、管理育人、协同育人七个方面开展学校德育工作序列化实践探索（如下图）。

组织育人序列化，主要指学校遵循党建引领德育的时代要求，通过建设党委、党支部、党小组三层组织，优化干部、教研组长、普通教师三支队伍，推进党、团、队三级组织一体化建设，形成组织育人序列。

课程育人序列化，主要指学校依据《指南》，以理想信念教育、社会主义核心价值观教育、中华优秀传统文化教育、生态文明教育、心理健康教育为重点德育内容，串联各学科的育人目标和具体内容，提炼各学科课程阶段性德育目标和德育元素，并分层整理课程育人资源，从而构建各课程育人序列。

文化育人序列化，主要指学校考虑教师、学生等多元主体，从物质、制度、精神、行为等多个层面，系统地梳理理念文化，打造课程文化，总结班级文化，更新视觉文化，形成文化育人序列。

活动育人序列化，主要指学校以"三锋"系列活动点燃学生追光逐梦的征程；以"三超市"系列活动促进学生的多元体验与成长；以"校园四节"系列活动提供学生全面发展的个性舞台；以"四季养心"系列活动关注学生心灵的滋养与呵护，形成学校活动育人序列。

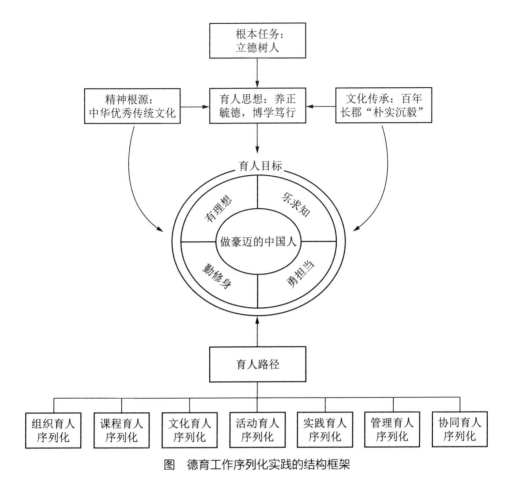

图　德育工作序列化实践的结构框架

实践育人序列化，主要指学校以跨学科融合和综合实践为重点，抓好校内校外两个场域，分类别、有梯度地组织志愿服务，开展跨学科实践、志愿服务、社会实践等活动，形成学校实践育人序列。

管理育人序列化，主要指充分调动教师、班主任、教辅人员等不同人群，注重学生习惯养成，从管理制度、岗位责任、学生行为规范、特殊群体四个方面有序推进，充分发挥各管理要素的育人功能。

协同育人序列化，主要指充分发挥学校、家庭、社会的协同作用，以家校协同育人为重点，分学校、年级、班级、个人四个层面，以确保不同的指导内容以不同的形式在家长中起作用，逐渐形成家长学校、家长团辅、家长沙龙和个人指导"四位一体"的家校协同育人序列活动。

（三）学校德育工作序列化实践的价值与意义

1. 学校德育工作序列化实践的理论价值

党和国家高度重视思想政治教育工作，"大思政"视域下的学校德育研究有利于站稳国家战略需要、教育事业发展的根本立场，明确行动的价值取向，有利于深化对新时代"大思政"的认识，为贯彻"大思政"理念提供思维路径。

党建与德育深度融合，是当前中小学德育改革创新的重点。长郡双语实验中学基于"大思政"理念，全面系统梳理党建德育的各项工作，基于学校层面搭建分析框架，以主题序列化为切入口对学校党建德育进行研究，以小见大，为中小学党建德育工作的落实提供有效经验与发展路径。

"大思政"之大，在于它不是单一的课程，而是多方协同、多元融通的系统工程。"大思政"视域下的学校党建德育工作序列化研究，关注学校德育工作的全过程，发挥学校立德树人的主体责任，在学校、家庭、社会协同共育的机制下，推进全员、全方位、全过程育人的深入实践。

2. 学校德育工作序列化实践的现实意义

处在信息多元时代的中学生正处于世界观、人生观、价值观形成的关键时期。学校德育的根本任务是立德树人，善用"大思政"，对学校德育工作序列化进行实践与研究，有利于培根铸魂，为党育人、为国育才。

学校是学生全面发展、成人成才的关键场域。基于"大思政"开展学校德育工作实践与研究，德育为先，以智固德，以体育德，以美养德，以劳树德，"五育融合"，有利于厚植家国情怀，涵养青年志气，培养德智体美劳全面发展的社会主义建设者和接班人。

立足学校特色，擦亮德育底色，是长郡双语实验中学做好资源整合，提升学校治理能力，激发办学活力，促进自身德育工作特色化、品牌化、高质量发展的需要。立足时代发展，探索学校德育工作序列化的组织形式与实施策略，形成有特色、有代表性的学校党建德育"样本"，也有利于促进中学党建德育多样化发展、深化教育改革和创新"大思政"育人路径。

第一章
组织育人序列

教育是国之大计、党之大计。党的二十大报告提出："全面贯彻党的教育方针，落实立德树人根本任务，培养德智体美劳全面发展的社会主义建设者和接班人。"育人的根本在于立德。《指南》是学校开展德育工作的基本依据，梳理了中小学德育工作的"六大实施途径"，强调加强组织领导，大力促进德育工作专业化、规范化、实效化，"加强党对中小学校的领导，全面贯彻党的教育方针，坚持社会主义办学方向，牢牢把握中小学思想政治和德育工作主导权，保证中小学校成为坚持党的领导的坚强阵地"。本章以长郡双语实验中学为例，阐述构建党组织、团组织、队组织育人序列的实施路径，挖掘学校组织育人的内涵和价值，在总结经验、提供范例的同时，尝试为进一步推动学校德育工作全面发展做出有益探索。

第一节　组织育人的概念及归因

一、组织育人的概念与价值

（一）组织育人的概念

1. 学校组织的内涵

《现代汉语词典（第七版）》对"组织"的定义之一是："按照一定的宗旨和系统建立起来的集体"，并举"党团组织""向组织汇报工作"等短语为"组织"一词使用的例证。结合实际，我们对学校组织做出以下界定：学校组织是在学校内部建立的一类特定的集体，将原本分散的师生按照年级学段、所属处室、职责分工，以一定的关系方式，综合各种为实现育人目标所需要的资源而建立起来的集体。

学校组织包括教师组织和学生组织。学校中党的基层组织全面领导学校工作，是实现育人目标的核心主体，也是最具组织力和战斗力的教师组织。《中国共产党章程》（以下简称《党章》）指出，党的基层组织是党在社会基层组织中的战斗堡垒，是党的全部工作和战斗力的基础，要完成宣传和执行党的路线、方针、政策等基本任务。学校党组织按层级可划分为校级党委、年级党支部、学科党小组。除此之外，学校还成立了中国共产主义青年团（以下简称"共青团"或"团"）的基层组织、中国少年先锋队（以下简称"少先队"或"队"）的组织。团的组织按层级可划分为校团委，在团员人数达3人及以上的班级中设立的团支部，以团支部中优秀共青团员为负责人的团小组。队的组织按层级可划分为少先队大队和少先队中队。

2. 组织育人的内涵

组织育人是一个较新的命题，目前相关研究主要集中在高校范围内。在中共教育部党组印发的《高校思想政治工作质量提升工程实施纲要》（以下简称《实施纲要》）中明确提出，组织育人的基本任务之一是"把组织建设与教育引领结合起来，强化高校各类组织的育人职责"，还要"发挥工会、共青团、学生会、学生社团等组织的联系服务、团结凝聚师生的桥梁纽带作用，把思想政治教育贯穿各项工作和活动，促进师生全面发展"[①]。《实施纲要》对于开展学校组织育人工作具有重要指导意义。根据学界现有的对"组织育人"的界定和《指南》提出的德育总体目标，我们认为，学校组织育人是在学校党组织领导下，充分发挥党、团、队组织一体化育人功能，依托一定的组织生活，对中学师生开展有目的、有计划、有序列的思想政治教育，与课程育人、文化育人、活动育人、实践育人、管理育人、协同育人等路径形成合力，进而落实立德树人根本任务的实践活动。

组织育人的实施主体是组织。在学校育人实践中，学校党组织发挥领导作用，是组织育人的核心主体，领导共青团、少先队组织的发展，引领学校德育和思想政治工作，把握社会主义办学方向，培养德智体美劳全面发展的社会主义事业合格建设者和可靠接班人。团组织、队组织也是学校组织育人的主体，在党组织的领导下

---

① 中共教育部党组关于印发《高校思想政治工作质量提升工程实施纲要》的通知［EB/OL］.（2017-12-05）［2023-12-13］.http://www.moe.gov.cn/srcsite/A12/s7060/201712/t20171206_320698.html.

开展思想政治教育，构成"党组织—团支部—少先队"三级联动组织，落实立德树人根本任务。

具体来说，校党委把方向、定全局，优化顶层设计，制订学校组织育人计划。党的一切工作落实到党支部，年级党支部在校党委的领导下，具体规划、组织推进，一方面，组织教育党员，另一方面，领导团支部，教育引领学生思想发展，探索解决党小组发现的问题，发挥战斗堡垒作用。党支部组织委员根据党员日常工作场所、服务对象等情况，设立若干个学科党小组，直接开展党员教育，团结凝聚力量，教育团员和队员，在实践中不断发现问题、集中反馈，发挥党员先锋模范作用。校团委在校党委领导下计划、推进团组织的育人工作。团支部设在团员较多的班级，由校团委直接管理，同时接受年级党支部的领导，带领团小组开展教育团员、全团带队的育人实践活动。党委书记担任少工委主任，校党委制定工作制度，在校团委统筹设计、直接领导下，少先队大队、少先队中队严格落实工作制度，具体开展队组织的育人实践活动（如图1）。

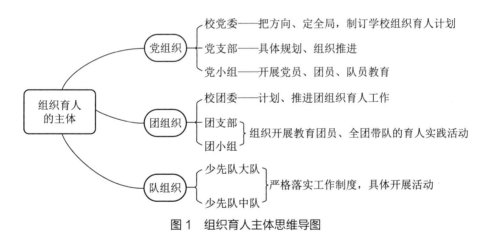

图 1　组织育人主体思维导图

组织育人的活动载体是组织生活。党的组织生活主要包括"三会一课"，结合每月主题党日开展的"一月一课一片一实践"活动。团的组织生活主要包括"三会两制一课"和主题团日活动。队的组织生活包括主题队日活动，如举行队会、队课，组织参观、访问、野营、研学、故事会，开展文化、科学、军事、体育等各种有意义、有趣味的活动，以及参加力所能及的志愿服务、公益劳动和社会实践。党、团、队组织通过开展组织生活教育引领党员、团员、队员。

（二）组织育人的价值

组织育人是贯彻落实全员全过程全方位育人思想的具体化，通过把思想政治教育融入各项管理和活动中，最终促进学生全面发展。组织育人的价值在于从思想上引领学生，从行为上规范学生，从能力上提升学生，树立身边榜样，激励学生进取向上。

思想上引领学生。学校党委书记把德育工作和意识形态工作抓在手上，带领班子经常研究分析学生思想道德状况，实施组织育人。学校党委作为育人的政治核心，加强自身建设，以"五化"（支部设置标准化、组织生活正常化、管理服务精细化、工作制度体系化、阵地建设规范化）为标准建强建优所辖党支部，不断增强党组织的政治功能和组织功能，教育管理监督党员，建成一支政治过硬、思想过硬、作风过硬的党员队伍。党、团、队特殊的政治关系使组织育人形成完整的政治培养链条。党委书记经常与团委书记、共青团员谈心谈话，党支部委员、优秀党员代表为团员和团校成员讲主题团课，不定期组织开展"书记面对面"活动与学生团组织委员、优秀团员沟通交流，优秀党员指导团员、团校学员上好队课，开展党史国史改革开放史教育，宣讲党的理论、宣传党的声音，强化对共青团员、少先队员的政治思想引领，培养他们对党和祖国的朴素情感，为学生"扣好人生第一粒扣子"，培育社会主义核心价值观。

行为上规范学生。组织育人不仅依靠显性的理论和实践课程，还借助隐性的育人元素发挥行为规范的作用。党的先进的组织文化决定了学校党、团、队组织在实践中通过全面的组织制度、常态化开展的组织生活，依靠强有力的工作队伍，从行为上规范学生，引导学生向上向善，增强他们对组织的认同感和归属感。《中国共产主义青年团章程》和《中国少年先锋队章程》是学生行为的根本遵循。学校严肃开展团员发展工作，郑重开展组织内部表彰工作，认真选树身边先进集体和人物，广泛生动宣传典型事迹，深入挖掘先进基层党组织、"五四"红旗团支部、少先队三星章集体，以及优秀党员、优秀团员、优秀少先队员等模范群体的育人资源。特别是模范群体，他们严于律己、乐于奉献、不断学习、积极上进、创先争优，在少先队员的学校生活的方方面面持续发挥示范作用，以真诚之心耐心教导、贴心关爱、细心帮助，为学生提供可视可感可学习可互动的身边榜样，激发他们规范行为、追求进步，在崇尚先进、争做先进的氛围中全面成长。

能力上提升学生。《中华人民共和国教育法》第一章第五条规定了党的教育方针："教育必须为社会主义现代化建设服务、为人民服务，必须与生产劳动和社会实践相结合，培养德智体美劳全面发展的社会主义建设者和接班人。"正所谓"刀在石上砺，人在事上磨"，要培养全面发展的人，必须依靠一定育人载体。党、团、队组织是中学里阵地巩固、力量集中的育人载体，开设的有效课程和实施的有益活动能有效提升学生的综合能力。学生在团、队组织中参加理论学习，接受党员的思想政治教育和理论宣讲指导，以团小组为单位，精心准备若干主题的微宣讲，在班级、年级中开展团员微宣讲，提升了他们的理论修养、语言表达能力和协调沟通能力。每逢重要时间节点或重大节日，各级组织开展少先队建队、祖国母亲生日献礼、孝亲敬老、离队入团、"城乡手拉手"等主题活动，还安排每周一节少先队活动课，在寒暑假定期开展中队社会实践、红领巾讲解员等活动，提升了学生的实践能力、组织能力。校团委、大队部等选拔优秀学生担任干部，由学生干部负责各班自主执勤的培训、管理、评价等工作，提升了他们的自我管理能力、社会适应能力、独立处事能力、自我反思能力。

二、组织育人的问题与原因

（一）学校组织育人存在的问题

现阶段，关于组织育人的研究主要集中在高校组织育人的领域，主要研究组织育人的功能价值、提升路径等，或研究在组织育人视域下教育的功能、作用，或研究某个具体组织的育人价值。结合实际情况，我们发现学校组织育人中存在以下问题：

形式不优。现阶段学校的组织育人实践中仍存在形式比较单一、内容与生活贴合不紧、说教意味较浓、吸引力不足等问题，使学生较难接受，与他们的实际需求和兴趣存在较大隔阂。

合力不强。顶层设计往往是先拟定一个框架，大致确定各项任务，在实施过程中不断完善和优化。部分活动存在任务下达后才从现有组织中临时调配力量集中完成的情况，使原本组织层级的稳定性被打破，组织育人的合力没有发挥到预期的强度。

队伍不稳。组织育人参与人员范围较广，但没有形成一支稳定的骨干队伍。现有的党、团、队课程内容相对固定，但讲课人不固定，往往是到了哪个年级，就由哪个年级支部负责授课和优化。指导团员、队员思想上进步的教师队伍也根据年级而变化，并非专人负责相对固定的环节来指导学生。

（二）学校组织育人存在问题的原因分析

组织育人形式不优的原因主要是组织领导责任压得不实，工作研究不深，根本原因是组织的政治意识不强，形式主义观念作怪，导致各类组织生活流于表面，缺乏精耕细作的精神和成果。

组织育人合力不强的主要原因是各级组织之间缺乏稳定的联系与具体的指导，育人职责没有充分延伸到组织的每一个层级。此外，组织之间协同推进的机制不完善，特别是有些党、团、队一体化开展的工作只停留在"共同组织活动的层面，没有充分挖掘育人要素"[①]。

组织育人队伍不稳定的主要原因是缺乏组织育人指导教师队伍建设的意识。现阶段，国内外对组织育人从理论角度的研究多，从学校整体层面研究的实例少。已有研究中，较多案例来自高校学生党支部，贯通党、团、队三级组织的育人实例少，可提供参考学习的范例也不多。因而学校只能根据实际情况进行初步探索，在实践中总结教训。

第二节　组织育人序列设计与实施

一、组织育人序列建构

组织育人序列设计旨在将学校内部各级各层各类组织力量聚合，形成一个系统、贯通、有机的育人体系，培养让党放心、爱国奉献、担当民族复兴重任的时代新人。长郡双语实验中学一直致力于探索组织育人的有效途径，通过"三三三二"序列促进学生的全面发展（如图2）。

---

① 骆婉婷."双一流"建设背景下高校基层党组织组织育人质量提升路径研究［J］.产业与科技论坛，2024，23（07）：271—273.

（一）建强党委、党支部、党小组"三"层组织，夯实育人阵地

推进党组织领导的校长负责制的全面实施，充分发挥湖南省大中小学基层党建示范点、湖南省教育系统先进基层党组织、长沙市示范化"五化"党支部的战斗堡垒作用。一是把好教育关。党委统筹，党支部落实，建章立制，善读乐享，选先树优，工学合一，用制度化、生动化、创新化、示范化提升党员教育质量，努力发挥党员的先锋模范作用。二是把好发展关。一方面，党组织在加强自身建设的基础上，做好宣传影响工作，增强吸引力和凝聚力，吸引更多优秀教职工向党组织靠拢；另一方面，以政治为第一标准，高质量发展党员，严格发展程序，严肃发展纪律，真正做到成熟一个发展一个，不断为党的肌体补充新鲜血液。三是把好作用关。强化党员示范班、示范课、示范岗引领机制，充分发挥党员的模范带头作用。每个年级党支部创建2个党员示范班，党员班主任带领党员科任教师，带动非党员教师，共同建设示范班。各党支部每学期以落实育人目标为重点，精心打磨一堂党员示范课（现阶段侧重育人目标较难达成的学科），为全校教研组、全体教师提供学科育人的成功范式。党支部根据实际，在党小组或楼层创建党员示范岗，以定点不定时不定次的形式为群众服务，解决学生家长的难题。党委还会定期对先进集体和优秀个人进行表彰，进一步巩固阵地建设成果，激发学校党组织育人的组织力和战斗力。

（二）打造党员干部、教研组长、普通教师"三"支队伍，凝聚育人合力

学校党委制定党员干部联系指导教研组、教研组长联系指导普通教师的制度，认真听取一线教师对学校发展等各方面工作的意见及建议，积极解决教职工的合理诉求，创新探索"党建＋课程"等"党建＋"模式，落实推门听课制度，指导教师通过学科育人，确保党的教育方针、教育理念层层传导不打折扣，意识形态、思想政治工作不走形式，立德树人落到实处。党委书记主管学校意识形态工作，联系指导道德与法治教研组（文科），教研组长指导每个道德与法治教师，讲好每一堂常规的道德与法治课，讲好有风景的思政课，开展《习近平新时代中国特色社会主义思想学生读本》（以下简称《读本》）进校园、"签"言万语红色主题书签制作等活动；党委副书记指导物理教研组（理科），深挖理科学科的育人元素，发挥理科学科育人价值，打造凸显育人目标的理科类党员示范课；其他教研组都有对应的干部

联系指导，党员干部、教研组长在"郡园杯"青年教师片段教学比赛、徒弟教师汇报课、骨干教师示范课、青年教师讲题比赛、作业创新设计比赛等活动中担任指导老师、评委，以赛果促教研，督促每个教师在德育上狠下功夫，落实立德树人。

（三）一体化推进党团队"三"级组织建设，贯通育人链条

学校党委全面领导党支部建设。学校落实党建带团建，党委领导团委建设，团支部除直接接受校团委的领导外，同时接受所在年级党支部的领导，团支部推选优秀团员担任校团委、支部委员，在岗位上进一步锻炼；学校落实党建带队建，履行《中国共产主义青年团章程》"全团带队"的政治责任，党委书记任少工委主任，团委书记任少工委副主任，团委副书记担任少先队大队辅导员，每一个党员教师"1对1"或"1对N"联系指导少先队员。学校一体化推进党团队组织建设，实施"党员—团员—队员"阶梯式教育序列，形成"党员微团课"、党带团"红色之旅"、主题队课序列、党带队"城乡手拉手"等品牌项目。

（四）"二"阶学习知行合一、聚焦主题，提升育人实效

学校组织育人必须依托一定形式的活动。学校党委联合党组织、团组织和队组织，按照先知后行、知行合一的根本原则，联合教研组、备课组，按照融合学科、走向社会的要求，每年上半年在三个年级完成一个学习主题。七年级党支部联合语文、历史备课组，开展"慎终追远敬英雄"主题活动，讲述爱国故事，朗诵爱国诗词，解读爱国名言，祭奠革命英烈，在学生心中种下一颗"争做先锋"的种子，树立崇尚英雄、缅怀先烈的良好风尚；八年级党支部联合团委，少年团校和生物、地理、语文备课组，开展"蓝天碧水美生态"主题活动，学生在生物课、地理课上学习人类活动对生物圈的影响，了解中国的自然环境、自然资源，在语文课上开展"低碳生活"综合性学习，进一步认识区域环境与发展之间的关系，拟定保护生态环境计划，用戏剧表演、定期宣讲等灵活的方式在校园内外为建设永续发展的美丽中国贡献力量；九年级党支部联合团支部、团校、教科室、物理备课组和语文备课组，开展"格物追光爱科学"主题活动，邀请科技方面的专家学者来校开展讲座，为学生介绍中国科技发展现状以及科技界的"中国力量"，普及前沿科技知识，激发探索科学的兴趣，组织学生开展实验室内和真实生活场景中的科学实验，讲述伟大科学家自强不息的感人故事，从而感受科学家坚韧不拔和无私奉献的精神品质，坚定学生走创新发展之路的理想。

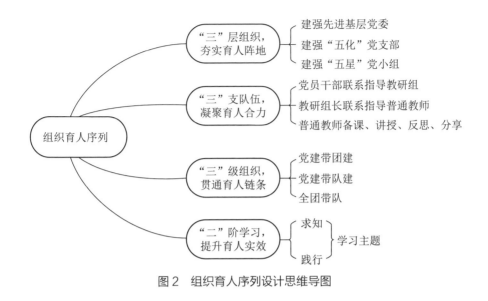

图 2　组织育人序列设计思维导图

二、组织育人实施策略与案例解析

学校党委将党支部和大队部建在年级，将团支部和中队建在班级，为各级各层组织选优配强班子，提升组织的组织力和政治功能，畅通了上传下达的渠道，凝聚了各组织力量，充分发挥了组织育人的功能。

（一）"三"层组织，夯实育人阵地

1. 实施策略

加强学校党委自身建设。通过每周一次"第一议题"学习、每月一次中心组学习，党委班子坚持学习，统一思想，振奋精神；坚持民主集中制，落实"三重一大"集体决策制度、班子成员联系指导制度；落实全面从严治党责任，认真履行"一岗双责"；定期开展校园周边网格化巡查；坚持德才兼备、以德为先、任人唯贤原则选拔任用干部，注重对干部的人文关怀和成长引领，打造信念坚定、为民服务、勤政务实、敢于担当、清正廉洁的忠诚干部队伍。为此，学校党委荣获湖南省教育系统"先进基层党组织"。

创建"五化"党支部、"五星"党小组。党委坚持每月一份工作提示，每季度一次工作督导，每学年一次支部书记"双述双评"和支部工作评，提升支部建设水平。每年一次星级评定，通过党支部自评、群众测评、党委会核准定级、公告公示等工作，鼓励党支部、党小组争创"五化"党支部、"五星"党小组。各支部创建党员示范班，以备课组或楼层的党员示范岗为窗口，为学生的成长答疑解惑；严格按照程序发展党员，派专人从思想上引导、生活上关心、业务上培养，做到成熟一个发展一个；促进党员专业发展，培养党员成为省市局级骨干教师、教学能手、青年岗位能手；按期换届选举，营造风清气正的政治生态。为此，学校现有1个市级示范化"五化"党支部，12个校级"五星"党小组。

提高党员教育质量。学年初，党支部根据学校党委工作要点议定党员教育计划，在年中进行小结，在年末总结反馈。通过每月一次主题党日活动，党委书记、党委委员、支部书记、支部党员上党课，党员全面参与学习研讨，做到校内校外学习相结合、线上线下研讨相结合、政治理论教育和知识技能教育相结合，全体党员成为学校师生学习修养的模范。开展《读本》入心育新人，党员引路担使命""我们的节日·我们的党日——学生最喜爱的思政课""党课开讲啦"等特色教育活动，党员学原文、悟原理，从一册学生读本、一部舞台艺术电影、一本红色名著、一首铿锵进行曲、一通与科技专家的电话等鲜活内容入手，从一场"自荐书目＋微访谈＋微分享"的全校共读活动开始，努力摆脱党员教育是"高高在上"的刻板印象，踏踏实实，走心走深，把政治素养的提升、党性修养的锤炼和个人专业的成长结合起来，真正做到党员教育有质量，党员育人有力量。

创新推介典型。党员、团员、队员争做先锋，党委多树先锋。学校党委挖掘身边先进典型的平凡故事，开展每年一次先锋故事会，演绎不同类型先锋故事；学校官方微信公众号打造如"迎'锋'而上""追'锋'之路""新'锋'人物"等新闻专栏，定期推送学习实例、实践活动、典型事迹；党委还组织宣传团队，运用多种信息技术手段，拍摄原创微电影《秘密》、视频博客《应该的》，排演先锋话剧《因为我是老师》、先锋故事《天天公开课》，展现先锋故事，彰显先锋精神，激发学习热情，弘扬崇德向善、见贤思齐的正能量。

2. 案例解析：建设长沙市示范化"五化"党支部

（1）案例背景

为推进全面从严治党向基层延伸，树立党的一切工作到支部的鲜明导向，学校各党支部对照标准，扎实开展"五化"建设。在此要求下，学校全面实行党支部分类定级管理，开展党支部星级评定工作，努力创建市级示范化"五化"党支部（如图3）。

（2）实施过程

选优配强党务工作者，标准化设置党支部。学校党委将党支部建在年级、将党小组建在学科备课组，根据党支部实际情况，配足支委班子成员，选拔任用优秀党员干部担任党支部书记和党支部副书记（兼任年级组长），推荐支部书记（特别是上任不足 2 年的）参加上级党组织开展的支部书记轮训，鼓励支持优秀的支部书记到市级支部书记培训班分享支部建设经验。党支部选派政治过硬、党务业务过硬、态度过硬的同志担任党小组组长，支部班子按期换届选举，精诚合作，扎实推进支部"五化"建设。

擦亮"党建＋课程"微党课品牌，正常化开展组织生活。每学期初党员申报微党课课程，列出讲授清单。党支部聚合年级组、备课组之力，采取同课异构、集体备课等方式，逐一落实精心备课、精彩授课、精准评课等各环节，着力提升党课品质，推动组织生活与教育教学中心工作深度融合。学校组织建设校本微党课资源库，党支部每年遴选一定数量的优秀微党课进行二次备课，借助学校 AI 教室普教教学管理平台开展微党课同课异构，以"更接地气、融合课程、辐射校外"为核心标准，评选优质课程入库。资源库内现存物理教师结合"核能"讲授的《马兰花开的秘密》，语文教师结合文人墨客在长沙的足迹、诗文讲授的《长沙印象，文旅融合》，党员班主任结合大兴调研之风讲授的《调查研究促进班级管理》，美术老师结合延安时期的一张木刻版画讲授的《抗日战争时期的宣传利器——木刻版画》等精品微党课。

精细化管理党员、服务党员，充分发挥党员的先锋模范作用。党支部将政治建设放在首位，以多种形式开展思想政治教育，确保支部班子、党员每年集中学习培训时间分别不少于 56 学时、32 学时。学校党委积极落实"将骨干发展成党员、将党员培养成骨干"的双培养机制，促进党员教师发展和二次成长，通过"共产党员示范课"提升党员教学能力。每逢"七一"，支部为入党时间"逢十"的党员过集体政治生日，带领全体党员重温入党誓词、牢记初心使命，日常了解党员情况，常态化帮扶慰问孕产病假党员、生活困难党员。支部大力推进全员进社区报到、开展服务，每年对党员组织关系及违纪违法处置情况进行 2—3 次集中排查，持续跟进、规范开展入职离职调动党员组织关系转接工作。

坚持完善支部工作制度，做到工作制度体系化。在学校党委的指导下，支部广泛地征求意见、深入开展调查、总结经验得失，建立并完善了一系列切实可行的工作制度。支部结合组织生活会、民主评议开展征集意见、谈心谈话，每学年初通过学校公开栏进行承诺践诺；每月召开支委会，每季度至少召开一次全体党员大会，讨论重大事项、重要问题和重要工作；每半年公示一次党费缴纳管理情况。支部组织生活经费保障有力，党务工作者激励措施落实到位，按标准计入工作量。支部书记定期就个人履行基层党建工作责任情况面向党委和全体党员进行述职，并接受评议。

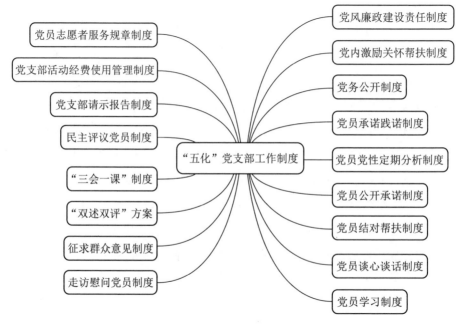

图3 "五化"党支部工作制度思维导图

规范化建设支部线上线下阵地，切实提升综合服务效能。在上级党委统一部署下，支部落实阵地建设相关内容，确保建设质量。党建活动室阵地布置规范、合理，严格做到公示明确、制度上墙。校内方面，联合学校心理健康中心打造支部党员示范岗，安排有相关经验的党员教师每天中午值班，组织党员教师加入心育团队，对学生心理健康教育发挥积极作用。校外方面，与恒华社区结对共建，定期组织党员教师开展在职党员进社区"名师大讲堂"送课和"睦邻汇智"咨询活动。支部党员全员在长沙智慧党建平台认证注册，组织生活、党员表彰、在职党员进社区等均通过智慧党建平台完成。

（3）案例评析

党支部建设成果显著。行政及国际部联合党支部作为长沙市示范化"五化"党支部，多次在上级的党建督查、党费审计、专题调研、电话访谈中得到肯定。其他党支部以其为榜样，改进不足，发挥优势，创先争优，将支部工作与教育教学工作高度融合，解决党建与业务"两张皮"的问题，让党支部真正成为推动学校教育高质量发展的坚实动力。为此，学校获评全省大中小学基层党建工作示范点，学校党委获评湖南省教育系统先进基层党组织，3人获得省、市教育系统"两优一先"表彰。

微党课资源库充实。支部实现每名党员每学年从至少讲1堂微党课，到能把微党课讲透彻、讲精彩。各支部现已涌现了一批优质微党课，其中3堂党课获评湖南省教育系统"党课开讲啦"活动优秀党课，1堂入围"'就认这个理'学党史、听党话、跟党走"百堂精品思政微课。

志愿服务辐射面广。校内"理'净'书吧"、校外送课答疑，学校党委年均开展活动5次以上，送出的"家长课堂"得到了社区群众的广泛好评，社区党支部反馈群众非常需要这样有针对性、贴合实际的家庭教育指导。学校案例获评长沙市城市基层党建工作创新优秀案例。

（二）"三"支队伍，凝聚育人合力

1. 实施策略

完善制度。结合已经全面实施的党员领导干部联系指导党支部（年级组、教研组）制度，学校完善党员干部联系指导教研组，教研组长联系指导普通教师的制度。坚持全面联系，明确党员干部分工，每个干部联系指导一个教研组，每个教研组长根据工作实际，联系指导若干名普通教师；坚持统筹兼顾，充分考虑教师的学科、性格、经历、成长方向等因素，注意统筹教学与组织建设的任务，注重选择工作相对薄弱、问题相对集中的教研组强化指导；坚持动态调整，对出现党员干部、教研组长人事调整的实际情况，及时汇报，动态调整联系点，确保工作开展的连续性和实效性。

打造队伍。学校着力打造党员干部、教研组长、普通教师"三"支队伍，凝聚育人合力。每月中心组召开学习（扩大）会，打造政治过硬、专业过硬的干部队伍。党员干部每周组织教研组长例会，研究探索"党建＋课程"等"党建＋"模式，推动课程育人落地。教研组长每月落实推门听课要求，守好意识形态工作责任田。每学期党员干部联合教研组长指导教师上好凸显育人目标的党员示范课、徒弟教师汇报课、骨干教师示范课。每年学校组织党员读书分享会，鼓励教研组、备课组总结课程育人经验并在全校教职工大会进行分享，激励更多教师主动深入践行课程育人。

定期指导。党员干部通过推门听课、谈心谈话、AI 巡课等方式定期指导普通教师通过学科育人，确保党的教育方针、教育理念层层传导不打折扣，意识形态、思想政治工作不走形式，把立德树人落到实处。学校每年根据工作要点，开展"郡园杯"青年教师片段教学、徒弟教师汇报课、骨干教师示范课、青年教师讲题、作业创新设计等比赛活动，党员干部、教研组长在比赛中担任指导老师或评委，以赛果促教研，督促每个教师在德育上狠下功夫，落实立德树人。

2. 案例解析："看见光、追随光、成为光、发散光"党员示范课

（1）案例背景

随着社会发展对学校教育提出的新期待、新要求，新时期课程育人的内涵进一步深化，课程也在不断地承担着新使命和新任务。课程价值的充分开发和实现关键在于教师，党员干部要做好联系指导工作，指导课程育人的主体——普通教师以课程教学为载体，将知识传授和价值引领相结合，实现育人目标。[①] 所有课程中，道德与法治等文科课程比较容易实现育人目标，因为它们本身就有很多育人价值外显于课程内容中。但物理、化学、数学等理科课程却较难挖掘出真正有价值的育人元素，容易流于科学家的生平故事。如何上好一堂落实立德树人根本任务的理科课？为此，长郡双语实验中学发挥组织育人作用，依靠党员干部、教研组长、普通教师三支坚强有力的育人队伍，打造精品物理党员示范课，实现物理学科的育人目标。

（2）实施过程

党员干部、教研组长指导设计聚焦培养学生学科核心素养的好课。围绕为谁培养人的问题，设计真实丰富的情境，打造有趣好玩且让学生充满期待的《光现象》党员示范课，培养学生的学科素养，落实立德树人根本任务。

教师从中国物理学史中寻找研究光学的科学家故事，向学生介绍中国古代、近

---

① 何亮.　"课程育人"：内涵、隐忧与化解 [J].课程教学研究，2021，（10）：10—15+26.

代的研究成就。课上，教师展示甲骨文中记载"霓虹"的龟甲；介绍战国时墨子在《墨经》中指出光沿直线传播的原理，这是人类对该原理最早的记录；讲述清代科学家王贞仪给出世界上最早、最准确的月食成因解释的故事。学生通过这堂课增强了民族自豪感和自信心，也厚植了爱国主义情怀。

创新设计物理作业，利用智慧课堂平台分享感悟。学生读《儒林外史》可知，清代女性的地位并不高，通过课堂学习领悟女性科学家王贞仪成就的非凡。教师设计物理学科作业时，借用网络点赞、留言等方式，布置选做作业，要求学生评价自己眼中的中国物理学史上的名人，培养科学精神。

结合实验及物理知识在生活中的应用，展现中国当代科技的高速发展。教师设计课堂演示实验——光透过装满水的矿水瓶后，可以照亮黑暗箱子的内部，引导学生思考这个现象的原理，进一步思考该原理在生活中如何应用，让学生一步步将课堂实验探究与生活紧密联系，解决生活中的问题。课前，学生设想如果将太阳光引入房子内部照明，一定会节能。课上，教师展示杭州亚运会采用的导光管系统运行原理的动画，让学生看到设想已经变为现实。教师还讲解中国科学院西安光学精密机械研究所的科研人员进行关键技术攻关，成功研制出我国最大口径纹影仪，直观呈现中国前沿技术的发展、突破，激发学生科技强国的使命感和责任感。

以物理现象说生活道理，以物之理树人，以理之德育人。物理规律从来不是死板的，从哲学角度看包含了大量的人生哲理。教研组集众人智慧之长，找到了许多含有哲理的物理现象，利用一个个物理实验，在一堂堂物理课中，用精练的语言为学生讲述物理现象背后的哲理，帮助学生树立创造未来幸福美好生活的勇气和信心。如光照射到同一个汉字上时，从不同角度我们看到的是不同的字，这启发我们在看待事物时也要从不同角度分析，才能客观全面地了解事实真相。又如白光通过三棱镜显示出七种色光，这隐喻生活中看似平凡的人如果能找到合适的平台，也能演绎出璀璨多彩的人生。再如光照射物体表面时，发生镜面反射还是漫反射，取决于反射面是光滑的还是粗糙的，这就好像当我们遇到挫折时，怨天尤人是没法解决问题的，最终能否解决取决于心态是消极的还是积极的。

（3）案例评析

课堂展现物理之美，让学生从物理"悟理"。物理虽是理科课程，但同样充满美与诗意的浪漫，常规的《光现象》复习课也能让学生不只看到眼前的学业，还看到诗与远方，帮助他们从"唯分数论"的误区中走出，消解对物理学科的偏见，从而联系生活，培养"从生活走向物理，从物理走向社会"的意识。

智慧课堂为教学提供了更多的可能性和便利。运用智慧课堂教育模式，通过各种智能设备和教育软件，在课堂前置、课堂教学、课堂后测等阶段为教学提供更多的可能性和便利。但也存在一些问题：一是系统实验演示的真实感不强，难以全面激发学生兴趣；二是学生没有可操作的实验，学习热情不高；三是内容的设计和智慧平板的控制有些脱节，无法紧密衔接。

典型案例的示范意义凸显。该课例是打造党员干部、教研组长、普通教师三支队伍的重要成果。党员干部的联系指导，为教研组把准了政治方向，为理科课程找到了发挥育人功能的一条有效路径。在未来较长的一段时间里，该课例提供了可复制、能操作的授课范式，但教无定法，我们还需要发挥组织育人优势，进一步探索研究，找到更多的属于理科课程的育人巧招。

（三）"三"级组织，贯通育人链条

1. 实施策略

阶梯式开展理论学习。学校党委在每年工作计划中对团员和队员的理论学习做出安排。校团委规范团员组织生活，以"三会两制一课"为框架，帮助团员每月自主开展一次主题团日活动；以党员学习为引领，通过微团课带领团员和少先队员共同学习，实施"党员—团员—队员"阶梯式教育序列，让每一个党员教师"1对1"或"1对N"联系指导共青团员、少先队员；落实团员和青年主题教育，开展思想旗帜、坚强核心、强国复兴、挺膺担当等专题学习。

以"三知三引"建设团（队）班子。学校党委全面领导，一体化推进党团队组织建设。学校党、团、队的基层组织基础好、力量强。学校制定了校团委（大队部）工作制度，每学年规范召开团代会、少代会，按期完成团委会、大队部换届选举。学校团委、团支部（大队部、各中队）选派优秀团员（队员）担任团（队）组织的干部，学校党委、团委加强对学生干部的培训，使之做到"三知三引"——知道团员青年在哪里、团员青年需要什么、团（队）组织能提供什么，开展思想引领、工作引导、阵地引入；利用校内评选优秀团（队）干部，择优向上级推荐评选五四红旗团支部、优秀学生干部（团干），多渠道激励团（队）组织班子成员在各方面发挥模范带头作用。

团前教育强吸力。学校党委、团委根据不同年级学生的认知特点，设定了循序渐进、螺旋上升的团课教育目标，构建入团积极分子教育阶段和团员教育阶段相互贯通、有机衔接的团课课程体系。党委书记上好团校第一课，党委和支部选派优秀党员教师结合自身任教学科挖掘红色故事，讲好团校课程（如表1）。目前，团前教育在语文、物理、历史、道德与法治、地理、音乐等学科已有成功的尝试。

表1 少年团校课程安排

课 时	时 间	地 点	主讲（持）人	内 容
开学典礼	星期二 12:50—13:10	办公楼五楼	于鹏飞（党支部书记）	百年路 正青春
第一课	星期二 13:10—13:50	办公楼五楼	黄 宁（党委书记）	【坚定信念】没有共产党就没有新中国
第二课	星期三 12:50—13:30	办公楼五楼	秦 巧（中共党员）	【榜样力量】青年革命家的奋斗之路
第三课	星期四 12:50—13:30	办公楼五楼	陈 佳（党支部委员）	【文化传承】诗词里的红色基因
第四课	星期五 12:50—13:30	办公楼五楼	刘 波（中共党员）	【强国梦想】科技界的中国力量
第五课	星期一 12:50—13:30	科技楼229、327	校团委	团校结业考试

用好《读本》和队课，开展队员教育。在学校党委领导下，团委用好湖南的红色资源和《读本》，设计育心树人队课，开展队员教育。党支部、团支部全程参与每周一次的读本课和队课，全体党员通过组织开展少先队活动，把党的"神经末梢"延伸到每一个班、每一名队员，教育引导少先队员爱党爱国爱社会主义，使共产主义崇高理想的种子在他们心中自然地生根、发芽。

重视仪式礼仪，增强队员光荣感。学校党委依托"十一三"建队纪念日，做好建（入）队激励。每年在初始年级隆重举行仪式，建立少先队组织，任命优秀党员教师为大队辅导员，开展中队文化建设培训；各中队依托少先队组织提炼、布置、讲解各中队文化；选聘大队员、设置中队委员，做好岗位激励。学校少工委领导大队部工作，教育培养一批少先队小骨干，发挥他们的先锋作用。在"六一"等重要活动中，组织全体少先队员开展"童心向党"等主题队日活动，以颁授奖章、唱响红歌、竞答知识、"强国"讲演的形式，培养少先队员对党和国家的深厚情感，激发学生对团组织的向往。

开展社会实践，厚植爱国情怀。学校党、团、队组织带领团员开展党带团"红色之旅"，带领少先队员开展"六走进"和党带队"城乡手拉手"活动，以项目化的活动实施志愿服务，让学生感受新时代的伟大成就，进一步坚定共产主义理想信念，培养奉献精神。

2. 案例解析：城乡手拉手，和谐共成长

（1）案例背景

当前，我国社会主要矛盾是人民日益增长的美好生活需要和不平衡不充分的发展之间的矛盾。就教育而言，农村地区对优质教育资源的需求和当地发展相对滞后的矛盾凸显，城市学生普遍存在现实感较弱和人格发展上的部分问题。学校积极贯彻党"办好人民满意的教育"方针要求，策划党带队"城乡手拉手"活动，旨在培养学生的使命感、责任感，引导城市学生关注国家发展和社会问题、提升实践能力，带领农村学生开展结对互助、志愿服务、团队探究，帮助他们感受温暖、增强信心、健康成长。

（2）实施过程

每年暑假，学校党委和团委牵头，七年级党支部承办党带队"城乡手拉手"活动。14年来，学校先后与浏阳社港中学、张家界沙堤芙蓉学校等开展结对活动。

活动前周密规划，确立课题。学校党支部积极谋划，从七年级每班选派2—3名优秀少先队员，从年级党支部选派若干名优秀党员教师参与活动。党支部主动与农村结对学校沟通，从学生的真实生活和发展需要出发，确定翔实的活动方案与安全预案。出发前，双边学校分别召开指导教师、学生、家长动员大会，了解活动意义，明确活动要求，调动学生、家长的积极性。指导教师和少先队员根据活动开展的场所及特点，共同确定符合当地实际情况的调研主题。历年来，师生共同讨论后确定的课题有《某村主要农作物十年变化以及作物播种与收获时间调查》《某村新农村建设与乡村旅游的互动发展研究》《城乡居民出行方式调查——以某村和长沙市某小区为例》《某村民俗文化助力新农村建设研究》等。

活动中调查走访，丰富体验。活动的场所主要分成农村和城市两大阵地。在农

村，学生紧密围绕课题，通过调查问卷、现场走访等科学有效的方法，搜集有关数据，并对数据进行统计分析；同时深入田间地头参与各类农村生活实践，如插秧、挑水、砍柴等。为了促进与农村学生的交流，学生之间还会开展互动活动，如个人才艺展示、趣味运动会等，学生敞开心扉，充分沟通，增进了解。在这一系列活动中，学生既体悟了生活不易，增强了生存能力和人际交往能力，又对农村现状进行了深入调查和思考。在城市的活动主要以开阔学生视野、领略湖湘文化魅力、感受科技发展和社会进步为目标，学生走进长郡中学和岳麓书院、游览橘子洲头、参观"三馆一厅"等，通过实地参观学习，增强了家国情怀，进一步树立了终身学习的理念。

活动后及时总结，形成报告。活动结束后，学生深入总结，形成调研报告和PPT汇报材料，并在全校范围内进行成果展示，让更多学生通过汇报感受活动的意义和价值。同时，指导教师亦通过抓活动细节的契机，对学生开展思想认识上的教育和引导，落实立德树人。

（3）案例评析

14年来，"城乡手拉手"活动的持续开展，对城乡学生开阔视野、全面了解社会、增进学生的责任感与历史使命感起了积极的促进作用。

充分发挥党建带队建、组织育人的优势。活动突出党、团组织的领导作用与队员的主体地位。党支部积极谋划，并选派优秀青年党员担任指导教师；党员教师全程参与，对学生的安全负责，对活动做有效指导，保证了活动安全有序、健康有益；队员自主设计调研方案，完成实践活动和总结汇报。

始终坚持以学生全面发展作为活动的目标。活动以培养有高度社会责任感、历史使命感和社会实践能力的学生作为落脚点，以学生为活动的主体，让学生在活动中体验、领悟和成长。

育人效果凸显。学校的少先队员在活动中锻炼了独立生活能力，增强了人际交往能力，了解了农村生活与学习的不易，懂得了感恩和关爱他人，更加珍惜父母、老师为他们提供的优越生活、学习环境，学习动力得到了有效激发。

（四）"二"阶学习，提升育人实效

1. 实施策略

党支部加强跨组织、跨学科融合指导。该序列是微观层面设计，强调聚焦主题、知行合一，由一个大的横向序列套一个小的纵向序列组成。首先，根据七年级、八年级、九年级不同的学科学习内容，形成横向学习序列，包含三个主题。其次，在每个主题的学习中形成求知、践行等"二"阶纵向序列，学生在求知、践行、再求知、再践行的步骤中认识世界、深度学习、提升能力、推动实践。该序列涉及党团队组织、教研组、备课组，关联语文、历史、物理、地理、生物等学科，活动区域由校内延伸到校外，范围广、跨度大，与其他组织育人的途径大相径庭（如图4）。可见，在具体实施过程中，党组织（主要是年级党支部）要加强跨组织、跨学科的融合指导。每年上半年，学校党支部联合团、队组织以及教研组、备课组在各个年级实施序列主题学习。

在七年级，党支部根据语文、历史学科的教学进度，结合清明节，联合语文、历史备课组开展"慎终追远敬英雄"主题学习。党支部统筹计划，安排讲述爱国故事、朗诵爱国诗词、解读爱国名言等知识学习和竞赛活动，以及清明祭英烈等社会实践，在学生心中种下一颗"争做先锋"的种子，树立崇尚英雄、缅怀先烈的良好风尚。

在八年级，党支部根据团校和生物、地理学科的学习进度，联合团委、少年团校、生物备课组、地理备课组和语文备课组，开展"蓝天碧水美生态"主题学习。学生在生物课、地理课上学习人类活动对生物圈的影响，了解中国的自然环境、自然资源，在语文课上开展"低碳生活"综合性学习，进一步认识区域环境与发展之间的关系，拟定保护生态环境计划，用戏剧表演、定期宣讲等灵活的方式在校园内外为建设永续发展的美丽中国贡献力量。

在九年级，党支部结合科学实验考查的要求，联合团支部、团校、教科室、物理备课组和语文备课组，在学科节中同步开展"格物追光爱科学"主题学习，邀请科技方面的专家学者来校开展讲座，为学生介绍中国科技发展现状以及科技界的"中国力量"，普及前沿科技知识，激发探索科学的兴趣。通过自选实验、撰写实验报告、实验室操作等环节的比拼，一批优秀的实验操作员在澄池畔的校道集中展示实验过程；物理教研组教师开展大型户外实验，通过实验现场和实验结果激发学生爱科学、学科学的热情。党支部还组织学生讲述伟大科学家自强不息的感人故事，使他们感受科学家坚韧不拔和无私奉献的精神品质，坚定走创新发展之路的理想。

图4 "二"阶学习,提升育人实效思维导图

邀请专业人士讲课,丰富相关知识。党支部邀请前沿科学专家、全国道德模范、优秀志愿者等来校为学生开展专题讲座,以他们独特的职业或身份视角,用生动的语言和丰富的实例,向学生展现相关领域的卓越成就和艰辛的奋斗历程,填补学科教学相关的知识空白,同时也让学生从专业人士的亲身经历中感悟优秀榜样展现的时代精神。

开展团青微宣讲,将知识内化于心。团青微宣讲是由团员或团校学员为少先队员授课的一种形式,旨在通过分享团员的学习心得和人生感悟,激发少先队员的学习兴趣和积极性。宣讲共分为三步:听、寻、讲。宣讲员在课堂中、讲座里、团校课程里聆听专家、教师讲授知识和先进事迹;以团小组带队员,通过走访调查、网络查找等方式收集新时代"身边的雷锋""大国工匠""当代科学家"的好故事素材;以同龄人的视角和口吻,以师生喜闻乐见的方式,宣讲时代精神、国家政策,从而增长才干、促进发展。

知行合一,开展校内外实践活动。在校内,结合学科节开展"科学家精神"海报设计、爱国诗词朗诵、环保生态瓶制作、"郡园有戏"校园剧比赛等活动,培养学生的艺术审美力、创造力和团队协作精神。在校外,党员带领团员和队员走进社区开展"尊老爱幼""环保护绿""文明交通""平安邻里""公共服务"等多类志愿服务活动,将教育延伸到校外,让学生在实践中了解社会、服务社会,增强他们的社会责任感和公民意识。

2. 案例解析:蓝天碧水美生态

(1)案例背景

为响应国家垃圾分类号召,学校开展校内垃圾分类的培训和实践,收到良好的效果。为提升学校周边社区垃圾分类的实施效果,让学生在志愿服务中锻炼劳动、协作能力,学校积极联系周边社区,号召居住在该社区的学生志愿者开展"垃圾分类"督导志愿服务。

（2）实施过程

求知：共青团青年成员（以下简称"团青"）微宣讲让环保知识入人心。学生在生物课、地理课学习相关知识后，校团委从年级遴选宣讲人，向全体少先队员宣讲环保的重要性以及垃圾分类知识，重点介绍了"垃圾围城的现状"和"垃圾分类的基本技巧"。宣讲人采用图文并茂的展示方式，使内容更加直观易懂；另设互动交流环节，解答学生疑问。校团委组织团干、团员进一步深化拓宽，以团小组为单位深入班级进行扩大宣讲，让环保的意义深入人心。

践行：多形式宣传让校内环保有实效。一是游戏宣传。学生团干利用午餐时间，在学校食堂前坪设置了"垃圾分类游戏活动体验区"。师生在有趣的垃圾分类游戏中学习相关知识和技巧，亲手投放垃圾道具到不同的分类箱，赢取小奖品；学生团干及时收集问题和意见，以便在下一阶段完善游戏。二是戏剧表演。在"郡园有戏·演员诞生"校园剧·心理剧展演中，少先队员以"垃圾分类我先行"为题，生动表现垃圾不分类的恶果和分类的益处，传递环保理念，加强学校师生和观看直播的家长群众垃圾分类、保护家园的责任感。

再求知，再践行：党员带学生志愿者开展垃圾分类进社区志愿服务。社区发布垃圾分类志愿服务需求后，学校党支部组建志愿服务队进社区服务。学生志愿者从团员和团校学员中招募。活动前，党员带领学生向社区垃圾分类工作负责人学习智能分类投放机的使用等新知识，然后定点观察、走访调查，统计分析居民投放垃圾流量峰值情况，确定投放高峰时段为师生志愿服务时间，随后在校内召开准备会议，分组讨论，细化方案，准备物料。

学生志愿者分成 10 个服务小组，每个小组由 1 名教师和若干名学生组成。服务时间内，志愿者佩戴"学雷锋"志愿服务袖章，携带分类环保垃圾袋、一次性手套和长柄钳等劳动工具守候在服务岗（社区内的垃圾分类投放点）。他们负责对居民准备投放的垃圾进行开袋检查，讲解垃圾分类知识，对错投、混装情况进行提醒并督促调整，指导居民使用"国搜垃圾分类"微信小程序拍照辨识不易分类的垃圾，协助居民单独收集可回收垃圾和有害垃圾，在服务结束后将它们直接送往集中处理点进行处理。志愿者还根据社区临时新增需求入户宣传，仅 2021 年 4 月就走访了超 120 户居民。

（3）案例评析

环保知识宣讲多样化。通过团青微宣讲以及戏剧表演等多种形式，学校成功地将环保知识传递给师生，这种多元化的宣传方式能更有效地吸引目标群体的注意力，增强他们对环保的认同感。

活动设计互动性强。设计垃圾分类游戏和社区志愿服务等活动时，学校尤其注重实施者和参与者的互动交流，让师生和居民在体验中收获知识、形成观念，使隐形教育效果更显著。

辐射精准，效果凸显。学校依托周边社区开展垃圾分类活动，有效缓解了该社区垃圾混投问题；学生志愿者文明有礼的言行也带动了居民积极配合，在学生志愿者的耐心指导和示范下，居民主动体验并尝试垃圾分类；同时，学生志愿者还推广了可降解塑料袋。精准满足社区需要之后，活动的影响逐步扩大，形成了以点带面的文明创建良好局面。

第三节 组织育人序列经验总结

一、"三三三二"序列谋求人的全面发展

在学校党组织的领导下，学校以落实立德树人根本任务为宗旨，充分发挥党、团、队组织一体化育人功能，依托一定的组织生活，对师生开展有目的、有计划、有序列的思想政治教育。长郡双语实验中学构建"三三三二"组织育人序列，目标明确，指向人的全面发展。宏观上，党委、党支部、党小组"三"层组织加强自身建设，夯实育人阵地，保障组织育人有序推进。纵向上，培养强有力的党员干部、教研组长、普通教师"三"支队伍，贯通党团队"三"级育人链条，让组织育人落地有声。微观上，根据七、八、九年级不同的学科学习内容，形成横向学习序列，包含三个主题，适配三个年级；序列中的每个学习主题，根据"实践、认识、再实践、再认识"的规律，形成求知、践行"二"阶纵向序列，以多学科融合促进多能力提升。在"三三三二"序列的培养下，学生多方面能力得到提高，实现德智体美劳全面发展。

二、建强班子加强组织育人保障

任何组织必须依靠强有力的领导班子保障其充分发挥育人功能。否则，任何工作都无法推动，组织育人的执行力也会大打折扣。学校党委、各党支部、各党小组负责人，学校团委、各团支部、各团小组负责人，学校大队部、各中队负责人，都是以政治标准为第一标准选拔出来的政治过硬、能力过硬、作风过硬的模范群体，群众影响力和示范作用较强。各层级组织的负责人由同类组织中的上级组织负责培养教育，同一层级组织中的党、团、队三级组织负责人按照党员教育团员、团员教育队员的方式培养教育。

三、创新形式提升组织育人实效

最好的教育是“润物细无声”式的，但不是每一种教育都适合这种方式。更多的教育还是在聆听中进行。因此，多一点教育创新，就可以让受众更少一点隔阂，多一些接受、理解，进而内化为自己的行动自觉。如“微党课”“微团课”“微队课”，从一人讲变为多人讲，从纯理论变为融学科，从坐着讲到站着讲再到走着讲，从无条理到序列化，从口头讲变为跨媒介讲，只要是能把课讲到党员、团员、队员的心里，无论是何种形式，都是好形式，也值得加以推广。

四、重视实践丰富组织育人理论

现阶段，高校组织育人相关的研究比较丰富，究其原因是高校“十大育人”体系中明确提出“组织育人”。尽管在中小学中缺乏相关理论探索，但我们始终认为，任何一个理论不可能只在某一个学段适用，必然可以在各个学段落地生根。所以我们要以自身的实践去丰富组织育人理论，为其提供长郡双语实验中学的实施范式。毛主席说：“实践、认识、再实践、再认识，这种形式，循环往复以至无穷，而实践和认识之每一循环的内容，都比较地进到了高一级的程度。”我们要努力在实践中丰富认识，推动再实践，从而进到高一级的程度。

五、反思和展望

长郡双语实验中学组织育人实践进行了多年，积累了丰富的一手材料，对我们做研究非常有价值。但目前只是一校之为，暂时没有其他学校应用的反馈，我们无法从更大的体量上推进组织育人的研究。所以，关于学校组织育人，还有以下几个方面值得进一步研究：

除了党、团、队组织，学校的其他组织是否也有育人功能，能否与党、团、队组织协同育人？今后的研究可以从其他组织的角度进行补充和完善。

在学校的育人途径中，组织育人与文化育人、实践育人、协同育人有部分内容交叉重合，而现阶段我们主要将其作为独立的育人途径。下一阶段的研究还需要进一步厘清四者的界线，以提高育人效果。

我们的研究对象是长郡双语实验中学的广大学生，研究范围仅限于一校之内。但现在的青少年，思想受社会环境及多元思潮的影响，行为也更加多变。对于在校内组织中接受教育的学生而言，在校外他们也是受教育的对象。如何确保他们在校内校外行为的一致性，还需要进一步研究，以不断优化策略。

党小组星级评定工作开展比较表面。现阶段党小组主要在支部工作较为繁多的时候发挥作用，还未能与备课组的教学教研活动深度融合。未来将在党小组长的党务工作能力培养上下功夫，充分发挥党小组的育人作用。

长郡双语实验中学在高中部恢复招生，迎来高中三个年级的学生后，组织育人的研究就有了新的实践载体，推动组织育人的研究向"党组织育人""团组织育人""队组织育人"等子题目延伸，进一步研究组织育人的评价机制，让组织育人的成果在长郡双语实验中学遍地开花。

第二章
课程育人序列

第一节　课程育人的概念及归因

课程育人是中小学德育工作六大育人实施途径之一，发挥着重要的德育功能。《指南》明确提出："充分发挥课堂教学的主渠道作用，将中小学德育内容细化落实到各学科课程的教学目标之中，融入渗透到教育教学全过程。"在教育实践中，我们不仅要厘清课程育人的概念，理解课程育人的价值，也要看到当前课程育人存在的问题及其背后的原因，才能更好地开展课程育人实践工作。

一、课程育人的概念与价值

一所学校有什么样的课程，就意味着有什么样的人才观和教育观，进而就会产生相应的育人效果。课程和育人密不可分。课程是手段，育人是目的；课程是路径，育人是方向；课程是跑道，育人是终点。

（一）课程育人的概念理解

课程育人作为一种理念，是指将德育内容细化落实到学校各课程的教学目标之中，并有机融入教育教学全过程，渗透到学生心里。课程育人体现在德育课程和课程德育之中。德育课程主要是在中小学阶段开设的以培养学生品德为根本任务的课程，在义务教育阶段主要为道德与法治课程。课程德育主要指学科课程中的德育，主要是通过充分挖掘渗透于各门学科课程中的德育资源，对学生进行道德教育的一种方式。在长郡双语实验中学的实践中，德育课程包括道德与法治课程和主题班会课程，课程德育主要体现在人文类课程（语文、英语、历史、地理等）、科学类课程（数学、物理、化学、生物等）、体艺类课程（体育、音乐、美术等）三类课程中。

（二）课程育人的价值意蕴

课程因学生而存在。任何的课程构建都应从教育的初心出发，即遵循人的成长规律与教育规律，促进人的全面而个性的发展。

一是全面落实立德树人的根本任务。2018年9月，习近平总书记在全国教育大会的讲话中指出，要把立德树人融入思想道德教育、文化知识教育、社会实践教育各环节。教师要围绕这个目标来教，学生要围绕这个目标来学。基于这一理解，学校构建三型"活力课程"体系，包括基础型课程、拓展型课程和实践型课程。首先，学校依据《义务教育课程方案和课程标准（2022年版）》（以下简称"新课标"）的要求落实好道德与法治、语文、历史、数学、物理等国家基础课程，分学科构建基于学生有效学习的课堂模式，积极探索学科课程育人实践；其次，学校根据学生兴趣与个性发展的需求，开发非遗与文化、信息与智能、学习与创新、运动与健康、艺术与审美、生活与职业、跨学科融合七类多门拓展型课程供学生自主选择；最后，为了激发学生的社会参与意识，增强社会责任感，提升创新精神和实践能力，学校开发走进农业生产、走进工业生产、走向自然生态、走进文化艺术、走进公共服务、走进国际舞台等实践型课程。

二是全面落实"五育并举"的教育方针。2018年9月，习近平总书记在全国教育大会的讲话中旗帜鲜明地指出，要努力构建德智体美劳全面培养的教育体系，形成更高水平的人才培养体系。无论何种结构的课程体系，都必须旗帜鲜明地认真贯彻落实国家的教育方针与政策。在课程育人实践中，学校秉承"没有分数过不了今天，只有分数过不了明天"的理念，努力克服"唯分数、唯升学"的片面评价，坚持"五育并举"，遵循教育规律，突出德育实效，提升智育水平，强化体育锻炼，增强美育熏陶，加强劳动教育，努力培养德智体美劳全面发展的社会主义建设者和接班人。

三是全面落实"三全育人"的改革要求。"三全育人"指全员育人、全过程育人、全方位育人。其中全员育人强调的是育人主体的全员性，每位教育工作者都应担负育人重任，并且相互配合，形成合力。全过程育人强调的是育人实践的过程性，育人要贯穿于学生成长的全过程，要针对学生不同阶段身心特点开展育人工作。全方位育人强调的是育人工作的全方位，学生全面发展各个方面和环节都要体现育人价值。具体到课程实践，学校每年开展"德育研讨会""课程建设展示会"等专题研讨活动，每位教师都是课程的开发者与实施者。在三型"活力课程"体系之中，基础型课程主要对应"文化基础"维度，拓展型课程主要对应"自主发展"维度，实践型课程主要对应"社会参与"维度，充分体现"三全育人"的要求。

二、课程育人的问题与原因

（一）学校课程育人存在的问题

在育人实践过程中，由于主客观因素的限制，学校课程育人存在着这样或那样的问题，并未达到理想状态，影响着育人效果。审视当前课程育人现状，主要存在缺乏顶层设计、重分数轻发展、学科育人未彰显等主要问题。具体如下：

一是缺乏顶层设计。德育工作的顶层设计包括德育目标、德育内容、德育方法、德育评价等整体设计，是学校德育工作有效开展的重要前提。在实施层面，一些学校往往缺乏科学合理的顶层设计，导致德育目标不明确、德育内容不科学、德育方法较为单一、德育评价缺位等问题。不同学段、不同学年、不同学期的德育究竟要达到怎样的目标并不清晰，甚至在一个学期的班会课中，目标的设定也显得较为随意、模糊。很多时候德育工作变成了形式呆板、内容空洞的教育活动，成为枯燥乏味、机械重复的政治说教。

二是重分数轻发展。长期以来，在中考、高考指挥棒之下，"一切为了分数""知识至上""考试中心"成为教育教学的价值取向，重智育轻德育、重考试轻发展、重分数轻素质的现象较为突出。如在一些学校的课程设置中，从早到晚均排满了文化科目课程，体育、美术、音乐、心理、信息、劳动等非文化科目课程大多被文化科目课程挤占，甚至到毕业班阶段，非文化科目的国家课程都未开足、开齐。如在一些课堂教学中，教师主要关注的是学科知识点落实和学科考点过关，通过题海战术或知识背记来提高学生的考试分数。课程教学被简单地知识点化、碎片化，沦为应试的工具。

三是学科育人未彰显。不少教师认为德育就是道德与法治教师和班主任的工作，认为自己只管教学，当学生出现思想品德问题，就把责任推向班主任或德育处。有的学科教师虽认可学科的德育价值，但多认为德育就是在学科教学中进行必要的"渗透"，而非教学的核心追求。类似上述将学科教育与德育认知割裂的现象，造成了德育在学科教学中似有非有的问题。另外，相对其他学科教学而言，德育目标显得抽象而宽泛，难以通过纸笔测试进行评价，这也是造成学科德育往往流于形式主义的原因之一。

（二）学校课程育人存在问题的原因分析

对上述主要问题进一步分析，可知，深层次原因在于部分学校和教师的育人理念陈旧、课程观念不足、德育序列缺位。具体如下：

一是育人理念陈旧。学校的根本任务是立德树人，所有教育工作者都应该是德育工作者。然而长期以来存在的唯分数、唯升学、唯文凭、唯论文、唯帽子的顽瘴痼疾，从根本上体现的就是育人理念出现偏差的问题，严重影响了人才培养质量，也不利于培养大量堪当大任的时代新人。可见，育人才是教育的核心问题，要提高教师课程育人能力，就要改变教师的育人理念。

二是课程观念不足。长期以来，广大教师不厌其烦地研究课堂教学的每个细节，努力打造尽善尽美的课堂教学。然而即使课堂教学水平再高，也无法满足每个具体的学生的独有天赋和潜能。为此，我们的改革要立足课堂，但又要超越课堂，这种超越是建立在课程基础上的超越。这正是课程育人价值核心体现，作为一名教师，应有课程观念。构建学校独特的课程体系，让教师成为课程领导者，是一所学校走向专业化、品牌化的基本标志。

三是德育序列缺位。在当前学校德育实践中，虽然德育工作受到了高度重视，但是，德育工作的序列缺位成为影响德育成效的薄弱环节和突出问题。尤其是各学段德育目标交叉错位、层次不清，缺乏有序性和完整性，影响德育效果发挥。在"大思政"理念下进行德育序列构建，形成各学段纵向衔接、各学科横向融通、课内外深度融合、符合学生认知规律和成长规律的育人体系，显得尤为重要。

第二节　课程育人序列设计与实施

教育大计，育人为本，德育为先。课程育人是德育工作的主要途径之一。如何进行有效的课程育人？我们探索的路径是，以"大思政"理念为指导，围绕立德树人这一根本任务，遵循新课标要求，依据学段学科的实际情况和学生成长规律与认知规律，深入挖掘各类课程和教学中蕴含的德育资源，形成课程育人的序列设计，采用螺旋式递进上升组合方式，通过实践探索凝练形成各学科课程育人基本策略，让学生通过课程学习塑造品格、丰富学识，成为德智体美劳全面发展的社会主义建设者和接班人。

一、课程育人序列建构

在课程育人序列建构时，学校坚持"四个遵循"和"五个原则"：遵循立德树人根本任务要求、义务教育新课标要求、《中小学德育工作指南》要求、系统论基本要求；坚持德育为先、素养导向、注重实践、衔接融通、循序渐进等基本原则。在学校课程育人序列建构中，课程育人包括德育课程和课程德育，其中德育课程包括道德与法治课程和主题班会课程，课程德育主要体现在人文类课程（语文、英语、历史、地理等）、科学类课程（数学、物理、化学、生物等）、体艺类课程（体育、音乐、美术等）三类课程中（如图1）。

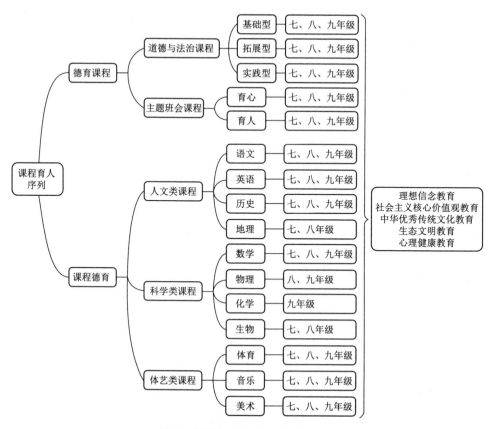

图1　课程育人序列设计思维导图

二、课程育人实施策略与案例解析 ①

（一）德育课程实施策略与案例解析

1. 道德与法治课程

2019 年 3 月，习近平总书记在学校思想政治理论课教师座谈会上强调，"思想政治理论课是落实立德树人根本任务的关键课程"，"思政课教师，要给学生心灵埋下真善美的种子，引导学生扣好人生第一粒扣子"。思政教育是向中学生传授思想品德、马克思主义基本理论和社会科学常识的过程，更是帮助中学生建立世界观、人生观和价值观的重要过程。作为思政课教学的重要环节之一的初中道德与法治教学，更要实现思政与德育的有机融合，打造校园德育的主阵地。

（1）序列设计

道德与法治作为初中教育阶段的基础学科，其本身就是以德育内容为核心。在初中道德与法治课程教学中融入德育，不仅是课程教学的基本要求，也是全面提高学生的学科能力和素养的需要。序列设计如表 1、表 2、表 3 所示。

表 1　道德与法治课程的德育序列设计（基础型）

德育内容	年级	阶段性德育目标	课程资源
理想信念教育	七年级	树立正确的人生观和价值观，尊重和敬畏生命，热爱生活，追求生命高度，成就幸福人生，形成正确的自我认同，提高自我管理能力	七上：《少年有梦》 七上：《做更好的自己》 七上：《敬畏生命》 七上：《活出生命的精彩》
	九年级	了解中国共产党领导人民在社会主义革命和建设中创造的伟大成就，理解只有社会主义才能救中国、发展中国。领悟伟大建党精神是中国共产党的精神之源，热爱中国共产党。以实现中华民族伟大复兴为己任，树立"劳动光荣、创造伟大"的观念，进行合理的生涯规划，坚定为实现远大理想而奋斗的信念	九上：《富强与创新》 九上：《中国人　中国梦》 九下：《少年的担当》 九下：《我的毕业季》 九下：《从这里出发》
心理健康教育	七年级	正确认识顺境和逆境的关系，学会情绪调控，能够正确看待生活中的挫折，具备迎接挑战的能力，能正确认识和处理自己与同学、朋友的关系、个人和集体的关系，在团队活动中增强合作精神	七上：《友谊的天空》 七上：《增强生命韧性》 七下：《青春时光》 七下：《做情绪情感的主人》 七下：《在集体中成长》
	八年级	辨别媒体中的不良信息，了解网络环境中如何保护未成年人隐私等合法权益。遵守基本的社交礼仪，维护公共秩序，做文明的社会成员，形成亲社会的行为	八上：《走近社会生活》 八上：《社会生活离不开规则》 八上：《社会生活讲道德》

① 本书于 2024 年 7 月完稿，案例中的课程资源依据完稿时的教材单元内容设计。（编者注）

续表

德育内容	年级	阶段性德育目标	课程资源
社会主义核心价值观教育	七年级	初步认识法治的内涵,理解法治是治国理政的基本方式	七下:《走进法治天地》
	八年级	恪守诚信,理性维护社会公德。认识未成年人违法犯罪行为的危害,培育和增强自我保护的意识和能力,自觉抵制校园欺凌和违法犯罪行为。了解宪法基本知识,明确宪法的地位与作用,树立宪法法律至上观念。树立国家利益至上的观念,理解总体国家安全观,自觉维护国家安全	八上:《社会生活讲道德》 八上:《做守法的公民》 八上:《勇担社会责任》 八上:《维护国家利益》 八下:《坚持依宪治国》 八下:《加强宪法监督》
	九年级	了解中国共产党领导人民在社会主义革命和建设中创造的伟大成就,理解只有社会主义才能救中国、发展中国。领悟伟大建党精神是中国共产党的精神之源,热爱中国共产党。理解和平统一、"一国两制"的重要意义,自觉维护国家统一	九上:《富强与创新》 九上:《追求民主价值》 九上:《建设法治中国》 九上:《中华一家亲》
中华优秀传统文化教育	七年级	知道尊敬师长、孝亲敬长是中华民族传统美德,能够与老师、父母等长辈处理好关系	七上:《师长情谊》
	九年级	弘扬中华优秀传统文化,践行中华民族精神	九上:《守望精神家园》
生态文明教育	九年级	了解环境保护的法律规定,树立生态文明观念。了解世界正处于百年未有之大变局,了解全人类共同价值的内涵,领悟构建人类命运共同体的意义	九上:《建设美丽中国》 九下:《构建人类命运共同体》

表2　道德与法治课程的德育序列设计(拓展型)

年　级	课程内容	德育内容
七年级	图说时政	社会主义核心价值观教育 中华优秀传统文化教育 生态文明教育 理想信念教育 心理健康教育
八年级	我来说《读本》	
九年级	时政小论文	

表3　道德与法治课程的德育序列设计（实践型）

年　级	课程内容	德育内容
七年级	模拟法庭	理想信念教育 社会主义核心价值观教育
八年级	辩论比赛	社会主义核心价值观教育 中华优秀传统文化教育 生态文明教育 理想信念教育 心理健康教育
九年级	职业体验	心理健康教育 理想信念教育

（2）实施策略

聚焦核心素养，彰显铸魂育人。道德与法治课程教学要基于课程标准，把党和国家的重大实践和理论创新的最新成果作为基本遵循，提升学生思想政治素质、道德素养、法治素质和人格修养。教师应从发展学生核心素养的角度制定教学目标，尊重学生身心发展特点，帮助学生逐步树立正确的世界观、人生观和价值观。如《天下兴亡，匹夫有责》这一课的教学目标为：通过图示、话题探讨，分析马克思主义经典劳动理论，从多角度认识劳动的意义；通过环卫工人、快递小哥、建筑工人、私营业主等群体的图片以及黄旭华等人的影像资料，懂得在与人交往时尊重每一位劳动者、建设者，增强平等意识，建立个人与国家发展的联系，从而增强对国家发展的责任意识，培养家国情怀，形成国家认同素养。这样的情感目标有利于增强教育效果，激起内在动机、激发情感体验。

体现时代特征，及时引入成果。一是紧跟时代进程，讲解重大时事。教师应该关注国内外影响较大的时事，围绕道德与法治课程内容体系，积极开发这些时事中的思政元素，并据此设计和实施符合核心素养发展要求的时事教育活动。首先应遴选时事，重点关注国内外影响较大的时事；其次要设计好时事教育情境，引导学生在了解时事的过程中内化教学内容；最后应明确时事教育活动的教学要求，引导学生从社会主义核心价值观的视角审思时事。同时还要长效地开展好讲解时事活动，不仅要注重活动的综合性与连贯性，还要在教学实践中注重创新呈现形式。时事播报与时事案例等辨析类、时事纪念日与时事辩论等体验类、时事板块与时事演讲等展示类是常见的时事讲解活动形式。二是关注理论创新，吸纳重大成果。道德与法治课必须将党和国家重大实践和理论创新成果引入课堂，充分体现马克思主义中国化最新成果。教师应主动承担起宣传、解析党和国家的重大实践和理论创新成果的重任，落实重大主题教育进课堂的责任，将党的方针政策教育引入课堂，引导学生感受思想伟力，将党的方针政策教育落到实处。注重"讲故事"与"讲道理"相结合，帮助学生在学习理论成果的过程中逐步实现从具体到抽象，从感性到理性，从学习到实践的转变。采取多元形式，如政策情境研习、社区研学课堂、书记课堂、党的方针政策朗读亭、政策宣讲报告会等形式，提升育人实效。三是加强现实关怀，厚植人文温度。要密切联系社会生活和学生生活实际，用富有时代气息的鲜活内容，以学生喜闻乐见的方式，增强道德与法治教育的实效性、生动性、新颖性，让道德与法治课堂既有现实关怀，又有人文温度。教师可以利用新媒体、大数据、人工智能等技术，引导学生感受时代发展和变化，延展教学边界，构建共育格局，也可以将家长、社区等课程资源引入教学，加强协同育人效果。如在讲授《法律为我们护航》一课时，教师选取本土化的热点法治素材，用长沙发出的首份《家庭教育令》背后的案件作为议题情境，开展议题式教学，通过模拟判案、现场连线法官等活动，实现课堂教学的延展，实现学校和社会共育。

坚持灌启结合，注重以理服人。习近平总书记强调："要坚持灌输性和启发性相统一，注重启发性教育，引导学生发现问题、分析问题、思考问题，在不断启发中让学生水到渠成得出结论。"坚持灌输性与启发性相统一，是推动新时代思政课改革创新的基本遵循，是提高思政课教学质量和水平的重要方法论。在实际教学中，教师要向学生系统地"灌输"知识，完成教学任务，达成教学目标，同时也要因材施教，尊重学生的主体地位，引导学生发现问题、分析问题、思考问题，在不断启发中让学生认同并内化所学知识。

丰富实践体验，促进知行合一。道德本质上是实践的，学生品德形成和发展都离不开"行"。道德认知是道德教育的起点，道德践履则是道德教育的目的、旨趣和终点，它促使受教育者转化或内化既定的社会道德原则和规范，形成稳定的道德品质和行为。道德与法治教育要从身边的生活点滴做起，从日常行为的养成做起，从具体小事做起。如通过参观访问、现场观摩、志愿服务、生产劳动、研学旅行等方式走向社会，增进学生对国情、社情、民情的了解，增强爱国情感。鼓励学生在社会实践中扩展自己的视野，提升自己的能力，学以致用，知行合一，从而助推道德与法治课程育人的落实。

（3）案例解析：图说时政

① 案例背景

为深入学习贯彻习近平新时代中国特色社会主义思想，培育和践行社会主义核心价值观，落实立德树人的根本任务，不断增强思政课的思想性和理论性，提高思政学科核心素养和关键能力，学校道德与法治教学组一直以来将"图说时政"活动常态化、全员化，成为学校思政课的一张闪亮的名片。

② 案例内容

"图说时政"活动主要包括课堂"图说时政"5 分钟和年度"图说时政"演讲比赛。课堂"图说时政"5 分钟，即在课堂上让学生用 3—5 分钟的时间，使用文字、图片、音频、视频等素材，以 PPT 为载体，以播报、主持、演讲、情景剧、快板等方式，评述新闻与社会热点、焦点话题，要求学生简单扼要地交代事件背景，讲解启示、影响和作用，并运用所学的学科知识适当加以评述。班级学生以个人或者 2—3 人的组合形式参加，覆盖面广。

"图说时政"演讲比赛一年开展一次。围绕每年的主题，教师指导学生收集、甄选一组国内外近期发生的重大事件与社会热点问题的新闻图片，就新闻事件进行介绍，并结合学科有关知识展开评论分析，要求学生展示自己的观点和见解，演讲稿要求为原创，题目自拟，时长为 5—8 分钟。每组作品的参与人数一般不超过 3 人。该比赛流程为各班进行班级初赛，遴选优秀选手参加年级复赛，再到学校决赛，特别优秀的选手将被推荐参加省市级图说时政演讲比赛。如 2024 年"图说时政"活动主题为"青春向党，豪迈前行"，围绕这一主题，经过班级初赛、年级复赛、半决赛层层选拔出七组选手进入总决赛。他们从学生的身心健康关联学校的育人方式；从"315"晚会谈到共筑诚信、共享安全，"315"应该成为"365"；从甘肃天水麻辣烫火爆出圈关联网红城市长沙应该如何保持热度；从习近平总书记考察长沙之行谈到赓续红色血脉，发展新质生产力；从重庆背篓专线引发热议关联"小背篓"彰显的为民服务大作为；从"娃哈哈"创始人宗庆后的传奇故事谈到青年应有为，传承奋斗精神，书写闪光青春。选手们从各自独特的视角，深入浅出地阐述了对政治、经济、文化、科技等方面时事的独到理解和观点，展现了当代中学生心怀天下的气度。

③ 案例评析

"图说时政"活动是思政课改革创新的有益尝试，既丰富了思政课的课程资源，又推进思政小课堂和社会大课堂的有效结合。广阔的社会生活是学生成长的大课堂，为"图说时政"提供了源头活水。习近平总书记强调，上好思政课，会讲故事、讲好故事十分重要，特别是要讲好新时代的故事。学生的"图说时政"作品内容丰富，题材广泛，一个个有温度有感染力的故事，展现出国家发展、社会进步、人民幸福的壮美画卷，弘扬了正能量，唱响了主旋律。实践证明，"图说时政"活动的开展，有利于引导学生关注时代生活，讲好中国故事，传递中国声音，弘扬中国精神，彰显中国力量，通过讲故事、析道理，有助于学生形成正确的价值观念，养成良好的道德品质。

2. 主题班会课程

班会课程作为德育课程的一个重要分支，是德育教育的主要阵地，在班主任日常管理中发挥着重要作用。与其他学科相比，班会课更具灵活性，形式多样，能够及时且集中解决班级德育工作的棘手问题。为进一步增强德育工作实效，抓好德育主阵地，学校将主题班会课程化，将班会课程序列化。

（1）序列设计

在不断地探索以及经验总结下，学校主题班会课程形成了完善的序列体系。横向来看，在内容上聚焦育心和树人，育心包括自我认知教育、学习方法教育、健康生活教育等主题，树人包括理想信念教育、文明礼仪教育、传统文化教育等主题；纵向来看，遵循学生身心发展特点与规律，从七到九年级选择不同的切入点，确定符合学生发展的阶段性目标（如图2、表4）。

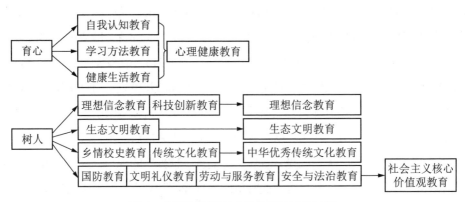

图2　主题班会课程序列化设计思维导图

表4 主题班会课程序列化实施目录（试行）

领域	德育主题	总体目标	阶段性目标	课题参考
育心	自我认知教育	帮助学生树立正确的自我认识，学会客观评价自己；引导学生接纳自我，激发潜能，勇于超越自我	七年级：能够重新认识自己，树立自信、接纳差异；挑战新角色，找到在集体中的存在感和价值感 八年级：学会真诚接纳变化中的我 九年级、国际部：能够激发潜能，勇于挑战自我	《遇见新自己》 《独一无二的我》 《做更好的自己》 《我能"自信不攀比"》 《我和我的班级》 《接纳新变化》 《我能"不求太完美"》 《不断刷新的我》 《我的潜能大陆》 《与"我"相处》
	学习方法教育	培养学生形成正确的学习观念，发展学习能力，改善学习方法，提高学习效率	七年级：养成良好的听课习惯和复习习惯 八年级：学会时间管理，提高自主学习能力 九年级、国际部：了解学习风格，学会反思与调控，树立对考试的正确认识，掌握科学备考策略	《听好课的要诀》 《考试这件事儿》 《我能"复盘"与"总结"》 《我的时间我做主》 《探索我的学习风格》 《学习的苦与乐》 《成为思维高手》 《好记性不如烂笔头》 《会倾听、会学习、会生活》 《成长比成绩更重要》
	健康生活教育	引导学生养成健康的行为和生活习惯；把握青春期情感，建立良好的人际关系；增强学生积极的情绪体验，提高情绪表达能力及调控能力；提高学生承受挫折、适应环境的能力，增强生命的韧性；把握升学选择的方向，引导学生培养职业规划意识	七年级：养成健康的行为和生活习惯，爱惜身体，养护精神，守护生命；学会情绪表达；学会倾听与回应 八年级：学会调控情绪，积极调节厌学情绪；主动沟通，融化亲子矛盾，感恩父母的付出；经营健康的同伴关系，保持异性交往的尺度；增强珍爱生命的意识，生命至上，敬畏生命 九年级、国际部：增强体质，保持睡眠与饮食；掌握劳逸结合的方式；提高抗压能力；学会减压方法；了解自身特点，做好升学选择，提高抗挫折能力，增强生命的韧性；发掘生命的力量，有活出生命的意义、绽放生命之花的意识和想法	《向好习惯说"Hello"》 《我的情绪在说话》 《我会聆听与回应》 《我能"上网有节制"》 《我能"追星有理性"》 《我和父亲母亲》 《友谊是道多选题》 《情窦初开时》 《我能调整好心态》 《拥抱成长型思维》 《我的未来我选择》 《青春与梦想》 《生命列车》 《生命，就在一瞬间》 《挫而不折，破茧成蝶》 《"笨"小孩有"奇迹"》

续表

领域	德育主题	总体目标	阶段性目标	课题参考
树人	理想信念教育	培养学生爱党爱国爱人民的情感,增强国家意识,引导学生树立科学的世界观、人生观和价值观,引导学生把个人的前途命运同国家民族的发展要求紧密结合	七年级:在政治、思想、理论、情感上认同伟大祖国、中华民族、中华文化、中国共产党和中国特色社会主义 八年级:主动践行和弘扬社会主义核心价值观,有强烈的民族自豪感,坚定理想信念,初步树立共产主义远大理想,拥有为实现中国梦而奋斗的昂扬斗志 九年级、国际部:了解我国全面建成社会主义现代化强国的新征程,充分理解中国梦的伟大内涵,懂得将个人理想与国家发展、民族命运紧密相连,并为中华民族伟大复兴不懈奋斗	《我和我的祖国》 《向上吧少年!》 《梦想与初心》 《我们是共产主义接班人》 《我的梦和中国梦》 《我心中的英雄》 《民族大家庭》 《我难忘的红色故事》 《做精神明亮的人》 《党员徽章里的小秘密》 《我和2035有个约》
	科技创新教育	激发科学兴趣,培养科学精神,增强学生的科技创新意识和创新能力;鼓励学生主动思考、勤于思考、勇于实践,将个人理想与国家发展、时代脉搏紧密结合	七年级:拓宽学生的科技创新视野,丰富学生的文化生活,激发学生参与科技创新的热情 八年级:鼓励学生积极参加校内外各类科技创新类活动,增强学生敢于探索、创新、不断实践的创新意识和能力 九年级、国际部:引导学生将小发明、小创造与所学理论知识相结合,进行小课题研究,培养科学精神	《科技创新改变生活》 《那群隐姓埋名的学霸爷爷》 《大国重器背后的"CPU"》 《小发明,大乾坤》 《一封来自UFO的信》 《走进……》
	文明礼仪教育	培养学生良好行为习惯,知恩感恩,提高学生的思想道德修养,自觉规范行为举止	七年级:在日常生活中养成诚实守信、热爱劳动、明礼遵规、勤俭节约、自强自律等个人美德和优良品行 八年级:践行尊老爱幼、团结友善、相互尊重、爱护公物等社会公德 九年级、国际部:理解爱岗敬业、做事公道、热情服务、奉献社会等职业道德,做未来的建设者	《诚以立身,信以立德》 《礼貌待人,做文明有礼好少年》 《方圆有度遵规则》 《感恩父母,拥抱亲情》 《谦谦君子,知书达礼》 《心中有尺》 《颜值与言值》 《我的班规我做主》 《你好,世界》

续表

领域	德育主题	总体目标	阶段性目标	课题参考
树人	生态文明教育	树立正确的生态价值观念，具有生态文明意识，具备良好的生态文明素养	七年级：引导学生正确认识个人、社会和自然之间相互依存的关系，提高学生节约资源、保护环境的意识和服务意识 八年级：引导学生养成勤俭节约、低碳环保的行为习惯，培养健康文明生活方式 九年级、国际部：鼓励学生积极参与面向共建生态家园的决策与行动，做具有社会责任感和实践能力的公民	《节约资源，弘扬勤俭美德》 《保护环境，共创生态家园》 《垃圾分类，倡导绿色生活》 《与自然和谐相处》 《洁净与美好》 《保护我们的母亲河》 《岳麓山上的片片绿》 《光盘，我们在行动》
树人	传统文化教育	坚守中华民族的共同理想信念，筑牢民族文化自信、价值自信的根基，厚植中华文化底蕴，增强学生的民族自豪感、认同感和文化自信	七年级：了解中华民族丰富的文化遗产，增强学生对中华优秀传统文化的认同感、民族自豪感、自信心 八年级：感悟中华优秀传统文化的精神内涵、人生哲理，增强以爱国主义为核心的民族精神 九年级、国际部：注重对中华优秀传统文化的保护、传承和传播，勇于创新、敢于尝试，推动传统文化的创造性转化、创新性发展	《我们家的家风家训》 《千里共明月，中秋忆传统》 《"粽"享多彩端午，深耕传统文化》 《感恩相遇幸福有你——吾爱吾师》 《九九话重阳，感恩在我心》 《雨润清明，追思先烈》 《共庆祖国华诞，弘扬爱国精神》 《喜乐元宵猜灯谜，欢欢喜喜闹佳节》 《美德万年长》 《那些不能忘记的中国脊梁》
树人	乡情校史教育	了解家乡、学校的历史与发展，增强爱家乡、爱学校的情感，传承本土优秀文化，发扬家乡、母校的宝贵精神，成为家乡、母校优秀文化的阐释者和践行者	七年级：了解学校发展历史和办学理念，增强对学校的认同感和归属感 八年级：了解家乡和学校的历史文化、先锋人物，增强道德修养、文化认同感、自豪感，培育优秀品质 九年级、国际部：积极参与实践活动，愿意为家乡、母校做出自己的贡献	《我和我的家乡》 《长沙好人·长沙精神》 《我们长沙的红色印记》 《长沙这一年》 《闪闪发光的学校》 《我们校歌、校训背后的故事》 《优秀的校友们》

续表

领域	德育主题	总体目标	阶段性目标	课题参考
树人	安全与法治教育	增强尊法、学法、守法、用法意识，弘扬法治精神，强化规则意识和安全意识，增强自我保护的意识和能力，学会应对自然灾害、敲诈、恐吓、性侵害等突发事件的基本技能。掌握在与人交往中有效保护自己的基本方法，构筑起坚固的自我安全防线	七年级：初步树立遵纪守法、公平正义、民主法治等观念；学习识别毒品的知识和方法，拒绝毒品和烟酒的诱惑；增强自觉遵守交通法规的意识，合理利用网络，学会判断和有效拒绝的技能，避免迷恋网络带来的危害 八年级：正确使用各种设施，具备防火、防盗、防触电及防煤气中毒的知识技能；了解校园暴力造成的危害，学习应对的方法；自觉遵守与信息活动相关的各种法律法规，抵制网络上各种不良信息的诱惑，提高自我保护和预防违法犯罪的意识 九年级、国际部：初步具备依法维护自身合法权益、参与法治生活的能力，善于运用正确的方法保护自己、维护他人的合法权益	《"家"有少年的我》 《"未"爱护我成长》 《法律无情？法律有情？》 《当哪吒遇上民法典》 《善用法律保护自己》 《青春如歌，唯毒不可》 《温柔旋涡》 《共筑自我保护的堤防》 《向校园欺凌说"不"》 《提高思想素质，与同学和睦相处》 《关注课间安全》 《遵守交通规则和交通秩序》 《讲究饮食卫生，养成良好习惯》
	劳动与服务教育	增强热爱劳动、尊重劳动的意识，掌握必备的劳动技能，养成良好的劳动习惯，提高动手实践能力，增强社会责任感	七年级：掌握必备的日常劳动技能，养成良好的日常保洁卫生习惯 八年级：积极主动参与公益志愿活动，弘扬奉献精神，增强劳动最光荣、最伟大的价值认同 九年级、国际部：认识和了解不同职业的劳动者，进一步理解劳动与个人发展、社会进步的内在联系	《我们是雷锋家乡人》 《厨神争霸赛》 《变废为宝展示会》 《那双最美的手——向劳动者致敬》 《争做那抹"志愿红"》 《共劳动同成长》 《我的志愿服务经历》 《生态园里的小故事》 《赠人玫瑰，手有余香》 《我做的那件"小事"》
	国防教育	培育学生国防意识，增强学生国防观念，增强学生的忧患思想和强军思想	七年级：继承革命先烈优良作风，了解必要的国防军事知识，树立国防观念 八年级：树立总体国家安全观。反对分裂，维护民族团结和祖国统一 九年级、国际部：认识和平的重要意义，珍惜来之不易的和平生活，增强保家卫国的责任感和使命感	《铭记英烈·致敬英雄》 《我（们）身边的橄榄绿》 《走向海洋·中国海军》 《鹰击长空·中国空军》 《寸土不让·中国陆军》 《清澈的爱·只为中国》 《铭记历史 珍爱和平》 《中国精度，追求卓越》

（2）实施策略与案例解析

凝练主题，主题班会课程化。《指南》中提出，中小学德育应以理想信念教育、社会主义核心价值观教育、中华优秀传统文化教育、生态文明教育和心理健康教育为主要内容，对学生开展教育。基于对德育内容的理解和整合，以及结合初中生的成长需要，学校从育心和树人两个大方面入手，提炼出了自我认知、学习方法、健康生活、理想信念、科技创新、生态文明、乡情校史、传统文化、国防教育、文明礼仪、劳动与服务、安全与法治十二个德育主题。在这十二个主题的统领下，结合时事热点、节日、班级常规、班集体成长等划分出更多以课时为单位的主题班会。在确定班会主题时，既要大中见小，实现主题班会精细化，又要小中见大，实现主题班会深度化。

遵循规律，班会课程序列化。《关于培育和践行社会主义核心价值观 进一步加强中小学德育工作的意见》号召各级教育部门和中小学要加强德育规律研究，从中小学生的身心特点和思想实际出发，注重循序渐进、注重因材施教。如学校根据七、八、九三个年级学生不同的特征提出阶段性的目标，形成了主题统领下的精细的序列化班会课程。以树人板块的"劳动与服务"这一主题班会为例，教师结合学生学情制定阶段性目标，七年级要求掌握必备的日常劳动技能，养成良好的日常保洁卫生习惯。八年级要求积极主动参与公益志愿活动，弘扬奉献精神，增强劳动最光荣、最伟大的价值认同。九年级以及国际部要求认识和了解不同职业的劳动者，进一步理解劳动与个人发展、社会进步的内在联系。由此设计阶段性的课时班会主题，七年级开展《劳动创造美好》启动班会，增强学生劳动意识。八年级开展《我是劳动小能手》主题班会，学生交流展示劳动技能，增强劳动最光荣、最伟大的价值认同。九年级开展《那双最美的手——向劳动者致敬》主题班会，促进学生理解劳动和个人成长、社会发展的内在联系。主题班会层层递进，以序列化的方式更好地落实德育内容，实现德育目标。

集腋成裘，班会素材系统化。为了更好地助推班会课程实施，学校搭建了系统化的班会素材库。在十二个德育主题统领下，将相关主题的名人名言、古今诗歌、故事、图片、音视频等资料收集在一起，形成不同主题的共享资源包，存入云盘，将一个个零散的素材分门别类梳理出来，形成体系，搭建素材库，为班会课程提供灵感与素材。

多管齐下，班会育人专业化。第一，借助序列化表格，创定适切主题。一节成功的班会课关键在于明晰的目标。学校德育工作团队在学期初借助班会课序列化表格，参考十二个主题并结合学期实际情况（如传统节日、特殊纪念日、重大事件），根据学生所处年级以及具体学情，在班会序列化的目标中选择适切的主题，制作学期班会课主题表。不同年级的教师根据学生具体情况进一步确定班会课时主题。第二，运用信息化技术，创设真实情境。教师在班会设计中充分借助信息技术进行学情分析、制作视频、开展角色扮演，以凸显学生主体，提高班会课实效。以朱雅琴老师的一节育心领域的主题班会《正视 emo，向阳生长》为例。班会课之前，教师借助 UMU 平台提出问题，进行学情调查：你知道什么是 emo 吗？最近让你觉得困扰的事情是什么？当你情绪低落时你会怎么做？（要求：以团队为单位向大家分享你们调节消极情绪的经验）。通过前置调查，了解让学生情绪低落的因素，从而"对症下药"，提供相应的调节情绪的方法。了解学生情况后，教师制作以学生为主体的视频，帮助学生尽快融入主题班会，再利用平板电脑互动，让学生一分为二地理解负面情绪，通过制作视频帮助学生理解"情绪 ABC"理论，再利用交互一体机帮助学生完成心理剧的演绎，最后播放视频，全班同学出镜，教师鼓励学生勇于寻求帮助，直面自己的负面情绪。在这节班会课中，教师利用信息设备和技术，如一体机、视频剪辑等，给学生创建了一个接近生活、轻松又温馨的情景，让学生自然地表达自己，从而学会调节情绪。第三，践行家校社共育，创新班会形式。培养学生完善的人格，不仅是学校的责任，家庭和社会也担负着重要责任。以叶滔老师的《科技创新改变生活》主题班会为例。这节班会课属于树人领域的科技创新主题。根据主题班会序列化表格，该年级对应的目标是"拓宽学生的科技创新视野，丰富学生的文化生活，激发学生参与科技创新的热情"。在设计班会课时，考虑到要给学生更直观的感受，教师带领学生走入威胜国际贸易有限公司。课前的前置学习是让学生从小电表看科技变化，找一找资料，听一听家里长辈讲旧电表的故事。课中，学校、家长、社会三方合作，教师以问题为导向，制作教学视频，家长配合回答学生问题，讲老故事，双管齐下，帮助学生了解旧电表的前世今生。威胜国际贸易有限公司通过视频连线的方式，参与学生的动手实践活动，让学生深刻感受科技的发展。

（二）课程德育实施策略及案例解析

1. 人文类课程

（1）语文学科

语文作为一门运用祖国语言文字的综合性、实践性课程，在立德树人上具有得天独厚的优势。"文以载道"，中国传统的语文教育主要是道德教育。哲学家雅斯贝尔斯说："要成为人，必须靠语言的传承方能达到，因为精神遗产只有通过语言才能传给我们。"教育家苏霍姆林斯基也认为，德育要通过故事、艺术形象来渗透。语文课程具有最丰富的德育故事与艺术形象，好比一列火车，它载着美德行驶在学生心灵的轨道上。

① 序列设计

语文学科育人囊括了理想信念教育、社会主义核心价值观教育、中华优秀传统文化教育、生态文明教育和心理健康教育等德育内容，具有情境真切、内容丰富、形式多样、渗透性强等特点，在德育中具有基础性作用。序列设计如表5所示。

表5　语文课程的德育序列设计

德育内容	阶段性目标	德育要素	课程资源
理想信念教育	七年级：通过诵读革命题材类散文、诗歌，学生能认识老一辈革命家的事迹及其优秀品德，增强对党的政治认同、情感认同 八年级：通过阅读革命题材类散文、诗歌、名著，学生能进一步了解老一辈革命家的事迹，学习他们艰苦奋斗、奉献社会的精神品质，进一步增强对党的政治认同、情感认同、价值认同 九年级：通过诵读革命题材类诗词，学生能进一步体悟到革命者伟大的抱负、坚定的信念、大无畏的精神，不断树立为共产主义远大理想和中国特色社会主义共同理想奋斗的信念和信心	政治理想革命精神	七上：《纪念白求恩》 七下：《邓稼先》《黄河颂》《老山界》《谁是最可爱的人》《驿路梨花》 八上：《消息二则》《国家公祭，为佑世界和平》《红星照耀中国》《长征》《白杨礼赞》《人民英雄永垂不朽——瞻仰首都人民英雄纪念碑》 八下：《回延安》《最后一次讲演》《钢铁是怎样炼成的》 九上：《沁园春·雪》《周总理，你在哪里》《我爱这土地》 九下：《梅岭三章》《海燕》

德育内容	阶段性目标	德育要素	课程资源
家国情怀	七年级：通过阅读写景类散文、古诗词，阅读神话故事、古代科技类散文，进行写景和抒情写作训练，开展天下家国综合性学习，学生能够感受祖国河山的壮美、文化艺术的繁荣，了解古往今来有代表性的爱国志士的故事，初步培养作为中华民族一员的归属感 八年级：通过阅读游记，阅读与艺术相关的说明文、散文、小说，阅读爱国主题类诗歌、演讲词等，学生能进一步认识到祖国壮丽山河背后的文化精神，认识中华文明的历史价值和现实意义，进一步增强国家认同，增强作为中华民族一员的归属感和自豪感 九年级：通过阅读爱国类诗词、戏剧、小说，阅读文艺类散文，学生能进一步理解中华民族深沉的精神追求，树立民族自信、文化自信，培养民族气节和爱国主义情怀，做有自信、懂自尊、能自强的中国人	山河壮美	七上：《济南的冬天》《观沧海》《次北固山下》《潼关》 七下：《黄河颂》《老山界》《土地的誓言》《望岳》《登飞来峰》 八上：《三峡》《答谢中书书》《与朱元思书》《黄鹤楼》《使至塞上》《渡荆门送别》《钱塘湖春行》 八下：《桃花源记》《小石潭记》《望洞庭湖赠张丞相》《壶口瀑布》《在长江源头各拉丹冬》《一滴水经过丽江》 九上：《沁园春·雪》《岳阳楼记》《醉翁亭记》《湖心亭看雪》 九下：《渔家傲·秋思》《白雪歌送武判官归京》《南乡子·登京口北固亭有怀》《过零丁洋》《山坡羊·潼关怀古》《山坡羊·骊山怀古》
		文化灿烂	七上：《天上的街市》《女娲造人》 七下：《活板》 八上：《中国石拱桥》《苏州园林》《人民英雄永垂不朽——瞻仰首都人民英雄纪念碑》《梦回繁华》《身边的文化遗产》 八下：《社戏》《回延安》《安塞腰鼓》《灯笼》《核舟记》 九下：《山水画的意境》《无言之美》《驱遣我们的想象》
		精忠报国	七上：《观沧海》《十一月四日风雨大作》《潼关》 七下：《老山界》《谁是最可爱的人》《木兰诗》《学习抒情》《天下国家》《己亥杂诗（其五）》 八上：《"飞天"凌空——跳水姑娘吕伟夺魁记》《国家公祭，为佑世界和平》《雁门太守行》《灯笼》 八下：《回延安》《最后一次讲演》 九上：《我爱这土地》《中国人失掉自信力了吗》《三顾茅庐》 九下：《梅岭三章》《唐雎不辱使命》《渔家傲·秋思》《江城子·密州出猎》《破阵子·为陈同甫赋壮词以寄之》《满江红（小住京华）》《曹刿论战》《邹忌讽齐王纳谏》《陈涉世家》《太常引·建康中秋夜为吕叔潜赋》《南安军》《别云间》

德育内容	阶段性目标	德育要素	课程资源
家国情怀		忧国忧民	七上：《天上的街市》《行军九日思长安故园》《夜上受降城闻笛》 七下：《泊秦淮》《贾生》 八上：《白杨礼赞》《春望》《相见欢（金陵城上西楼）》 八下：《石壕吏》《茅屋为秋风所破歌》《卖炭翁》 九上：《乡愁》《咸阳城东楼》《岳阳楼记》《醉翁亭记》《湖心亭看雪》《行路难（其一）》《艾青诗选》《故乡》 九下：《祖国啊，我亲爱的祖国》《屈原（节选）》《天下第一楼（节选）》《枣儿》《出师表》《十五从军征》《南乡子·登京口北固亭有怀》《过零丁洋》《山坡羊·潼关怀古》《山坡羊·骊山怀古》《朝天子·咏喇叭》
传统美德	七年级：通过诵读亲情、师生情类古诗词、古文，阅读与人格修养相关的古诗词、古文，学生能够认识中国传统文化重情、重礼的特点，继承并发展孝顺、勤勉、自信、坚强等中华传统美德	至爱真情	七上：《咏雪》《陈太丘与友期》《有朋自远方来》《〈论语〉十二章》《峨眉山月歌》《江南逢李龟年》《夜雨寄北》 七下：《木兰诗》 八下：《关雎》《蒹葭》《式微》《子衿》《送杜少府之任蜀州》《送友人》 九上：《水调歌头（明月几时有）》《月夜忆舍弟》《左迁至蓝关示侄孙湘》
	八年级：通过诵读友情、爱情、乡情类古诗词、古文，阅读与人格修养相关的古诗词、古文，学生能进一步理解中国传统文化重情、重礼的精神品格，继承并发展友爱、诚信等中华传统美德 九年级：通过诵读亲情、言志类古诗词，阅读中国古典小说，学生能够理解中国传统文化的精神内核，继承并发展豁达、乐观、勇毅、坚韧等中华传统美德	正心笃志	七上：《诫子书》《狼》《穿井得一人》《杞人忧天》《秋词（其一）》 七下：《孙权劝学》《卖油翁》《陋室铭》《爱莲说》 八上：《人无信不立》《得道多助，失道寡助》《富贵不能淫》《生于忧患，死于安乐》《愚公移山》《周亚夫军细柳》《饮酒（其五）》 八下：《北冥有鱼》《庄子与惠子游于濠梁之上》《马说》 九上：《行路难（其一）》《酬乐天扬州初逢席上见赠》《水调歌头（明月几时有）》《君子自强不息》《智取生辰纲》《范进中举》《刘姥姥进大观园》 九下：《蒲柳人家》《满江红（小住京华）》《定风波（莫听穿林打叶声）》

续表

德育内容	阶段性目标	德育要素	课程资源
社会主义核心价值观教育	七年级：通过阅读情感类散文，阅读与现代公民人格修养相关的寓言、小说等，进行写人叙事类散文的写作，学生能理解敬亲爱友、关爱弱者等社会主义核心价值理念，并在生活中外化于行 八年级：通过阅读回忆性散文，阅读与现代公民人格修养相关的演讲词等，进行写人叙事散文写作，开展诚信类主题综合性学习，学生能进一步理解友善的深层内涵，养成诚信、创新的品德 九年级：通过阅读情感类抒情散文、议论性散文，阅读小说作品等，学生能够深入理解社会主义核心价值观中社会层面的价值取向——自由、平等、公正、法治，进一步养成敬业、乐业的品格	友善诚信	七上：《秋天的怀念》《散步》《金色花》《荷叶·母亲》《从百草园到三味书屋》《再塑生命的人》《猫》 七下：《阿长与〈山海经〉》《老王》《台阶》《骆驼祥子》《叶圣陶先生二三事》《驿路梨花》 八上：《藤野先生》《回忆我的母亲》《美丽的颜色》《人无信不立》《背影》《昆明的雨》 九上：《乡愁》《你是人间的四月天——一句爱的赞颂》《论教养》《故乡》 九下：《蒲柳人家》《天下第一楼（节选）》《枣儿》《简·爱》
		尽责敬业	七上：《纪念白求恩》《植树的牧羊人》 七下：《邓稼先》《说和做——记闻一多先生言行片段》《回忆鲁迅先生》《叶圣陶先生二三事》《驿路梨花》《最苦与最乐》 九上：《敬业与乐业》《精神的三间小屋》《孤独之旅》
		求真创新	七上：《皇帝的新装》《穿井得一人》 八下：《应有格物致知精神》《我一生中的重要抉择》 九上：《怀疑与学问》《谈创造性思维》《创造宣言》
		公平正义	九下：《孔乙己》《变色龙》《儒林外史》
生态文明教育	七年级：通过诵读写景类古诗文、散文，阅读探索自然类散文、小说，进行景物写作等，学生能认识并热爱祖国的大好河山，感受各种生物的美，初步思考人与自然和谐发展的重要性，培养对自然的探索精神与敬畏感	热爱自然	七上：《春》《济南的冬天》《雨的四季》《观沧海》《次北固山下》《闻王昌龄左迁龙标遥有此寄》《天净沙·秋思》《猫》《动物笑谈》《狼》《峨眉山月歌》《秋词（其一）》《潼关》 七下：《陋室铭》《爱莲说》《紫藤萝瀑布》《一棵小桃树》《望岳》《登飞来峰》《游山西村》《己亥杂诗（其五）》《竹里馆》《晚春》《泊秦淮》 八上：《三峡》《答谢中书书》《记承天寺夜游》《与朱元思书》《野望》《使至塞上》《渡荆门送别》《钱塘湖春行》《昆明的雨》《白杨礼赞》《蝉》《昆虫记》《采桑子（轻舟短棹西湖好）》《如梦令（常记溪亭日暮）》

续表

德育内容	阶段性目标	德育要素	课程资源
生态文明教育	八年级：通过阅读写景类古诗词，阅读古今中外的游记，阅读科普性散文、演讲词，进行生态文明主题写作，开展环保类综合性学习等，学生能进一步理解人与自然的深层关联，进一步培养对自然的探索精神，追求人与自然的和谐发展，尊重一切自然存在，养成健康文明的生活方式 九年级：通过阅读写景类古诗文、现代诗歌，学生能够体味自然景物中的情思或哲理，深刻理解人与自然的精神关联，在认识自然的过程中发展人类自身	热爱自然	八下：《大自然的语言》《大雁归来》《时间的脚印》《桃花源记》《小石潭记》《蒹葭》《壶口瀑布》《在长江源头各拉丹冬》《登勃朗峰》《一滴水经过丽江》《北冥有鱼》《庄子与惠子游于濠梁之上》《马说》《题破山寺后禅院》《卜算子·黄州定慧院寓居作》《卜算子·咏梅》 九上：《沁园春·雪》《我看》《岳阳楼记》《醉翁亭记》《湖心亭看雪》《商山早行》《行香子（树绕村庄）》 九下：《月夜》《风雨吟》《海燕》《白雪歌送武判官归京》《过零丁洋》《山坡羊·潼关怀古》
		探索自然	七下：《伟大的悲剧》《太空一日》《带上她的眼睛》《活板》 八上：《美丽的颜色》 八下：《大自然的语言》《阿西莫夫短文两篇》《大雁归来》《时间的脚印》《应有格物致知精神》《我一生中的重要抉择》
心理健康教育	七年级：通过阅读与心理健康主题以及学习主题相关的散文、诗歌、古文，进行心理健康类主题的写作，学生能正确认识生活中的挫折，热爱生活，用积极乐观的心态面对挫折；能养成正确的学习观念，发展学习能力 八年级：通过阅读与生命教育相关的议论性散文，阅读名著《钢铁是怎样炼成的》，阅读与学习有关的古文，学生能认识生命的独特性，珍爱生命，增强应对苦难的意志力；进一步改善学习方法，学会学习 九年级：通过阅读与心理健康主题和学习主题相关的议论性散文、诗歌、小说，开展"君子自强不息"的综合性学习等活动，学生能够逐渐形成积极、乐观的生活态度；进一步认识学习的价值，改善学习方法，掌握学习策略，提高学习效率	热爱生活	七上：《秋天的怀念》《散步》 七下：《紫藤萝瀑布》《一棵小桃树》《假如生活欺骗了你》《未选择的路》《望岳》《登飞来峰》 八上：《永久的生命》《我为什么而活着》 八下：《钢铁是怎样炼成的》 九上：《我看》《行路难（其一）》《酬乐天扬州初逢席上见赠》《水调歌头（明月几时有）》《孤独之旅》《刘姥姥进大观园》
		学会学习	七上：《从百草园到三味书屋》《再塑生命的人》《〈论语〉十二章》 七下：《孙权劝学》《卖油翁》 九上：《怀疑与学问》《谈创造性思维》《创造宣言》 九下：《送东阳马生序》《谈读书》《不求甚解》《山水画的意境》《无言之美》《驱遣我们的想象》

② 实施策略与案例解析

课堂：言语创境，润物无声。

美读入境，唇齿留香。用饱含情感的声音吟诵诗文，能让学生在声韵顿挫中想象诗文中的形象，体验人物的美好情感，从而陶冶情操，修身养性。初中语文教材中蕴含德育内容的课文绝大部分文质兼美，适合品读。以理想信念维度为例，蕴含此德育内容的阅读选文有《黄河颂》《老山界》《谁是最可爱的人》等。通过多种诵读方式，在学生或豪迈或深沉或激奋的朗读声中，革命的激情、共产主义的信念将在唇齿间生长。

复述示例，榜样参照。初中语文教材中的大部分德育内容，以故事的形式蕴藏在人物形象中。了解这些人物故事，就能为学生提供引导和榜样。如"社会主义核心价值观"维度中的德育要素"友善诚信"，在教材中主要表现在《秋天的怀念》《从百草园到三味书屋》《叶圣陶先生二三事》等课文的主人公身上。复述表现他们优秀品质的故事及细节，有助于学生更精准地进行关于"友善诚信"的道德认知与道德判断。

品文悟境，深度理解。语文阅读教学要"入其内"，深入理解文本的内涵。由于深层含义蕴藏在文章的关键词句中，教师的重要任务是引领学生品味这些词句。道德的形成既要长时间的涵养，也要关键时刻的顿悟。在讲解《陋室铭》一文时，教师引导学生细品"苔痕上阶绿，草色入帘青"一句，当学生关注"苔痕""草色"时，可得知房子低矮潮湿的特点，品出"绿""青"中的雅致之意，就能顿悟刘禹锡乐观、豁达的"诗豪"本色。

反己联境，关照自我。语文学习要反求诸己，学生要以教材课文中的优秀人物为参照，反省自己的过失，从而提升自我的修养。教师要设计相关课堂环节与活动，引导学生积极反躬自省。比如教学《茅屋为秋风所破歌》时，末尾写杜甫心忧天下，甘愿牺牲，这样的情怀，能否与学生自身建立联系？教师引导学生想象自己像杜甫一样，如果自家的茅屋被秋风吹破，被秋雨侵蚀，会去做什么呢？学生在阅读中体会杜甫崇高的品德，从而反思自己的行为。

作文造境，完善自我。写作是修德的法门。初中阶段的写作主要是散文类写作。在课堂中指导学生进行真情写作，学生在驱遣文字中感受美德，鞭挞丑恶，在再创的生活镜像中成为更好的自己。如学生写作《一个"碌碌有为"的人》，通过记录生活中那些普通人的高尚德行，学生懂得了尊重，明白了善良、尽责、敬业等品德的珍贵。

课外：广泛阅读，潜移默化。

教师示范，榜样引领。一个不常阅读的老师，很难教出爱阅读的学生。一个爱阅读的老师，对书籍中古今中外品行优秀的人物如数家珍，对他们的故事了如指掌，也会用信手拈来的讲述激发学生的阅读热情。在七年级下册第六单元的教学中，学生听完教师对阿西莫夫《银河帝国》系列小说"不经意"的推介，和对《安德的游戏》《沙丘》《三体》等小说点到为止的透露后，很少有不对科幻小说感兴趣的。教师微微打开一扇窗，就可能激发学生探索未来的巨大热情。

分类推荐，好书为伴。书籍浩如烟海，如何选择最适合初中生阅读的德育书籍，需要教育主管部门、出版商、学校、家长、教师、学生等多方协同发力。在学校、教师层面，我们要推荐与学生年龄相适应、与语文课堂教学相辅相成的书籍。如在学习《黄河颂》《老山界》时，教师推荐学生阅读梁衡的政治抒情散文，有助于激起学生的革命精神，坚定理想信念。

课内得法，课外放手。课外阅读需要培养阅读技能。快速阅读、圈点批注、代入想象、反躬自省、分享讲述、札记感悟等阅读技能，要在课堂内训练并掌握。每周一次的阅读课必不可少。得法于课内后，课外的阅读要放手，不要提太多的要求和布置过多的作业。学生通过主动阅读书籍，更容易生长出真正的德行。比如，当学生没有任何外在限制、主动寻找并阅读小说《活着》时，他们所受到的生命教育会超过教师苦口婆心的说教。

（2）英语学科

《指南》指出："外语课要加强对学生国际视野、国际理解和综合人文素养的培养。"英语作为文化沟通的桥梁，在教学上兼具其他学科德育功能的同时，还承担着跨文化沟通与交流的重要作用，是学生了解世界艺术、文化等的窗口，在建立身份认同、文化自信中起着至关重要的作用。

① 序列设计

依据《指南》要求，结合初中学段学生的身心特点，我们对人民教育出版社2022版的义务教育教材 *Go For It* 七至九年级5本教科书，55个正式单元的内容进行梳理，将课程中的德育内容进行序列化设计，如表6所示。

表6　英语课程的德育序列设计

德育内容	阶段性德育目标	年级	课程资源
理想信念教育	通过了解价格与商品折扣活动，培养勤俭节约的品质；通过了解山区孩子艰苦的学习环境，培养艰苦奋斗的品质；通过了解各种志愿活动，培养奉献社会的精神；通过谈论理想和探讨实现理想的途径，培养超越自我的精神；通过了解"9·11"事件，培养国土安全和主权意识；了解中国梦的具体内容，了解实现中国梦与作为中国人之间的密切关系	七年级	七上： U7 How much is the socks? 七下： U1 Can you play the guitar? U3 How do you go to school?
		八年级	八上： U6 I'm going to study computer science. 八下： U2 I'll help to clean up the city parks. U3 Could you please clean your room? U5 What were you doing when the rainstorm came? U8 Have you read treasure island yet?
		九年级	U12 life is full of the unexpected.
社会主义核心价值观教育	通过真实案例，了解我国人民生活水平不断提高、中国制造走向中国创造以及中国智造的事实；通过课文事例学习，了解社会和谐的重要意义；通过学习了解规则、思考规则背后的意义，形成规则意识；通过学习与谈论学科、学习习惯和方法、学习目标和计划，养成良好的学习习惯；通过谈论饮食、运动和日常生活，养成健康规律的行为习惯；通过了解贫困山区孩子艰苦条件下坚持读书的不易，养成自主自立、自强不息的良好品质；通过了解各种志愿活动，培养志愿服务精神；通过学习一次比赛失利的事例，树立团队意识，维护集体荣誉；通过了解我国民族的历史文化，理解国家统一、民族团结的重要意义	七年级	七上： U6 Do you like bananas? U9 My favorite subject is science. 七下： U1 Can you play the guitar? U2 What time do you go to school? U3 How do you go to school? U4 Don't eat in class.
		八年级	八上： U2 How often do you exercise? U6 I'm going to study computer science. U7 Will people have robots? 八下： U2 I'll help to clean up the city parks. U5 What were you doing when the rainstorm came? U6 An old man tried to move the mountains. U7 What's the highest mountain in the world? U10 I've had this bike for three years.
		九年级	U1 How can we become good learners? U5 What are the shirts made of? U7 Teenagers should be allowed to choose their own clothes. U11 Sad movies make me cry.

续表

德育内容	阶段性德育目标	年级	课程资源
中华优秀传统文化教育	通过了解国内外历史文化、国内外礼仪习俗、国内外文学艺术，认识中国文明的历史价值和现实意义，领悟中华传统习俗的文化内涵，提升作为中华民族一员的归属感和自豪感；通过了解各种志愿服务，培养乐于奉献的精神；通过讨论愚公精神，思考规则背后的意义，培养道德判断能力，了解规则和道德要求背后的价值准则；学会感恩、懂得感恩，做一个心怀感恩的人	七年级	七下： U1 Can you play the guitar? U6 I'm watching TV. U10 I'd like some noodles.
		八年级	八上： U1 Where did you go on vacation? U5 Do you want to watch a game show? U8 How do you make a banana milk shake? U9 Can you come to my party? 八下： U1 What's the matter? U6 An old man tried to move the mountains. U7 What's the highest mountain in the world? U9 Have you ever been to a museum?
		九年级	U2 I think that mooncakes are delicious! U5 What are the shirts made of? U6 When was it invented? U7 Teenagers should be allowed to choose their own clothes. U9 I like music that I can dance to. U10 You're supposed to shake hands. U14 I remember all of you in Grade 7.
生态文明教育	通过了解大象、熊猫、鲨鱼等保护动物，思考人与自然和谐发展的重要性，懂得珍视生物多样性，尊重一切生命及其生存环境，同时关注环境问题；通过学习环保措施，形成环境保护的认知、思考环境保护的有效措施，对绿色消费、低碳生活、节约资源等有正确的价值判断	七年级	七下： U5 Why do you like pandas?
		八年级	八下： U7 What's the highest mountain in the world?
		九年级	U13 We are try to save the earth!
心理健康教育	通过学习交流，培养沟通能力，建立良好的人际关系；通过与专家、朋友、家人等沟通，学会与人积极沟通，进行正面的情绪表达，对情绪进行有效管理；通过学习一次失败的事例，培养应对失败和挫折的能力；通过讨论学习以及与学习相关的各种问题、矛盾等，培养学生正确的学习观念，改善学习方法，	七年级	七上： U1 My name's Gina. U2 This is my sister. U5 Do you have a soccer ball? U8 When is your birthday? U9 My favorite subject is science. 七下： U1 Can you play the guitar? U4 Don't eat in class. U7 It's raining! U9 What does he look like?

续表

德育内容	阶段性德育目标	年级	课程资源
心理健康教育	提高学习能力；通过了解部分职业，树立早期职业发展目标，培养职业规划意识	八年级	八上： U3 I'm more outgoing than my sister. U9 Can you come to my party? U10 If you go to the party, you'll have a great time! 八下： U1 What's the matter? U2 I'll help to clean up the city parks. U3 Could you please clean your room? U4 Why don't you talk to your parents?
		九年级	U1 How can we become good learners? U3 Could you please tell me where the restrooms are? U4 I used to be afraid of the dark. U7 Teenagers should be allowed to choose their own clothes. U11 Sad movies make me cry.

② 实施策略与案例解析

二次开发英语教材。英语教师应当充分挖掘教材中蕴含的德育元素，设定合理的德育目标，将德育元素有机融入课堂教学中。除了传授语言知识和技能，教师还应着力培养学生的国际视野和跨文化交际能力，通过英语弘扬社会主义核心价值观，培养学生的道德品质，通过传递中国文化，展现中国魅力，培养学生的良好品德和正确的世界观、人生观以及价值观，使他们成为具有国际视野和社会责任感的综合型人才，实现立德树人的教育目标。教师应对教材进行二次开发，整合线上线下各种德育资源，补充相关背景知识，从深度和广度上拓展教材的教学内容，落实立德树人作为英语教学的根本任务，实现知识性、专业性和思想性的有机结合。

改进课堂教学方法。为了融入课程德育元素，教师应当不断改进教学方法，将创新融入传统教学模式中。教师可鼓励学生通过观察、模仿、体验、展示等方式学习，通过灵活运用角色扮演等教学方法，突出学生主体，引导学生积极参与多元化的教学活动，实现初中英语与品德教育的有机融合，帮助学生树立正确的人生观、价值观和世界观，从而提升学生的思想道德素质。教学方法的创新将有助于学生全面发展，培养他们独立思考和团队合作能力，为他们未来的成长奠定坚实的基础。

构建课程德育评价体系。构建英语课程德育评价体系需要突出教师的主导性和学生的主体性。从教师维度看，评价应涵盖课前、课中和课后三个阶段。课前评价合理设置德育目标并将德育内容融入课程设计中；课中评价课堂通过合理的教学策略和教学方法润物细无声地融入德育内容；课后通过了解评价内容，对教学进行反思并改进教学方法。从学生维度看，评价应围绕学生思想政治素养的发展，贯穿课前、课中和课后全过程。课前以完成德育预习任务和自评为主；课中通过自评、互评和教师评价，记录学生价值观的进步；课后通过学生自我反思和教师交流评价，实现对学生德育发展的持续引领。

（3）历史学科

义务教育阶段的历史课程是学生在马克思主义唯物史观指导下，了解中外历史发展进程、传承人类文明、提高人文素养的课程，具有思想性、人文性、综合性、基础性的特点。历史课程最重要的育人价值在于鉴古知今、认识历史规律、培养家国情怀、拓宽国际视野。

① 序列设计

历史学科中蕴含着丰富的德育资源。我们在研究课标的基础上，根据学生认知发展的特点，整体规划初中阶段教学活动中的德育资源，让每个阶段都有所侧重、有所突破、有所收获，实现三年螺旋式发展。序列设计如表7、表8所示。

表7 历史课程的德育序列设计（基础型）

德育内容	阶段性德育目标	年级	课程资源
中华优秀传统文化教育	七年级：通过了解中国古代文明的辉煌成就，认识中华优秀传统文化的独特价值及突出优势，认识中华文明的世界价值，提高民族自尊心、自信心和自豪感，增强民族凝聚力	七年级	七上：《青铜器与甲骨文》《百家争鸣》《沟通中外文明的"丝绸之路"》《两汉的科技和文化》《魏晋南北朝的科技与文化》 七下：《盛唐气象》《唐朝的中外文化交流》《宋元时期的都市和文化》《宋元时期的科技与中外交通》《明朝的科技、建筑与文学》《清朝前期的文学艺术》
	八年级：认识到捍卫国家主权和民族尊严是中华民族的优良传统	八年级	八上：《太平天国运动》《洋务运动和边疆危机》《戊戌变法》《革命先行者孙中山》《辛亥革命》《新文化运动》《经济和社会生活的变化》《教育文化事业的发展》

续表

德育内容	阶段性德育目标	年级	课程资源
理想信念教育	八年级：认识和感悟五四精神、伟大建党精神、长征精神、抗战精神等，继承革命传统，培养优良作风；通过学习近代历史，知道民族民主革命的艰巨性，认识没有中国共产党就没有新中国，学习仁人志士为救国救民而英勇斗争的精神，坚定为中华民族伟大复兴而奋斗的信念	八年级	八上：《五四运动》《中国共产党诞生》《国共合作与北伐战争》《毛泽东开辟井冈山道路》《中国工农红军长征》《正面战场的抗战》《敌后战场的抗战》《抗日战争的胜利》《人民解放战争的胜利》 八下：《中华人民共和国成立》《抗美援朝》《土地改革》《新中国工业化的起步和人民代表大会制度的确立》《三大改造》《艰辛探索与建设成就》
	九年级：能够认识无产阶级革命和殖民地半殖民地人民反抗斗争的曲折、艰苦过程，理解其正义性，并树立正义必胜的信心	九年级	九上：《马克思主义的诞生和国际共产主义运动的兴起》《唱响〈国际歌〉》 九下：《殖民地人民的反抗斗争》《列宁与十月革命》《苏联的社会主义建设》《亚非拉民族民主运动的高涨》《社会主义的发展与挫折》
社会主义核心价值观教育	八年级：通过我国在各个领域取得的成就、家乡的巨大变化和我国综合国力不断提高的事例，增强爱祖国、爱家乡的情感，培养和践行社会主义核心价值观，坚定中国特色社会主义道路自信、理论自信、制度自信和文化自信	八年级	八下：《伟大的历史转折》《经济体制改革》《对外开放》《建设中国特色社会主义》《为实现中国梦而努力奋斗》《民族大团结》《香港和澳门回归祖国》《海峡两岸的交往》《钢铁长城》《独立自主的和平外交》《外交事业的发展》《科技文化成就》《社会生活的变迁》
	九年级：能够坚定和平理念，增强忧患意识，增强社会责任感和历史使命感，为构建人类命运共同体贡献自己的力量	九年级	九上：《文艺复兴运动》《法国大革命和拿破仑帝国》 九下：《第二次工业革命》《第一次世界大战》《工业化国家的社会变化》《近代科学与文化》《第二次世界大战》《联合国与世界贸易组织》《冷战后的世界格局》《不断发展的现代社会》

表 8　历史课程的德育序列设计（实践型）

教学内容	课程时间	实践活动	德育内容
中国古代史	七年级	走进省市博物馆	中华优秀传统文化教育
		国宝档案	
		图说历史	
中国近现代史	八年级	遗迹考察：千年岳麓，不朽湘魂（近代）	理想信念教育
		口述史采访：身边的历史（现代）	
世界历史	九年级	历史小论文撰写	社会主义核心价值观教育
		历史辩论会	
综合	暑假	研学：文史之旅	中华优秀传统文化教育、理想信念教育、社会主义核心价值观教育

② 实施策略与案例解析

精选典型史料，抓住育人契机。历史学科是体现国家意志和主流意识形态的重要阵地，蕴藏着丰富的育人素材。七年级的中国古代史呈现了辉煌灿烂的中华文明，以及中华民族在文化艺术、科技创新、国家治理等各个领域取得的令人赞叹的成就，文化自信、民族自豪感尽在其中。八年级的中国近现代史涵盖了革命史、党史、国史，展现了近代中国人民为了拯救民族危亡奔走呐喊、奋起反抗、浴血奋战、百折不挠，最终取得了新民主主义革命伟大胜利的历史图景；展现了中国共产党团结带领中国人民，解放思想、锐意进取，创造了改革开放和社会主义现代化建设的伟大成就，处处皆可厚植爱国主义情怀。九年级的世界历史呈现文明多元发展的格局，有利于拓宽学生的视野和格局，通过把握历史发展主流，探寻社会发展规律，增强民族认同与政治自信。我们依据育人目标，精选典型素材，抓住历史教学背后蕴藏的育人契机。如在八年级上册《革命先行者孙中山》一课中，以人物为核心将教材重新组合，划分为"自古英雄出少年""百折不挠掀浪潮""追梦不止兴中华"三个板块。第一板块突出少年有大志，鼓励学生将自身理想与国家命运相连；第二板块以"革命先行者的称号由来"为主题梳理大事件年表，建立框架，对史实进行有效整合，带领学生体会中山敢为人先的革命精神；第三板块联系今日中国，鼓励学生发扬孙中山先生的精神，继续为振兴中华而奋斗。

优化情境教学，提升育人效果。新课标提出，要创设真实的教学情境，让学生在真实的情境中获取知识、探究知识，解决真实的问题。我们将信息技术与历史教学深度融合，通过将图文影音相结合的技术手段，让抽象的历史知识形象化、具体化和情境化，设计沉浸式的学习体验，让学生在案例剖析、合作探究、问题解决等学习环节中高效学习。在课堂中，我们借助新旧知识之间的关联结构、环环相扣的问题链条、图文影音等丰富的视听形式营造的场景来优化情境教学。以九年级下册《第一次世界大战》为例，教师在导入部分通过文献和影像的结合，制作极具视觉冲击力的视频，引出历史争议"谁应该为'一战'负责"；在再现"一战"历史情境的基础上设计整体任务及问题链，如"谁发动了'一战'""谁在推动战争进程""谁是最后的赢家"，让情境贯穿全课，为学生营造沉浸式学习环境，学生通过接龙朗读、配对活动、合作探究等方式积极参与；在课程的最后，借助电影《西线无战事》中的"死者的遗嘱不是要报仇，而是永远不再有战争"展开讨论。情境教学能润物无声，让学生在思考讨论中坚定和平理念，增强忧患意识、社会责任感和历史使命感。

拓展历史时空，达成实践育人。历史课程的实施不仅限于课堂教学，还要有丰富多彩的实践型课程。学校形成了两大品牌实践活动："国宝档案"和"身边的历史"。"国宝档案"已举办五季，致力于让文物"发声"，铸历史精魂，该活动不仅展现国宝的造型、色彩、质地和工艺，生动呈现国宝背后的故事，还深入挖掘文物蕴含的中华民族传统文化的深厚内涵，深受学生的喜爱。"身边的历史"已举办两季。第一季以"千年岳麓，不朽湘魂"为主题，学生以班级为单位分工协作，赴岳麓山寻访近代历史遗迹，录制考察视频，撰写心得感悟，最后进行成果展示。第二季以"千年长沙，不朽传奇"为主题，开展项目式学习。该活动不仅培养了学生搜索历史信息的能力，让学生学习了实地考察的方法，积累了记录、拍摄的经验，更重要的是让学生树立身为湖南人的骄傲与自豪，传承湖湘人敢为人先、为国为民的伟大精神。

（4）地理学科

地理作为中学阶段的基础学科，是落实立德树人根本任务、发展素质教育，构建中学课程育人体系的重要组成部分。将课程育人有机融入地理教育教学过程中，引导学生从地理的视角认识世界，培养优秀品质，形成正确的价值观，是学校地理课程育人研究的重要内容。

① 序列设计

在新课标引领下，结合《指南》的要求，遵循学生的认知发展规律和学情，学校以湘教版初中地理教材为例，挖掘地理学科课程蕴含的德育资源，将德育内容有机融入课堂教学中，构建地理课程的育人序列。序列设计如表9、表10所示。

表9 地理课程的德育序列设计（基础型）

德育内容	阶段性德育目标	德育要素	年级	课程资源
理想信念教育	七年级：通过对不同国家和区域的学习，形成全球视野，认识到中国安稳的社会环境和建成现代化强国是一代又一代中国人不断努力的结果，树立民族自豪感，增强责任感	全球视野家国情怀	七年级	七下：《认识大洲》《了解地区》《极地探险和科学考察》《走近国家》
	八年级：通过对我国疆域和行政区划的认识，建立国土安全和主权意识；通过对自然地理概况的认识，对家乡和祖国的农业、工业、交通运输业等产业取得的成就进行深入了解，增强民族自豪感和国家认同感，树立为实现中国梦而奋斗的远大理想	国土安全主权意识家国情怀	八年级	八上：《中国的疆域》《中国的行政区划》《中国的人口》《中国的主要产业》《中国的民族》 八下：《香港、澳门的回归》《珠三角地区的经济发展》《建设永续发展的美丽中国》
生态文明教育	七年级：认识地球上的自然环境特征，尊重自然规律，形成因地制宜的思想；认识灾害和环境问题，增强忧患意识，树立环境保护理念，养成防灾减灾能力	环境保护	七年级	七上：《世界的人口》《人类活动与气候》 七下：《北极地区和南极地区》《美国》
		防灾减灾	七年级八年级	七上：《火山与地震》 七下：《日本》 八上：《中国的地形》《中国的气候》《中国的河流》

续表

德育内容	阶段性德育目标	德育要素	年级	课程资源
生态文明教育	八年级：关注全球资源和环境问题，树立正确的人口观、资源观和可持续发展观，养成低碳环保、勤俭节约的生活习惯，形成健康文明的生活方式	资源开发	七年级 八年级	七下：《日本》《巴西》 八上：《中国的自然资源》
		因地制宜	七年级 八年级	七下：《干旱环境中的农牧业》《发展中的工农业》 八上：《山区的资源开发与环境保护》《农业》 八下：《四大地理区域的划分》《认识区域：位置与分布》《认识区域：联系与差异》《认识区域：环境与发展》
		可持续发展	八年级	八下：《东北地区的产业分布》《长株潭城市群内部的差异与联系》《新疆维吾尔自治区概况和区域开发》《贵州省的环境保护与资源利用》《黄土高原的区域发展与居民生活》
中华优秀传统文化教育	全阶段：通过对与地理相关的民俗文化等的认识，感受中国古人在适应环境、改造自然过程中的凝练的智慧，增加文化底蕴，践行传统文化精神，同时增强文化自信和民族自豪感	民俗文化	七年级 八年级	七上：《地理与风土人情》 八上：《中国的民族》 八下：《旗袍与旗装》《黄土高原的区域发展与居民生活》
		传统节日	八年级	八上：《中国的民族》
		文化遗产	七年级 八年级	七上：《地球运动与气候》 八上：《中华五岳》 八下：《北京市的城市特征与建设成就》《长江三角洲区域的内外联系》

德育内容	阶段性德育目标	德育要素	年级	课程资源
社会主义核心价值观教育	七年级：通过地理学界的科学探究故事，了解老一辈科学家在探索科学过程中艰苦奋斗、不畏艰难、甘于奉献、超越自我、热爱探究的科学精神，培养学生尊重科学，求真务实的科学态度，不畏艰难的优秀道德品质	科学精神优秀品质	七年级	七上：《认识地球》《魏格纳与大陆漂移假说》七下：《南极》
	全阶段：通过地理实验、社会调查、野外考察、工厂企业参观等引导学生认识世界，形成实事求是的人生态度，在提出问题、解决问题的过程中提升创新意识	科学精神创新意识	七年级八年级	七上：地球仪模型制作、《人种与地理环境》、降水模拟实验、海陆热力性质差异探究实验八上：黄土高原水土流失实验、河流塑造地形实验

表10 地理课程的德育序列设计（实践型）

教学内容	实践类型	课程时间	实践课程	德育内容
产业	社会调查	七年级	粮油水果调查	理想信念教育
			24家商场店铺布局调查	
		八年级	纺织厂参观	
环保和资源	实验探究	七年级	校园堆肥	生态文明教育
	社会调查		社区环保调查	
	野外考察	八年级	湘江水资源考察	
自然环境	野外考察	七年级	八方山定向越野	生态文明教育心理健康教育
			校园植物种类调查	生态文明教育
	实验探究	八年级	地理实验	生态文明教育社会主义核心价值观教育
社会经济	手工制作	七年级	地理模型制作：地球仪、地形图	社会主义核心价值观教育
			节气书签制作	中华优秀传统文化教育
			地理模型制作：民居	中华优秀传统文化教育生态文明教育
		全阶段	地图绘制	理想信念教育生态文明教育
			地理手抄报	
综合	综合实践	暑假	研学：绿色之旅	生态文明教育心理健康教育

② 实施策略与案例解析

突出德育目标，提升育人高度。学校从顶层设计中明确学科育人的要求，结合地理学科素养，将理想信念教育、中华优秀传统文化和生态文明教育等内容的培育写入教学目标中，建立知识传授、能力培养、价值引领为一体的综合课程目标体系，引领教学方向。如七年级上册第二章的"地球公转"，知识目标为"结合实例，说出地球公转产生的自然现象及其对人们生产生活的影响"，能力目标为"学生能够通过模拟演示地球公转，归纳地球的运动规律，并用实例证明地球公转的存在"。德育目标为"通过模拟演示得出结论，形成尊重客观事实的科学态度；举例说明地球运动对人们生产生活的影响，以及人们顺应自然规律进行社会活动展现的智慧，理解人地关系，树立尊重自然、顺应自然的观念"。教学过程中教师通过指引教学目标，规范教学行为，确保教学质量，从而实现育人的最终目的。

梳理教材内容，挖掘育人深度。教学要挖掘地理教材中的德育元素，将其与地理事实紧密结合，达到潜移默化的育人效果。地理教材中有很多显性的德育元素，如"人类活动对气候的影响"中，人类活动加剧了全球变暖，连锁效应下导致冰川融化、海平面上升、生物多样性锐减等问题，从而影响到每一个地球人，该课程引导学生建立共同体意识，认识到保护环境是每一个地球人的责任，从而增强责任担当，养成环保节约的生活方式。地理教材中也有一些隐性的德育元素，教师可根据教学需要进行挖掘。如在地区知识的学习中，西亚地区处于国际热点地区，战争多发，教师引导学生认识到我们不是生活在和平年代，而是生活在和平国家的现状，强化学生的国家认同，厚植爱国情怀。

创设思政情境，推进育人力度。通过真实的思政案例重构课堂教学，教师借助案例创设主题情境，让情境贯穿教学过程，在真实、统一的情境中，实现思政要素的深度融合，加强学生的参与感、获得感，推进育人的力度。如在《贵州》一课中，教师以"贵州化屋村脱贫致富"的真实案例来创设情境，通过化屋村早期的贫穷困境设问，引导学生认识贵州的位置和自然环境基础，了解山区发展经济的利与弊，建立正确的人地观念；通过对致贫原因之一——"石漠化"及其治理的探究，引导学生建立正确的资源观和发展观；通过化屋村人民脱贫前后生活的对比，引导学生认识社会主义制度的优越性，增强国家认同感；通过对扶贫干部和村民的故事的介绍，引导学生强化报效祖国、服务社会的责任意识。

优化课堂组织，补充育人角度。教学要突出学生的主体地位，优化课堂组织形式，采用小组合作、同伴答疑、问题探究、信息化课堂等不同形式，多角度落实课程育人目标。如在《新疆》一课中，教师利用时事热点"新疆的海鲜产业火爆"提出问题：新疆何以发展海鲜产业，并让学生提出如"新疆临海""新疆多河湖"等假设，在此基础上结合地理知识进行验证，学生经历数次提出假设—验证错误—再假设—再验证的循环，最终得出真相。这个过程中，学生认识到追求科学真相的艰难，激发学生探究的热情，培养不畏艰难、勇往直前的优秀品质。

开发社会资源，拓宽育人广度。时政热点、乡土人情、社区活动等都蕴含着丰富的德育元素，积极开发社会资源，可打破学科教材的内容限制，补充更新更全面、更贴近生活的德育素材，拓宽学科育人广度。在学科课程基础上，教师利用学生的课后时间，配合教学进度，组织学生参与相关实践活动，从而提高学生兴趣和体验感，促进素质提升，也有利于德育渗透。

实施多维评价，增强育人效度。建立多维评价体系，需要着眼于学生的发展过程，强化情感态度和意志品质的评价维度，以评促教，增强课程育人的效度。在终结性评价外，补充过程性评价，关注学生的意志品质发展进步过程；注重课堂的点评及作业的书面评价，着眼于学生在地理学习中的情感内化程度和地理知识在实际生活中的运用能力。学生需结合他评和自我反思、自我审视。教师要多用描述性评价，慎用定性评价，才能更好地落实立德树人的根本目标，促进学生素质的全面发展。

2. 科学类课程

（1）数学学科

数学教学不仅要体现数学的自然科学价值、实际应用价值和美学欣赏价值，还要在传授知识、答疑解惑中进行相关学科的育人活动。教学在灵活运用课程资源、帮助学生掌握知识和发展能力的同时，帮助学生形成正确的道德认知和积极的情感态度，充分体现数学学科的育人作用。

① 序列设计

在新课标的引领下，结合《指南》的要求，学校遵循学生的认知发展规律和学情，以人教版初中数学教材为例，挖掘数学课程蕴含的德育资源，将德育内容有机融入课堂教学中，构建数学课程的育人序列，具体如表11所示。

表11　数学课程的德育序列设计

德育内容	阶段性德育目标	年级	课程资源
理想信念教育	培养学生对数学学科的热爱和对科学探索的执着追求，从而塑造学生坚定的科学精神和创新意识	七上	《实验与探究：填幻方》
			《翻牌游戏中的数学道理》
			《数学活动》
			《课题学习：设计长方体包装纸盒》
		七下	《用求差法比较大小》
		八下	《纸张规格与$\sqrt{2}$的关系》
			《做长方体纸盒》
			《用计算机画函数图象》
			《课题学习：选择方案》
		九上	《探究四点共圆的条件》
			《概率与中奖》
社会主义核心价值观教育	引导学生树立正确的世界观、人生观和价值观，培养学生积极向上的思想品质和社会责任感，有效传承和弘扬社会主义核心价值观	八下	《海伦-秦九韶公式》
			《由勾股定理创造的奇妙图形》
			《加权平均数的作用》
		九上	《探索旋转的性质》
			《旋转对称》
			不在同一条直线上的三点画圆
		九下	解直角三角形应用举例
中华优秀传统文化教育	引导学生传承和弘扬中华优秀传统文化，培养学生良好的思想品质和道德素养，传承和弘扬中华民族优秀传统文化	八下	赵爽弦图
			《费马大定理》
		九上	《圆周率 π》
		九下	《相似》的复习题
			《选择最优方案》
生态文明教育	树立生态文明观念，培养环境保护意识，增强资源节约和可持续发展的责任感和使命感	七下	《平面直角坐标系》
			《课题学习：从数据谈节水》
		八下	《丰富多彩的正方形》
			《折纸作60°、30°、15°的角》
			《黄金矩形》
		九上	《圆和圆的位置关系》
			《车轮做成圆形的数学道理》

续表

德育内容	阶段性德育目标	年级	课程资源
心理健康教育	关注学生的心理健康，培养学生积极向上的心理品质，提高学生面对生活和学习中压力的心理调适能力，培养具有积极心理品质、良好情绪管理能力和抗压心理的新时代人才	七下	探究画平行线的方法
			《统计调查：学生课后喜爱的活动》
		九下	《生活中的反比例关系》
			《奇妙的分形图形》
			《制作测角仪，测量树的高度》
			《制作立体模型》

② 实施策略与案例解析

关注学生精神发展，明确教学目标。教师应重视学生各方面精神品质的发展，以此为目标开展教学设计。每一个公式、概念以及性质的背后，都隐藏着一段值得深入了解的历史。教师应根据教学内容，融入知识背后的数学史，在加深学生对知识的认识与理解程度的基础上，培养学生良好的精神品质，使其能够更好地学习数学家的精神与品质，勇于克服数学学习中的种种困难，不断提升自身素养。

借助错题档案，树立良好反思意识。数学课程育人价值体现在帮助学生建立良好的反思意识上。比如，建立错题档案需要学生对学习过程中出现的错误进行整理和归纳，并对错因进行深入分析，寻找正确的解题思路和方法。在此过程中，学生能够对自身的不足和问题有更加清晰的认识，进而建立良好的反思意识。教师可以使用鼓励性的话语，引导学生转变自身学习态度，通过对错题的整理、反思与回顾，帮助学生取得良好的学习效果，养成敢于直面错误的良好品质，实现长远发展。

开展合作学习，形成良好团队意识。教师应积极开展合作学习，提升学生课堂学习效果，培养良好的团队意识和协作能力。通过合作学习，学生进行分组合作与交流探讨，共同解决数学问题，不仅能学会倾听他人的观点、意见，也能更好地表达自己的看法和思路，认识到团队合作的力量，意识到个人与团队之间的密切关系。

（2）物理学科

物理是自然科学领域的一门基础学科，引领着人类对大自然奥秘的探索。物理学科要求学生实事求是地研究自然界的现象，严格谨慎地探究规律，锲而不舍地追求真理，基于证据大胆地建构认识世界的框架。物理学科因其独特的育人价值，对学生的发展具有重要意义。

① 序列设计

为确保物理课程育人效果，学校聚焦立德树人，紧扣新课标，将价值塑造、知识传授和能力培养融为一体，有计划且连贯地进行序列设计，还从教材和自主选择两个方面对教学资源进行了整合，提供更多资源选择。具体如表 12、表 13 所示。

表 12　物理课程的德育序列设计（基础型）

德育内容	阶段性德育目标	年级	课程资源
理想信念教育	八年级：激发学生对物理学科的兴趣和热情，培养他们良好的学习习惯和科学思维方式，让学生认识物理学科在生活中的重要性和在科技发展中的巨大作用；引导学生树立正确的价值观，培养学生团结协作、勇于探索的精神	八年级	第一章：星系、天体的运动，汽车、火车的运动，分子运动；伽利略、牛顿等科学家的事迹 第三章：雨、露、霜、冰、雪等现象及水循环，简易冰箱；汽车水箱加防冻液；我国古代铸造技术 第六章：质量的单位千克的由来；细微中的重大发现；鉴定牛奶、酒、农业选种；航空器材、机床底座选材特点；影视剧中用泡沫塑料制作道具；利用密度鉴别身边的物质 第七章：材料的力学性能 第八章：汽车的安全带和安全气囊；生活中利用惯性和防止惯性带来危害的实例
	九年级：在巩固基础知识的基础上，提高学生的物理素养和创新能力，使学生更好地理解和掌握物理学科的基本原理和方法；引导学生关注国家和民族的发展，激发学生的责任感和使命感，鼓励学生为实现国家的科技振兴和中华民族伟大复兴贡献自己的力量	九年级	第十六章：半导体和超导现象；静电除尘；超导体应用对社会发展的影响 第二十章：动物罗盘；极光现象
社会主义核心价值观教育	八年级：培养学生的探究精神和实证思维，通过实验和观察体验科学探究的过程；教育学生尊重事实，坚持真理，勇于怀疑和批判，以及合作共享的科学态度；引导学生理解科技与社会的互动关系，认识科学技术对生活的影响，培养他们的社会责任感	八年级	第一章："神舟九号"载人飞船与"天宫一号"目标飞行器对接 第二章：超声波测距 第四章：中国熔盐塔式太阳能电站 第六章：材料与社会发展；纳米等新型材料的主要特点及应用 第七章：我国载人航天及航天科技的新成就；"东方红一号"从研制到成功发射的研制历程；"中国天眼"在人类探索宇宙中的作用；科学家在建造过程中的卓越贡献；"天问一号"在探索火星方面的进展及我国航天事业对人类探索宇宙的贡献 第八章：我国磁悬浮列车技术的发展；科学家黄旭华事迹 第九章：我国"奋斗号"载人潜水器深潜信息；我国高速列车的运行速度及铁路交通的发展进程 第十章：我国航空母舰发展历程和现状 第十一章：制作杆秤
	九年级：加深学生对科学精神和科学伦理的理解，如诚实守信、公平竞争、尊重他人等；引导学生将社会主义核心价值观融入物理学习和生活中，如爱国情怀、敬业精神、集体主义等；培养学生的创新意识和实践能力，鼓励他们将物理知识应用于解决实际问题，为社会发展作贡献；引导学生树立		

续表

德育内容	阶段性德育目标	年级	课程资源
社会主义核心价值观教育	正确的世界观、人生观和价值观，培养学生积极向上的思想品质和社会责任感，有效传承和弘扬社会主义核心价值观	九年级	第十四章：从火车到火箭；热机对社会发展所起的作用和对环境的影响；羊八井地热发电站 第二十章：指南针 第二十一章：量子计算机相关信息及计算机未来发展的畅想；生活中用电、乘车、住高楼的安全隐患
中华优秀传统文化教育	八年级：培养学生的爱国情怀和民族自豪感；通过介绍中国古代物理成就，让学生感受到中国古代物理学的辉煌成就，激发他们的民族自豪感；引导学生关注现代物理与传统文化的关系，让学生认识到传统文化对现代科技发展的影响和贡献 九年级：通过介绍中国古代物理学家的贡献和现代物理实验中运用到的传统工艺和技术，让学生了解中国物理学的发展历程和智慧，增强他们的文化自信；通过介绍中国传统文化中的创新精神和实践精神，引导学生树立创新意识，将物理知识应用于解决实际问题，为实现国家的科技发展和创新做出贡献	八年级	第一章：我国古代测量长度和时间的工具 第二章：我国民族乐器的发声原理；我国古建筑应用声学知识的案例 第三章：我国古代青铜、铁器的制造技术及其对社会进步的影响；我国用天然材料加工制出纸张、火药 第四章：我国古代关于"海市蜃楼"的记载和解释 第十章：曹冲称象、怀丙打捞铁牛 第十一章：我国水磨、水碓、龙骨水车等机械
		九年级	第十九章：我国古代建筑的防雷技术 第二十章：我国古代指南针的发明及其对人类社会历史发展的贡献 第二十一章：我国北斗卫星导航系统的作用和优势；电磁波在卫星通信和磁悬浮列车中的应用
生态文明教育	八年级：通过学习物理知识，认识自然资源的重要性和有限性，以及人类活动对环境的影响；引导学生关注节能减排和可再生能源的使用，培养他们采取环保行为的习惯；树立生态文明观念，培养环境保护意识，增强资源节约和可持续发展的责任感和使命感 九年级：加深学生对环境伦理和生态文明的理解，如尊重自然、和谐共生、责任意识等；引导学生运用物理知识分析和解决实际中的环境问题，如气候变化、资源枯竭等；培养学生的创新意识和实践能力，鼓励他们将物理知识应用于环保项目和科技创新，为可持续发展作贡献	八年级	第二章：生活中减弱噪声的举措 第三章：坎儿井的农田和城市绿化灌溉的主要方式；电冰箱与臭氧层；全球温度上升带来的影响 第四章：社区或城市光污染的情况 第十一章：风能、水能的利用；《天工开物》中汲水装置工作时能量的相互转化
		九年级	第十四章：光伏技术；我国新能源汽车发展概况；温室效应和热岛效应；调查当地近年来炊事、取暖、交通等方面燃料结构的变化 第二十章：安全用电的注意事项，节约用电的举措 第十二章：处理核污染水的常用方法；受控核聚变（人造太阳）的研究进展及我国的研究成果；太阳能、风能、氢能源的开发及其对可持续发展的意义；能源利用带来的环境影响，如大气污染、酸雨、温室效应等；当地空气质量状况

续表

德育内容	阶段性德育目标	年级	课程资源
心理健康教育	八年级：帮助学生建立积极的自我形象，通过获得物理学习成就来增强自信心；教育学生学会时间管理和自我激励，培养良好的学习习惯和自我控制力；引导学生正确对待失败和挫折，培养适应性和灵活性，以及面对困难不退缩的勇气；关注学生的心理健康	八年级	第二章：我们如何听到声音；"千手观音"聋哑人舞蹈演员感知节奏及艰辛的排练过程 第五章：近视眼和远视眼的成因及矫正；保护视力的意识 第八章：亚里士多德、伽利略、笛卡儿、牛顿等科学家的事迹和研究历程 第九章：科学家的高科技攻关；高原边防哨所的艰苦环境
	九年级：加深学生对物理学科内在联系的理解，提升他们对复杂问题的分析和解决能力；引导学生学会承担责任；教育学生如何平衡学习与生活，提供应对考试压力和心理压力的策略和技巧	九年级	第十八章：焦耳近40年做400多次实验的故事 第二十章：法拉第的故事 第二十二章：我国"两弹一星"的成就；赵忠尧、钱学森、邓稼先、于敏等科学家的杰出贡献和爱国情怀

表13 物理课程的德育序列设计（实践型）

教学内容	实践类型	课程时间	实践活动	德育内容
科学家精神	科普实践	八上	演讲：铭记科学家贡献，弘扬科学家精神	心理健康教育
光	工程实践		制作简易照相机	理想信念教育
			制作简易望远镜	
物质形态和变化	科研探究		设计用于学校或家庭的节水方案	生态文明教育
机械运动和力	工程实践	八下	制作简易杆秤	理想信念教育
			制作水火箭	
	科普实践		讲座：中国高铁发展	社会主义核心价值观教育
			物理学科节：趣味实验展示	理想信念教育
			自行车中的科学知识挑战赛	
			厨房中的科学知识挑战赛	
能量	应用技术实践	九年级	设计节能环保小屋	生态文明教育
	科研探究		拟定《个人低碳生活行为指南》	
物质属性	科研探究		新材料研制与应用报告会	
电和磁	工程实践		制作一台小型发电机	
电磁能	科研探究		调查长沙人均用电量的变化，讨论它与当地经济发展的关系，写调查报告	

② 实施策略与案例解析

深挖教材育人功能，学科德育言之有物。教材是课程实施的主要依据，蕴含丰富的育人资源。以"大气压强"为例，教材提供的育人素材有 12 处之多，类型丰富，有文字、插图、调查、汇报、观察、实践、探究、汇报等形式，有做、看、想多种体验，广泛适用于课堂引入、科学探究、课堂评价、课后实践等各个环节。

灵活运用多种教学方式，激活课堂。教师应充分结合学生的生活经验，创设真实的问题情境，以问题为线索，促进学生深度学习。在《光的折射》教学中演示这样的实验：当光透过装满水的矿泉水瓶时，黑暗的箱子内部被照亮了，教师可以引导学生思考这个现象的原理是什么，这个现象有哪些应用。如果把箱子换成房子，把手电筒变成太阳，把水瓶换成大的、密集的导光管，不就可以将阳光引入房子里，实现低碳、绿色、环保的照明了吗？接着，教师向学生展示动态图片，说明杭州亚运会就采用了这项技术。通过实验，结合问题引导，学生积极思考，培养了创新能力，他们能强烈地感受到原来前沿科技离自己并不遥远、前沿科技与书本知识息息相关，从而激发科技强国的使命感和责任感。

深度融合数字技术，实现教学评一体化。教师运用数字技术描绘学习者实时准确的画像，建立个性化的资源库，提供个性化教学服务。如《光的直线传播》这一课，课前教师向学生推送清代女科学家王贞仪的故事和墨子在《墨经》中关于小孔成像的描述，学生利用智慧课堂平台发表自己的感想。通过物理学史的学习，学生增强了民族自豪感和自信心，树立了文化自信。学生利用智慧平台上传小孔成像的实验过程，在实验中，他们培养了求真务实、严谨客观的科学态度，在实验中他们尊重事实，勇于质疑，客观评价实验结果。

建构多元评价，实时诊断育人效果。教师应树立发展的评价观念，建立多元动态的评价体系，创设丰富且真实的问题情境，实时、客观、全面地评价学生科学思维水平、科学探究能力、科学态度和责任的发展状况。在教学的全过程中，教师可以采用观察、课堂提问、书面评语、课后访谈、自评、互评、团队评价等方式。若要实时了解、跟踪学生的素养发展情况，就要充分利用评价的诊断、反馈功能，为教与学向育人方向的腾飞插上翅膀。

（3）化学学科

化学作为一门科学学科，在教育体系中占据着重要的位置。它不仅涵盖了丰富的理论知识，还包括了广泛的实验操作，涉及的学科知识与生活联系紧密，在课程育人方面具有独特的优势。

① 序列设计

在新课标引领下，结合《指南》要求，学校根据学生的认知发展、心理特点和学习需求，以人教版化学教材为例，挖掘化学课程蕴含的德育资源，将德育内容有机融入课堂教学中，构建化学课程的育人序列，具体如下表14、表15所示。

表14　化学课程的德育序列设计（基础型）

德育内容	阶段性德育目标	德育要素	课程时间	课程资源
理想信念教育	通过对不同方面化学知识应用的了解学习，认识到中国化学技术正稳步前进，树立民族自豪感，增强责任感；通过对化石等自然资源概况的认识，了解国家和本地区化工产业取得的成就，增强民族自豪感和国家认同感，树立为实现中国梦而奋斗的远大理想	技术发展	九上	第二单元：制取氧气有关催化剂的作用；工业上如何大量制取氧气 第三单元：分子和原子；扫描隧道显微镜 第三单元：元素；道尔顿的元素符号 第六单元：人造金刚石；碳单质的研究进展（有关石墨烯和碳纳米管） 第七单元：可燃冰；车用乙醇汽油；氢燃料电池城市客车
		技术发展	九下	第八单元：形状记忆合金 第十二单元：复合材料
社会主义核心价值观教育	通过展示现实生活中的环境问题，培养爱护环境、爱护资源的责任感，了解"绿水青山就是金山银山"的发展理念，培养可持续发展的观念	可持续发展	九上	第二单元：空气 第四单元：爱护水资源；水的净化 第六单元：二氧化碳和一氧化碳 第七单元：燃料的合理利用与开发
			九下	第十二单元：垃圾分类
	通过呈现化学学科内容本身的辩证唯物主义，培养学生的辩证唯物主义思想，树立科学严谨的态度；通过揭示化学教学与现实生活、社会发展的联系，让学生对化学产生兴趣和学习动机	辩证唯物主义	九上	第二单元：空气 第五单元：质量守恒定律

续表

德育内容	阶段性德育目标	德育要素	课程时间	课程资源
社会主义核心价值观教育	带领学生认识化学家认真严谨、敢于质疑、与时俱进、勇于创新、锲而不舍的科学态度和科学精神，让学生将这些化学家视为科学榜样，进一步理解什么是化学研究	科学精神	九上	第三单元：元素；原子的猜想与证实（以道尔顿为代表的化学家）第四单元：水的组成（普利斯特里、卡文迪什有关水的探究）第五单元：定量研究与质量守恒律的发现与发展
			九下	第十单元：酸碱指示剂的发现
	在掌握一定化学知识的基础上，引导学生对现实中存在的环境问题、社会问题进行分析，培养用发展的科学思维看待问题的能力，并在日常生活中有意识地使用这种科学思维	发展思维	九上	第三单元：元素；道尔顿的元素符号 第六单元：人造金刚石 第六单元：碳单质的研究进展（有关石墨烯和碳纳米管）第七单元：可燃冰；车用乙醇汽油；氢燃料电池城市客车
			九下	第八单元：形状记忆合金 第十二单元：复合材料
	学会化学品的正确使用和处理，增强学生的国家安全意识	安全意识	九上	第一单元：化学药品的管理
	在实验教学中强调团队协作，培养学生的集体荣誉感和合作能力；在小组合作中尊重他人意见，学会倾听与沟通	团队合作	九年级	教材中的8个实验活动
	通过案例分析，培养学生的批判性思维和问题解决能力	批判性思维	九上	第六单元：二氧化碳对生活和环境的影响
			九下	第十一单元：化肥与农药的功与过
	教育学生遵守实验室规则，提高实验室安全意识，了解日常生活中化学品的安全使用方法，保障个人和家庭的安全；学习基本的化学事故应急处理方法，提高自我保护能力	安全意识	九上	第一单元：走进化学实验室；化学药品的取用；给物质加热 第六单元：一氧化碳的毒性 第七单元：氢气易燃易爆的特性
			九下	第十二单元：食品安全
	强调实验数据的真实性，培养学生的诚信品质	诚信为本	九上	第二单元：空气 第五单元：质量守恒律；拉瓦锡研究空气的成分

续表

德育内容	阶段性德育目标	德育要素	课程时间	课程资源
生态文明教育	认识地球自然资源的特点,学会合理地开采和利用资源;通过化学物质性质的学习,认识到"绿色化学"对人类的重要性;树立环保意识,形成安全意识,学会保护自己,防止灾难的发生;关注全球资源和环境问题,树立正确的资源观和可持续发展观,养成低碳环保、勤俭节约的生活习惯,引导学生关心地球未来	环境保护	九上	第二单元:空气;空气的污染和防治 第六单元:温室效应 第七单元:使用燃料对环境的影响
			九下	第八单元:金属的腐蚀 第十二单元:白色污染
		防灾安全	九上	第七单元:燃烧和灭火;灭火器及其使用方法;有关易燃易爆物的注意事项
		资源开发	九上	第四单元:水资源的利用和保护
			九下	第八单元:金属资源保护;稀土资源
		可持续发展	九上	第六单元:"低碳"生活
			九下	第十二单元:有机合成材料垃圾分类
中华优秀传统文化教育	将传统文化素材和学科核心知识、思想方法有机融合,培养学生的文化认同和家国情怀	家国情怀	九上	第六单元:单质碳的化学性质(中国古画)
	通过对与化学相关的民俗和文化遗产等的认识,感受中国古人在适应环境、改造自然过程中的智慧,增加文化底蕴,践行传统文化精神,增强文化自信和民族自豪感	民俗文化	九上	绪言:中国酒文化
		文化遗产	九下	第八单元:中国古代文物,如青铜器;《天工开物》中有关"炼铁"的引用

表15 化学课程的德育序列化设计(实践型)

教学内容	实践类型	课程时间	实践活动	德育内容
产业	企业参观	九上	自来水厂参观	理想信念教育
			"可口可乐"公司参观	
		九下	株洲炼钢厂参观	
			纺织厂参观	
化学资源	调查与研究	九上	调查家庭用水的相关情况	生态文明教育
			调查水污染和治理的事例	
			了解世界水日和中国水周的宣传主题	

续表

教学内容	实践类型	课程时间	实践活动	德育内容
化学资源	调查与研究	九上	了解煤、石油的加工产品用途，了解"西气东输"工程，了解家庭燃料的优缺点	生态文明教育
化学与生活			了解火灾自救方法、灭火方法、灭火器的使用方法，设计预防火灾的方案	
		九下	调查社区金属废弃物的品种、回收等情况	
			调查洗涤用品是否会造成水污染，选用对环境污染小的洗涤用品	
			比较不同保鲜膜的材质及使用保鲜膜的注意事项	
			调查厨房常用洗涤剂	
化学与环境			测定长沙地区雨水的酸碱值并得出相关结论	
			调查农业灾荒、与化肥和农药有关的研究成果、现状及发展趋势	
			调查学校食堂或自己家庭的食谱并提出建议	
			调查白色污染情况及形成原因	
			调查温室效应的相关情况	
社会自然资源	实地参观	九上	湖南省科技馆参观	理想信念教育
		九下	湖南省地质博物馆参观	
	野外考察	九上	湘江水取样调查	生态文明教育
		九下	校园菜园肥料的施用	
化学实践	实验探究	九年级	化学实验	社会主义核心价值观教育
	手工制作	九上	元素手抄报	
	课外实验	九上	设计并制作简易灭火器	生态文明教育
			自制碳酸饮料	
			鸡蛋壳和醋清的反应实验	
			自制简易净水器	
			石墨导电实验	
			生成炭黑的实验	
		九下	淬火和回火	
			自制白糖晶体	
			自制酸碱指示剂	
			制作"叶脉书签"	
			有关保鲜膜的实验	

② 实施策略与案例解析

巧用史实，占据德育制高点。教师针对教学内容，融入"大思政"的理念，对学生进行爱国主义教育，帮助他们形成良好的精神品质。如在学习《金属资源的利用与保护》时，教师先展示图片，让学生了解中国冶炼铁的历史，提出问题："看到古代劳动人民炼铁的艰辛，你会有怎样的感受？"通过图片展示、谈话引导，教师帮助学生树立勤俭节约的良好品质。教师以图片、视频的形式向学生介绍上海宝武钢铁公司的炼铁高炉，引发学生思考：人们如何将铁矿石炼制成铁？教师以多媒体素材刺激学生的感官，激发学生的爱国热情，提升学生的民族自豪感。

深挖教材，立足德育出发点。教师以教材为出发点，将初中化学教材中的知识点与德育进行有效连接，探索其深刻的价值。如在《二氧化碳和一氧化碳》一课的教学中，教师借助社会高度关注的大气污染、冬季高发雾霾等常见的现象，以辩论赛的形式设计角色扮演环节或营造法庭环境，模拟社交场景活动，引导学生思考空气污染与人类生存的关系，让学生更清楚地认识化学对生活、生产的促进作用和可能引发的健康危害，让学生在特定情境中学习道德规范，学会伦理判断，帮助其树立正确的道德观。

关注生活，找准德育切入点。化学与生活有着千丝万缕的联系，从生活中的热点切入，既能培养学生的化学素养，也能让学生更加热爱生活。如在《人类重要的营养物质》一课，教师先提出问题：人类需要哪些营养物质，再引导学生深入认识六大营养物质，将自己平时食物的摄入量进行排序，结合教材中的"膳食宝塔"与学生展开交流，认识到偏食的危害，学会规避有毒有害物质，帮助学生养成良好的膳食习惯，形成热爱生活的观念。

评价多维，把握德育着重点。教师应依据多维的评价指标、评价主体和评价方式，对学生的学业质量进行评价，充分发挥评价的育人功能。如在实验课中，教师可采取课堂观察、纸笔测试和实验操作等多维化的评价方式，对学生进行更客观、全面、细致的评价，增强评价的育人功能；可以通过课堂互动参与度、回答问题正确性、实验主动性、线上交流参与度等方面评价学生的参与度；可以通过操作规范性、装置连接正确性、动手能力等方面评价实践能力；可以通过认真思考并主动请教等方面评价解决问题能力；可以通过分工明确、合作良好、讨论积极等方面评价协作能力；可以通过产品形状、理化参数、质量情况等方面评价实验结果；可以通过试剂及废液回收、实验仪器清洗和整理、实验台卫生等方面评价安全环保意识。

注重实践，明确德育落脚点。化学是一门以实验为基础的学科。实验教学对激发学生的学习兴趣、帮助学生形成化学概念、巩固化学知识、培养学生积极探索的科学品质具有重要意义。在学习"水的净化"时，教师以"水质检测与自制净水器"为主题进行跨学科设计，在学习"二氧化碳的性质及用途"时，教师以"自制汽水"为任务驱动进行项目式学习设计，还组织学生就"水资源的利用和保护""生活中的能源利用"等主题进行社会调查，去自来水厂、碳酸饮料生产基地、化工厂等场所实地考察，开展"自制暖宝宝"等项目式学习活动等，让学生在真实情境的实践中，将学习内容与实际生活案例结合，并动手实践，解决实际问题，做到学以致用。

（4）生物学科

生物学作为研究生命现象与规律的学科，不仅能揭示生命的奥秘，更是培养学生生命观念、塑造生命品质的重要途径。初中生物学课程中蕴含着丰富的德育资源，涵盖了诸如生命观念的培养、人与自然和谐共生理念的树立、健康生活方式的倡导、社会责任意识的增强、质疑求实创新科学精神的培育以及辩证唯物主义自然观的构建等多个维度。

① 序列设计

依据《指南》和新课标的相关要求，学校结合学生的认知发展规律以及学情，以人教版初中生物学教材为蓝本，深入挖掘生物学科蕴含的德育资源，致力于将德育内容有机融入课堂教学的各个环节，构建一套系统而完整的生物课程育人序列，具体如表16、表17、表18所示。

表16　生物学课程的德育序列设计（基础型）

德育内容	阶段性德育目标	德育要素	年级	课程资源
理想信念教育	引导学生了解我国在生命科学方面的发展成就，认识中国在促进世界人类文明发展中的伟大使命；引导学生了解古今中外科学家的贡献与成就，培养科学严谨、不怕困难、锐意进	发展使命、远大理想、坚定信念	七上	《科学家的故事：施莱登、施旺与细胞学说》
				《科学·技术·社会　克隆哺乳动物》
				《科学·技术·社会　节水农业》
				《科学·技术·社会　现代化温室》
				《光合作用吸收二氧化碳释放氧气》
				《爱护植被，绿化祖国》

德育内容	阶段性德育目标	德育要素	年级	课程资源
理想信念教育	取的学习品质和自尊自信、自立自强的生活态度，理解个人、集体、国家利益之间的辩证关系；引导学生深刻领会实现中华民族伟大复兴是中华民族近代以来最伟大的梦想，培养学生树立为共产主义远大理想和中国特色社会主义共同理想而奋斗的信念和信心	发展使命、远大理想、坚定信念	七下	《科学家的故事：我国科学家与北京猿人》
				《科学家的故事："试管婴儿之父"荣获诺贝尔奖》
				《科学·技术·社会　干细胞和造血干细胞研究》
				《科学家的故事：血液循环的发现》
				《科学家的故事：王应睐组织我国科学家率先合成结晶牛胰岛素》
				《科学·技术·社会　生物入侵及其危害》
				《科学·技术·社会　退耕还林还草》
			八上	《科学家的故事：珍妮·古道尔和黑猩猩交朋友》
				《科学·技术·社会　以菌治虫》
				《科学家的故事：林奈和双名法》
			八下	《科学·技术·社会　带你参观养鸡场》
				《科学·技术·社会　中国拥抱"基因世纪"》
				《科学家的故事：袁隆平与杂交水稻》
				《科学·技术·社会　探索地球外的生命》
				《科学家的故事：达尔文和他的进化思想》
				《科学·技术·社会　人类与传染病的斗争》
				《科学家的故事：李时珍与〈本草纲目〉》
社会主义核心价值观教育	通过生物学实验和实践活动，培养学生的团队协作能力和创新精神，	科学探究、创新意识、态度责任	七上	《练习使用显微镜》
				《观察动植物细胞》
				《观察当地常见的苔藓植物》
				《观察种子的结构》
				《探究种子萌发的环境条件、测定种子的发芽率》
				《观察根毛和根尖的结构》
				《观察花的结构》
				《观察叶片的结构》
				《探究绿叶在光下制造有机物》
				《二氧化碳是光合作用的原料吗?》

续表

德育内容	阶段性德育目标	德育要素	年级	课程资源
社会主义核心价值观教育	引导学生树立正确的世界观、人生观和价值观，培养学生积极向上的思想品质和社会责任感，有效传承和弘扬社会主义核心价值观	科学探究、创新意识、态度责任	七下	《馒头在口腔内的变化》
				《观察血细胞》
				《膝跳反射》
			八上	《观察蚯蚓》
				《观察缢蛏》
				《探究鸟适于飞行的形态结构特点》
				《探究小鼠走迷宫获取食物的学习行为》
				《探究蚂蚁的通讯》
				《检测不同环境中的细菌和真菌》
				《观察酵母菌和霉菌》
			八下	《观察鸟卵的结构》
				《模拟精子与卵细胞的结合》
				《探究花果实大小的变异》
				《探究保护色的形成过程》
				《调查当地常见的几种传染病》
				《探究酒精浸出液对水蚤心率的影响》
中华优秀传统文化教育	通过了解中医药、古诗词、传统发酵食品等传统文化，引导学生增强国家认同，形成爱国情感，树立民族自信；通过了解角膜捐献、关怀艾滋病人等公益事业，通过为家人设计食谱、测量血压、设计小药箱等活动，培养学生乐于奉献、热心公益的思想品质和道德素养，引导学生传承和弘扬中华民族优秀传统文化	家国情怀、社会关爱	七上	《藻类、苔藓和蕨类植物》(中医药)
				《种子植物》(中医药)
				《寄予植物的情怀》
			七下	《人的生殖》(感恩父母)
				《合理营养与食品安全》(为家长设计一份午餐食谱)
				《课外实践：为你的家人量血压》
				《科学·技术·社会　血液透析和肾移植》
				《科学·技术·社会　角膜移植、角膜捐献和人造角膜》
			八上	《软体动物和节肢动物》(中医药)
				《鱼》(鱼与人类生活的关系)
				《生物学与文学　借动物以言志》
				《人类对细菌真菌的利用》(发酵食品)
			八下	《昆虫的生殖和发育》(家蚕的生殖与发育)
				《免疫与计划免疫》(关怀艾滋病人)
				《用药与急救》(设计一个旅行小药箱)

续表

德育内容	阶段性德育目标	德育要素	年级	课程资源
生态文明教育	通过对生物与生物圈的学习，引导学生感悟大自然的美好，了解大自然中的动植物等基本生物，知道人与大自然之间的关系，从而珍视生物多样性，尊重一切生命及其生存环境，并对绿色消费、低碳生活、节约资源等有正确的价值判断	生物多样性、环保意识绿色生活	七上	《认识生物》
				《了解生物圈》
				《生物圈中有哪些绿色植物》
				《被子植物的一生》
				《绿色植物与生物圈的水循环》
				《绿色植物是生物圈中有机物的制造者》
				《绿色植物与生物圈中的碳—氧平衡》
				《爱护植被，绿化祖国》
			七下	《人类活动对生物圈的影响》
			八上	《动物的主要类群》
				《动物在生物圈中的作用》
				《细菌和真菌》
				《病毒》
				《根据生物的特征进行分类》
				《认识生物的多样性》
				《保护生物的多样性》
			八下	《生物的生殖和发育》
				《生物的遗传与变异》
				《生命起源和生物进化》
心理健康教育	通过学习"生物圈中的人"这一单元，进一步认识人体的结构与功能，加强自我认识，客观评价自己，珍爱生命，能够进行基本的自护自救；引导学生积极与教师及父母沟通；引导学生学习把握与异性交往的	认识自我、尊重生命、人际交往与情绪调适、升学择业与人生规划	七上	《与生物学有关的职业　林业工人的新任务》
				《与生物学有关的职业　农业技术员和绿色证书》
				《与生物学有关的职业　大地的美容师——园艺师》
			七下	《人的由来》
				《人体的营养》
				《与生物学有关的职业　营养师》
				《人体的呼吸》
				《人体内物质的运输》
				《与生物学有关的职业　心血管病与心血管医生》
				《人体内废物的排出》
				《人体生命活动的调节》

续表

德育内容	阶段性德育目标	德育要素	年级	课程资源
心理健康教育	尺度，建立良好的人际关系，进行积极的情绪体验与表达，并对情绪进行有效管理；通过了解与生物学有关的职业，培养升学择业和人生规划意识	认识自我、尊重生命、人际交往与情绪调适、升学择业与人生规划	八上	《与生物学有关的职业 养殖专业户》
				《与生物学有关的职业 兽医师》
			八下	《与生物学有关的职业 标本员》
				《与生物学有关的职业 医疗救护员》
				《与生物学有关的职业 心理咨询师》
				《与生物学有关的职业 健康管理师》

表 17 生物学课程的德育序列设计（拓展型）

课程时间	探究主题	德育内容
七年级	自然现象类（银杏结果、蚕豆空壳、花色转变等）	生态文明教育
	生命健康类（吸烟与肺癌、计划免疫、合理膳食、糖尿病等调查研究）	心理健康教育
	生态文明类（水质污染、尾气污染、垃圾分类等）	生态文明教育
	前沿科技类（靶向防癌、合成蛋白、克隆技术等）	社会主义核心价值观教育
	食品制作类（酸奶、泡菜、腐乳、红薯干、酿酒等）	中华优秀传统文化教育

表 18 生物学课程的德育序列设计（实践型）

课程时间	实践活动	德育内容
七年级	实验技能比赛 探究某种因素对动物的影响 模型制作比赛	理想信念教育 社会主义核心价值观教育
	制作生态瓶	生态文明教育
	调查校园内的生物	
	种子劳动实践	生态文明教育 中华优秀传统文化教育
八年级	自制米酒、酸奶	中华优秀传统文化教育
	"健康生活"手抄报比赛	心理健康教育
	"绿色之旅"研学活动	生态文明教育

② 实施策略与案例解析

充分利用课堂阵地，有效渗透学科德育。教师需系统梳理生物学教材中的德育资源，精准定位切入点，并在课堂教学中有意识地、有针对性地加以渗透。如在

《认识生物的多样性》的教学中，教师选择"我国是生物种类最丰富的国家之一"作为切入点，引导学生深入分析我国"地大物博"的特性，认识到我国幅员辽阔，地形多样，气候丰富，形成了多种多样的生态系统，从而孕育了丰富多彩的生物种类。教师适时补充展示我国生物种类数量、特有生物种类以及"裸子植物的故乡"等素材，使学生在认识到我国生物多样性的同时，深切感受到国家的伟大与民族的自豪，进而自觉承担起保护生物多样性的责任。这种有意识、有计划、有成效的德育渗透，不仅提升了学生的国家荣誉感和民族自豪感，还有效培育了他们的公民责任意识。

依托实践活动，深化拓展学科德育。除课堂教学外，学科德育的深化与拓展还可通过引导学生参与、体验课外实践活动等方式实现。如学校组织学生开展"绿色之旅"研学活动，引导学生走出课堂、学校，深入云南、西北、闽南等地区，在真实的自然环境中了解生物种类及其生存状况，从而激发他们爱国、保护生态环境的情感。

通过跨学科融合，丰富学科德育的内涵。在深化生物学科德育的过程中，教师积极探索跨学科融合的有效途径。如在《保护生物的多样性》的教学中，教师结合地理学科关于自然环境的多样性、历史学科关于文化的传承等内容，构建一个立体的、多维的德育空间。跨学科融合不仅有助于学生更全面地理解生物多样性的意义和价值，还能提升他们的综合分析能力，培养跨学科思维。我们也鼓励学生从多角度、多层面去思考和解决生物保护问题，以培养他们的创新能力和实践精神。

借助现代信息技术，创新学科德育的实施方式。教学应充分利用现代信息技术手段，创新学科德育的实施方式，如通过开发微信公众号等线上教学资源、建立生物学科德育网络平台等方式，为学生提供更丰富、更便捷的德育学习途径。

3. 体艺类课程

（1）体育学科

体者，载知识之车而寓道德之舍，无体是无德智也。这表明体育与德育有着天然的联系。体育作为中学阶段的基础学科，是贯彻立德树人的重要路径。学校体育课程以新课标为引领，以核心素养为纲，着力于人的培养，将育人润物细无声地贯彻在体育教学的全过程中。

① 序列设计

在新课标的引领下，结合《指南》的要求，学校遵循学生的认知发展规律和学情，深入挖掘体育学科蕴含的德育资源，寓德育价值观于知识传授和能力培养之中，构建符合学生成长规律和人才培养规律的体育课程的育人序列，具体如表19、表20所示。

表 19 体育课程的德育序列设计（基础型）

德育内容	阶段性德育目标	德育要素	年级	课程资源
理想信念教育	培养遇到困难和挫折不气馁的勇气，勇敢果断，养成刻苦训练、百折不屈的理想信念	坚韧不拔、挑战自我	九年级	田径类运动
心理健康教育	在学练中善于思考，形成乐观、积极的人生态度和心理品质	自尊自信、乐观开朗	七年级九年级	体操类运动
社会主义核心价值观教育	在实战中能迎难而上，有良好的合作意识；在运动中自律自制，有集体荣誉感和良好的合作意识；树立正确的体育道德观念，展示出公平竞争的意识与行为；在比赛中有良好的处理问题能力	协作能力、团队精神、文明、公正、友善	七年级八年级九年级	球类运动
文明教育	通过练习和比赛，加强规则意识，培养团结协作的品质和永不放弃的精神	积极进取、永不放弃	七年级八年级	新兴类体育运动
中华优秀传统文化教育	尊重对手，及时保护同伴，表现出良好武德	文明礼貌、自强不息、厚德载物	七年级八年级	中华传统体育类运动

表 20 体育课程的德育序列设计（实践型）

教学内容	实践类型	课程时间	实践活动	德育内容
田径类运动	全校田径运动会	全阶段	集体项目、跑、跳、投掷等运动项目	理想信念教育中华优秀传统文化教育社会主义核心价值观教育心理健康教育
体操类运动	大课间比赛	七年级	班级比赛	
体操类运动	跑操展示	九年级	年级展示	
球类运动	篮球比赛	八年级	班级赛	
球类运动	足球比赛	全阶段	年级分团赛	
球类运动	排球比赛	九年级	个人垫球比赛	
球类运动	乒乓球比赛	八年级	单打比赛	
球类运动	羽毛球比赛	八年级	双打比赛	

续表

教学内容	实践类型	课程时间	实践活动	德育内容
新兴类体育运动	飞盘比赛	七年级	班级赛	
新兴类体育运动	"校园吉尼斯"跳绳比赛	八年级	线上挑战赛	
中华传统体育类运动	拔河比赛	九年级	班级赛	
中华传统体育类运动	太极拳比赛	七年级	小组赛	
健康知识	"健康达人"比赛	全阶段	线上赛	

② 实施策略与案例解析

引领方向,明晰目标。体育课程育人的关键策略是强化育人导向,在教学目标中突出德育目标,明确学科育人的要求。如通过学习体育健康知识,以民族传统体育项目积聚的文化内涵、运动员在赛场上发挥的体育精神、世界大赛获奖的事迹,引起学生共情,对学生进行爱国主义教育、民族和文化自信教育,培养学生主动传承和发扬优秀体育健身文化的意识,践行社会主义核心价值观,让学生掌握体育常见运动疾病、运动伤害的预防及处理方法,不仅能丰富他们的健康知识和技能,还有效激发他们的学习兴趣,培养他们主动参与体育锻炼的意识。

挖掘资源,深度融合。强力挖掘体育课程中的德育资源,实现知识、技能与价值的融合统一,是体育课程育人的重要任务。在球类运动等集体项目中,教师可挖掘团结协作、无私奉献等元素,宣扬中国女排五连冠的艰苦奋斗精神;在武术项目教学中,教师可挖掘以和为贵、文明礼仪等育人元素。在七年级开设篮球、足球、羽毛球、武术、健美操、田径、极限飞盘等社团选修课程,供学生学习和选择,满足学生个性化的发展需求,培养体育情操。教师还要善于抓住体育大事件、体育赛事、体育名人等事例中丰富的思想内涵,以此作为鲜活的德育素材,有效吸引学生、鼓舞学生、教育学生,强化学生的国家认同感,厚植爱国情怀。体育组设置"校园吉尼斯",以大课间的"绳彩飞扬"比赛为例,学校设置了单人跳绳"吉尼斯奖",给挑战成功的学生颁发证书,由校团委、年级组颁发红领巾奖章"健体章"。

构建体系，科学评价。学校构建"三步四维"评价模式，"三步"指获取数据、精准分析、立体评价，"四维"指将评价内容分为知识评价、能力评价、行为评价和健康评价四个维度。评价贯穿整个学期，由学校、教师、学生及家长共同参与。评价时充分运用信息化手段，构建精准测量、精准分析、精准干预的"三精准"家校共育机制，通过多维度评价，全方位了解学生的进步与不足，为他们提供个性化的指导和帮助，不断提升体育课程育人的质量。以评价促发展的模式有效引导学生养成良好锻炼习惯和健康生活方式，全面提升身体素质并锤炼坚强意志，培养合作精神，以实现以体育人的最终目的。

（2）音乐学科

音乐课程育人旨在通过音乐的独特魅力，加强学生审美情趣、合作精神、创新能力和文化素养的培养，弘扬传统文化，增强爱国主义情感，进而树立文化自信，为学生未来的全面发展奠定坚实基础。

① 序列设计

为落实立德树人根本任务，扎实推进美育教育，学校依据学生的年龄特点和接受能力，遵循由浅入深、循序渐进的原则进行音乐课程的德育序列设计，以激发学生的学习兴趣和创造力。具体序列设计如表 21 所示。

表 21　音乐课程的德育序列设计

德育内容	阶段性德育目标	课程资源
理想信念教育	七年级：培养学生的爱国情怀和民族自豪感，通过音乐课程中的爱国主义教育内容，让学生更加热爱祖国、热爱人民；培养学生的集体荣誉感和团队协作精神，让他们学会在集体中发挥自己的作用，为集体争光 八年级：培养学生的责任感和使命感，让他们明白自己作为社会的一员应该承担的责任和使命；培养学生的创新意识和实践能力，鼓励他们勇于探索、敢于创新 九年级：培养学生的自信心和自尊心，让他们相信自己有能力实现自己的理想和信念；培养学生的社会责任感和公民意识，让他们明白自己作为社会的一员应该为社会做出贡献	七年级： 《光荣少年》《在灿烂阳光下》 八年级： 《国家》《让世界充满爱》《当兵的人》《同一首歌》 九年级： 《爱我中华》《爱的奉献》

续表

德育内容	阶段性德育目标	课程资源
社会主义核心价值观教育	七年级：通过音乐作品，引导学生初步认识和理解社会主义核心价值观的基本内容，如爱国、敬业、诚信、友善等；培养学生的审美情趣，让他们在音乐欣赏中感受到社会主义核心价值观的力量和美好 八年级：深化学生对社会主义核心价值观的理解和认识，让他们明白这些价值观对个人成长和社会发展的重要性；培养学生的爱国情怀和集体荣誉感，增强他们的民族自豪感和国家意识 九年级：通过音乐教育促进学生的全面发展，提高他们的审美素养、文化素养和综合素质；鼓励学生积极参与音乐创作和表演活动，培养他们的创新精神和实践能力	七年级： 《美妙的人声》《美丽的村庄》 八年级： 《键盘上的舞蹈》《歌剧览胜》《我和你》 九年级： 《世界民族之声（二）》《歌剧与音乐剧》《黄河的故事》《合唱的魅力》
传统文化教育	七年级：引导学生初步了解中国传统文化的基本元素，如古典音乐、传统乐器、经典歌曲等，让学生感受到传统文化的魅力和价值；激发学生对传统文化的兴趣和热爱，增强民族自豪感和文化自信 八年级：鼓励学生将传统文化中的德育元素融入日常生活，如尊敬师长、友爱同学、诚实守信等；通过音乐实践活动，如合唱、器乐合奏等，培养学生的团队协作精神和集体荣誉感；引导学生从音乐作品中感受传统文化的内涵和精髓 九年级：引导学生深入理解传统文化的价值和意义，形成对传统文化的热爱和尊重；鼓励学生将传统文化与现代音乐相结合，进行音乐创作和表演，传承并创新传统文化	七年级： 《八音和鸣（一）》《八音和鸣（二）》《七彩管弦（一）》《梨园百花（一）》《七彩管弦（二）》 八年级： 《八音和鸣（三）》《梨园百花（二）》《七彩管弦（三）》《八音和鸣（四）》《舞剧撷英》 九年级： 《华夏乐章（三）》《七彩管弦（五）》《流行音乐掠影》《八音和鸣（五）》《曲苑奇葩》
生态文明教育	七年级：通过音乐作品，激发学生对自然美的热爱和向往；引导学生形成珍惜资源、爱护环境的情感 八年级：组织学生观看环保主题的纪录片或影片，加深学生对生态文明内涵的理解，认识到生态文明对人类生存和发展的重要性 九年级：通过音乐实践活动，如环保主题音乐会、音乐创作比赛等，展示学生的环保成果和创新能力；培养学生的社会责任感，让他们认识到自己在生态文明建设中的责任和使命	七年级： 《泥土的歌（一）》《泥土的歌（二）》《乡间的小路》 八年级： 《八音和鸣（三）》《华夏乐章（二）》《七彩管弦（四）》 九年级： 《泥土的歌儿（四）》《世界民族之声（三）》

德育内容	阶段性德育目标	课程资源
心理健康教育	七年级：选用能够表达各种情感的音乐作品，让学生在欣赏中感受不同情感的表达；组织简单的音乐创作活动，鼓励学生通过音乐表达自己的情感 八年级：教授学生简单的音乐创作和表演技巧，让他们在音乐中体验自我表达和情绪调节的过程；组织音乐实践活动，如班级合唱比赛、校园音乐会等，让学生在实践中培养团队协作能力和人际交往能力 九年级：引导学生探索不同的音乐风格和文化背景，拓宽他们的音乐视野和情感深度；组织音乐创作比赛和音乐会等活动，让学生展示自己的音乐才华和创新成果	七年级： 《班级演唱组合》《我们是春天》《华夏乐章（一）》 八年级： 《世界民族之声（一）》《欢乐颂》 九年级： 《七彩管弦（六）》《难忘今宵》

② 实施策略与案例解析

突出德育目标，提升育人高度。教师将德育元素融入音乐教学中，让学生在欣赏、学习和创作音乐的过程中，感受音乐对心灵的洗涤和启迪作用，通过选取具有德育意义的歌曲，如《歌唱祖国》《我和我的祖国》等，培养学生的爱国情感和民族精神。在音乐教学中，教师强调音乐与生活的联系，使学生在学习过程中感受到音乐的乐趣，提升精神文化品质。

梳理教材内容，挖掘育人深度。教师深入挖掘教材中的育人元素，如音乐作品中的情感表达、文化内涵等，使学生在学习音乐知识的同时，得到品德教育；结合学生的实际情况，开发和拓展新的音乐教学内容，如引入民族传统优秀音乐作品，培养学生的民族自豪感和文化自信。

创设思政情境，推进育人力度。创设思政情境，将音乐课程与思政课程相结合，形成协同效应。教师通过音乐作品中的爱国主义、集体主义等元素，培养学生的国家认同感、归属感和责任感；还可以结合特定节日、纪念日等，组织主题音乐活动，让学生在参与中感受音乐的力量，增强民族自信心和自豪感。

优化课堂组织，补充育人角度。优化音乐课堂组织，采用多种教学方法和手段，如情境教学法、互动教学法等，激发学生的学习兴趣和主动性。教师鼓励学生参与音乐实践活动，如合唱、器乐演奏等，培养学生的团队协作精神和实践能力；改变传统的教学模式，采用小组合作、角色扮演等多元化的教学方式，让学生在互动中体验合作与分享，培养他们的团队精神和社交能力。

开发社会资源，拓宽育人广度。教师充分利用社会资源，如音乐厅、剧院等，组织学生参加音乐会、演出等活动，拓宽学生的音乐视野和审美体验。与社区合作，开展音乐文化交流活动，使学生在实践中感受音乐的魅力，增强社会责任感；邀请音乐专家、艺术家等专业人士进校园开展讲座、举办演出，为学生提供与音乐大师面对面交流的机会，激发学生的学习热情。

实施多维评价，提高育人效率。实施多维评价，包括学生的音乐表演、创作、欣赏等方面。教师根据学生的演奏、合唱、舞蹈等表现，评价他们的音乐表现力和技巧；根据学生的音乐作品，评价他们的创作能力和创新思维；根据学生的听音感受、评论和分析，评价他们的音乐鉴赏能力和批判思维。

（3）美术学科

美术学科作为融合感性与理性、艺术与生活的重要领域，蕴含着深厚的德育内涵和显著的育人价值。通过美术教育，学生能够在审美体验中培养情感，在文化传承中增强自信，在创作实践中锻炼意志，在社会参与中培育责任感，成为具有综合素养的新时代青年。

① 序列设计

学校以学生身心发展规律为基础，从学生对美术的感知出发，逐步引导他们深入探索艺术的奥秘。美术课程育人不仅包括基础绘画技能的训练，还扩展到传统艺术的传承、美术作品的欣赏等多个领域，通过多元化的艺术实践活动，激发学生对艺术的兴趣和热爱，提升核心素养。具体德育序列设计如表22所示。

表22 美术课程的德育序列设计

德育内容	阶段性德育目标	课程资源
中华优秀传统文化教育	七年级：引导学生初步了解和体验中国传统文化，培养对传统艺术形式的兴趣和审美情感 八年级：深化学生对中国传统文化的认识；学生通过对不同艺术形式的学习，增强文化自信和民族自豪感 九年级：巩固和提升学生的传统文化素养，鼓励学生对传统文化进行深入思考和创新性传承	七上：喜庆吉祥的民间美术；书法的点画之美 七下：扮靓生活的花卉纹样；灯饰设计与制作；书法的结构之美 八上：笔墨千秋；梅竹言志；寄情山水 八下：文明之光；以形写神；方寸之间 九上：门；魅力永恒的建筑 九下：美丽服装设计

续表

德育内容	阶段性德育目标	课程资源
社会主义核心价值观教育	七年级：培养学生的创新思维和审美能力，理解符号在社会交流中的作用，体会和谐与美好的社会价值；通过描绘家乡的风景，增进对家乡自然环境和社会风貌的认识和热爱，激发爱国情怀 八年级：加强学生的环保意识和社会责任感，培养公益精神；通过学习资源的可持续利用，感受社会主义核心价值观中的节约和环保 九年级：深化学生对社会责任、集体主义和历史文化的认识，培养对美好生活的追求；培养学生的社会主义核心价值观，形成正确的世界观、人生观、价值观	七上：标志设计 七下：画家乡的风景；黑白世界 八上：公益招贴设计 八下：变废为宝 九上：瞬间的精彩；我们在一起；门；魅力永恒的建筑；美丽家园
心理健康教育	七年级：培养学生的自我认识和同伴意识，激发创造力和表现力 八年级：加强情感表达和自然感悟，提升审美能力和艺术修养 九年级：深化自我表达和历史感悟，培养艺术创新和文化传承意识	七上：画画你我他 七下：画家笔下的质感 八上：梅竹言志；寄情山水；静物画有声 八下：画故事 九下：用雕塑记录时光
理想信念教育	七年级：通过艺术创作和欣赏，引导学生树立正确的理想信念 八年级：通过学习中国传统艺术，引导学生思考个人理想与社会责任的关系 九年级：强化学生的集体意识和社会责任感，培养对美好生活的追求和对和谐社会的向往	七上：画画你我他 八上：梅竹言志；寄情山水；静物画有声 八下：我喜爱的书 九上：我们在一起；美丽家园
生态文明教育	七年级：培养学生对自然的观察力和欣赏力，激发对自然现象的好奇心和探索欲 八年级：加强学生的环保意识和社会责任感，鼓励学生参与环保活动和实践 九年级：深化学生的生态文明意识，鼓励学生思考和参与社区及环境的可持续发展	七下：千姿百态的水 八上：公益招贴设计 八下：变废为宝 九上：美丽家园

② 实施策略与案例解析

创设多样化教学情境。教师通过系列多样化的教学情境，让学生在不同的环境中体验美术学习的乐趣，激发他们的创造力和想象力，同时培养他们的审美情感和艺术表达能力。如在"校园风景印象"主题绘画教学中，通过学习绘画基本透视知识，在掌握立体空间的表现方法后，教师鼓励学生观察校园环境，通过绘画表达个人对校园的感受。教师通过游戏化教学、多媒体情景式教学提高学生的参与度，定期组织美术竞赛、校园艺术节、主题画展等，并在日常课堂中设立"最佳创意奖""最具潜力奖"等奖项，以增强学生的学习成就感和动力。

开展跨学科教学。通过美术作品学习历史事件、文学作品、心理知识等，教师为学生提供将艺术融入生活的新视角。如在八年级上册的"文明之光"教学中，教师结合从"夏铸九鼎"到"牧野之战"的历史故事，使学生理解青铜器不仅是工艺水平的展现，更是社会文明变迁的体现。该课程不仅锻炼了学生的美术表达能力，也使他们能够通过艺术形式来探索和传达历史。如在八年级"画故事"一课中，教师结合心理健康教育，引导学生创作反映个人情感和心理状态的漫画作品，探索自我、表达情感，从而促进个人成长和心理健康。

建立激励机制。教学应从学生的常规表现、作业质量、作品创意和知识掌握等多个维度进行评价，建立全面的考核体系，确保评价的公正性和全面性。如通过"艺术成长作业本"等形式，跟踪学生的学习进展和成长轨迹。学生在每次美术课后记录学习心得、记录作品构思和创作过程，教师定期检查并提供反馈。通过自评、互评和教师评价等多种评价方式，全面反映学生的学习情况和进步，促进学生自我认识和自我提升。

第三节　课程育人序列经验总结

习近平总书记提出："基础教育是立德树人的事业，要旗帜鲜明加强思想政治教育、品德教育，加强社会主义核心价值观教育，引导学生自尊自信自立自强。"思政课是落实立德树人根本任务的关键课程。长郡双语实验中学以三型"活力课程"建设为基础，在"大思政"理念指导下开展了富有成效的课程育人实践探索，积累了丰富的课程育人经验。

一、构建融通递进的课程育人体系

课程育人建立在学校课程的基础之上。学校将办学理念与时代发展结合，对国家课程、地方课程和校本课程进行校本化重组，构建基础型、拓展型、实践型的三型"活力课程"体系，发挥整体育人的功能。

三型"活力课程"体系将学校育人活动主题化、结构化和层次化，进行了整体建构。在此基础上，学校以"大思政"理念为指导，围绕立德树人这一根本任务，遵循《义务教育课程方案（2022年版）》和各学科新课程标准的要求，依据《指南》的具体要求，以系统论为理论基石，依据各学段各学科的实际情况和学生成长与认知规律，深入挖掘各类课程和教学中蕴含的德育资源，形成课程育人的序列设计。从课程育人视角来看，学校育人系统包括德育课程和课程德育，其中德育课程包括道德与法治课程和主题班会课程，课程德育主要体现在人文类课程、科学类课程、体艺类课程三类课程中。各课程中存在丰富的育人资源，课程内部和课程之间的主题和内容又存在交叉、重叠情况，育人目标也高度相似。如何对各类课程中的育人资源进行整合，使其既相互融通又循序渐进，成为一个育人整体，这就是构建课程育人体系的难点。

我们的解决思路是依据《指南》中德育目标和德育内容的要求，进行顶层设计，以总体目标为指引，结合学段具体目标，用理想信念教育、社会主义核心价值观教育、中华优秀传统文化教育、生态文明教育、心理健康教育为重点德育内容串联起各课程的育人目标和具体内容。各课程在整体要求下，结合学科核心素养要求，提炼出各学科课程阶段性德育目标和德育元素，并分层次梳理出课程育人资源，从而构建各课程育人序列。以主题班会课程序列为例。如前所述，主题班会课程序列分为育心序列和树人序列，育心序列分为自我认知教育、学习方法教育、健康生活教育三个模块，分布在七、八、九年级，重点指向心理健康教育。树人序列的理想信念教育、科技创新教育模块重点指向理想信念教育，生态文明教育模块指向生态文明教育，乡情校史教育、传统文化教育模块重点指向中华优秀传统文化教育，国防教育、文明礼仪教育、劳动与服务教育、安全与法治教育重点指向社会主义核心价值观教育。各模块均依据学段特点和学情现状，分布于七、八、九年级的不同时间节点。各模块之间既衔接融通，又循序渐进，从而发挥出整体的育人价值和育人效果。

二、充分发挥课堂教学的主阵地作用

课堂教学是课程育人实施的主阵地。教育家赫尔巴特认为，教育的最高目的在于培养道德，那么，实现教育的最高目的就要"通过教学来进行教育"，他明确指出，"教学是道德教育的基本途径"。教学如果没有进行道德教育，就是一种没有目的的手段；道德教育如果没有教学，就是一种没有手段的目的。一般而言，文化知识的教学具体、明确且容易检测效果，相对来说，理想信念教育、社会主义核心价值观教育、中华优秀传统文化教育、生态文明教育、心理健康教育等在育人实践中要么理论性较强，晦涩难懂，要么容易变成空洞的口号，形式大于内容。在指导思政课如何教学时，习近平总书记指出："课堂教学效果还需要提升，教学研究力度需要加大、思路需要拓展。"

要发挥课堂教学作用首先在于课堂教学设计。在确定每节课教学主题和目标时，教师需依据课程育人序列设计设计好本课的育人目标，从而指导后续教学活动设计。如历史七年级上册的《青铜器与甲骨文》一课，对应的德育内容为中华优秀传统文化教育，阶段性德育目标为：通过了解中国古代文明的辉煌成就，认识中华优秀传统文化的独特价值及突出优势，认识中华文明的世界价值，提高民族自尊心、自信心和自豪感，增强民族凝聚力。在这个分析的基础上，教师就能很好地把握本节课的具体德育主题与目标，进而有意识地将知识学习、能力培养和德性养成统一于课堂教学设计之中。从课堂教学实施层面来说，每节课承载的德育主题和内容往往以说教、号召的方式凸显，常见于每节课的结尾，教师强行"上价值"，进行所谓"升华"。对学生而言，德育内容如何让他们听懂、爱听、爱学、学会，还需要教师更多地在课堂教学方式上进行变革与创新。一是要将抽象的德育内容具体化、可视化，让学生听懂、爱听；二是要从学生认知基础出发，运用情境创设、案例剖析、互动体验、启发探究等教学方式，让学生爱听、爱学；三是要对学生适时进行发展性评价，充分发挥学生学习主体性和积极性，让学生爱学、学会。将德育内容和课堂知识相统一，实现育人目标也自然水到渠成。

教学也不仅局限于课堂之内，教师应该立足于课程视角，将目标瞄向时空更为广阔的课堂外，把课堂内外结合，促进课堂教学的育人效果提升。一方面，课堂本身分为课前、课中和课后三个阶段，课中只是狭义上的课堂，受制于时长，一节课能够承载的主题和内容是极为有限的，课前和课后对于课堂教学育人的作用不言而喻，也符合课程育人的体验性和长期性特点。如在《感受法的关爱》一课中，教师在课前让学生收集国家对于未成年人保护的相关法律和法规，同时要求学生关注除了法律法规之外身边还有哪些对未成年人的保护举措。显然，这个活动设计在课堂中难以完成，但却是不可或缺的，对学生理解法治起到了重要的作用。另一方面，除了基础型课程之外，学校三型"活力课程"中还有拓展型课程和实践型课程。以道德与法治学科为例，拓展型课程在七年级有"图说时政"，在八年级有"我来说《读本》"，在九年级有"时政小论文"；实践型课程在七年级有"模拟法庭"，在八年级有"团队构建"，在九年级有"职业体验"；等等，这些都是课程育人的重要组成部分。

总之，基于立德树人根本任务的课程育人，关键在于课堂教学，依托课程实现思想政治教育功能。其主要理念是将正确、科学的价值观寓于学科专业知识与技能的传授之中，强调课程知识学习、能力培养、德性养成相统一，发挥课程育人和课堂教学的育人功能，形成协同效应。

三、打造高素质的"大思政"教师队伍

习近平总书记指出："讲好思政课不容易，因为这个课要求高。"进而他提出了思政课教师的六大素养：政治要强、情怀要深、思维要新、视野要广、自律要严、人格要正。这为学校打造高素质的"大思政"教师队伍指明了方向。长期以来，长郡双语实验中学在全体教师育人能力的培育上一直不遗余力，从以下三个方面打造了一支高素质的"大思政"教师队伍。

一是不断学习，转变育人观念。这部分的学习主要分为三条主线。其一是党员学习，在学校党委统一部署下，依托党员大会和支部会议，通过主题学习、党员党课、党员读书会、党员论坛等方式，落实党的路线方针政策学习。其二是德育学习，在学校教育处统一安排下，依托教职工大会、班主任、年级组会，通过德育研讨会、德育论坛、德育沙龙等方式，开展德育观念和技能的主题学习。其三是学科学习。在学校教科室统一规划下，依托教职工大会、教研组长和备课组长会、四大主题训练营活动，开展学科课程教学和育人的专题学习。三条主线各有侧重点，又共同指向转变教师育人观念。

二是搭建平台，提升育人能力。围绕教师育人能力的提升，学校搭建了一系列锻炼平台。其一是师徒结对。每年开展一届班主任师徒结对和教学师徒结对工作，对新晋的班主任和教学老师进行一对一帮扶指导。其二是竞赛活动。学校整合上级教育部门开展的班主任风采大赛、德育案例征集、"星城杯"教学比赛、在线集体备课大赛、智慧课堂教学比赛等活动，在校内开展班会课竞赛、片段教学比赛、汇报课比赛等活动，以比赛促进教学育人能力提升。其三是展示交流。在校内通过德育研讨会、德育论坛、教师论坛、高效课堂研讨会等平台，学校给教师搭建展示交流空间，同时通过承接省内外的教师培训项目进行展示交流，有计划地选派教师到兄弟学校送教送培。

三是建立机制，确保育人效果。为进一步激发全体教师的教书育人热情，学校建立了一系列保障机制。一是通过优秀共产党员、魅力教师、十佳德育工作者、优秀班主任、优秀青年教师等评选，遴选和树立育人典型。二是利用"新'锋'人物""追'锋'之路""迎'锋'而上"等系列展示活动，挖掘和展现育人先锋与育人故事。三是通过职称评审、岗位晋级、绩效考核等重大考核评审侧重教师的育人效果这一方式，带动全体教师追求课程育人的实效。

第三章
文化育人序列

　　文化育人作为学校德育工作的重要组成部分，学校德育需要充分发挥文化育人的作用。新形势下，文化育人是时代发展的必然趋势，是新时代学校落实立德树人根本任务的重要手段，是学校高质量育人的内在要求，也是学校高品质特色办学的必然要求。在这种背景下，此章以长郡双语实验中学为例，聚焦学校文化育人的实施策略，在阐释学校文化育人的价值意蕴的基础上，总结学校文化育人序列的实施路径。

第一节　文化育人的概念及归因

　　习近平总书记多次强调"以文化人、以文育人"。文化育人是新时代思想政治教育的重要路径，是将价值引领、情感熏陶、品格涵养和能力提升深度合一的重要方向，是落实立德树人根本任务的重要方式，也是学校实现内涵发展的重要依托。

一、文化育人的含义与价值

（一）文化与文化育人的内涵

　　学校是文化传承和创新的阵地，文化是学校高质量育人、高品质特色发展的灵魂。文化是文化育人的核心词，"文化"一词最早出现可追溯到战国时期，《周易·贲卦》记载："观乎天文，以察时变；观乎人文，以化成天下。"中国大百科全书对文化的阐释为，"文"是"使……富有条理、色彩"，"化"则指"变、变化"。

文化育人，即以文化人、以文育人，作为新时代思想政治教育创新发展背景下落实学校德育工作的一条重要途径，关注用什么样的文化"化"人，如何创新"化"的方式和方法，以及将人"化"向何处。"文"是"化人"的基础，"化"是关键，正确的途径和方法决定"化人"效果。创新"化"的方式和方法是学校需要努力的方向。所以，"化人"的实质是"育人"。①

（二）学校文化的内涵

近年来，随着学校领导及广大教育工作者对学校文化建设的关注度的提高，很多学校也在学校文化建设领域进行了理论探索和实践工作，但学校文化是什么，众说纷纭。早在 1932 年，美国学者沃勒在其《教育社会学》中就首次提出"校园文化"，被视为学校文化的雏形。②20 世纪 80 年代，那时候我国教育界受"文化热"影响，开始对学校文化进行系统研究，并明确提出学校文化的概念，但多以"校园文化"指代"学校文化"，更多地关注校园文化。直到 2000 年新课程改革启动后，随着我国教育改革不断向前推进，"校园文化"才逐步被"学校文化"取代。

目前，国内外专家学者从不同的视角分析解读学校文化。比如，杰克逊等学者从课程论视角探讨学校文化，认为"在学校、班级中促进学生社会化的非学术性经验构成的隐性课程，而这些非学术性经验的主体实际上就是学校文化"。③理查德森（Richardson）认为，"学校文化就是许多个体价值和标准的积聚和融合，是对'什么是最重要的'的一致性意见；是群体的期望，而不只是个体的期望；是每一个人做事的方式"。④霍克曼理解的学校文化为教师、学生和校长所持有的共同信念，而这些信念又支配着他们的行为方式。⑤美国学者麦柯顿、布鲁威尔、考勒曼等人也从社会学的视角来剖析学校文化。

---

① 冯刚.新时代文化育人的理论考察［J］.学校党建与思想教育，2019（5）：4—7.
② 徐洁，朱彩霞，李畅.学校文化建设的研究进展、问题与展望［J］.中国德育，2022（12）：13—17.
③ 胡广灵，刘晖.大学"学校文化"的内涵、功能及个案分析［J］.高等农业教育，2004（5）：23—26.
④ 谢翌.关于学校文化的几个基本问题［J］.外国教育研究，2005（4）：20—24.
⑤ HECKMAN P E. School restructuring in practice: Reckoning with the culture of school［J］. International of Educational Reform, 1993(3): 263—272.

学者高占祥于 1990 年在《论校园文化》中初步界定了学校文化的内涵，他认为学校文化是一种群体文化，通过在校园环境中开展课外文化活动，充分发挥学生的主体性，体现学校成员的共同价值追求。① 郑金洲在《教育文化学》中指出，学校文化是学校全体成员或部分成员所习得的或共同具有的思想观念和行为方式。② 石中英认为，学校文化是以学校价值观念为核心的，学校生活一整套的观念体系、制度安排、行为方式、语言符号、风俗习惯以及环境建设的有机体。③ 还有不少学者从学校文化建设的内涵与外延角度探讨学校文化的定义。顾明远把学校文化定义为：经过长期发展历史沉淀而形成的全校师生的教育实践活动方式及其所创造的成果的总和。这里面同样包含了物质层面（校园建设）、制度层面（各种规章制度）、精神层面和行为层面（师生的行为举止），而其核心是精神层面中的价值观念、办学思想、教育理念、群体的心理意识等。④ 余国良等认为，学校文化是学校所特有的文化现象，是以师生价值观为核心，以及承载这些价值观的活动形式和物质形态，包括学校的教育目标、校园环境、校园思潮、校风学风，以及以学校教育为特点的文化生活、教育设施、学生社团组织、学校传统习惯和学校的制度规范、人财物管理等内容。⑤ 韩珍德认为，学校文化是以校园为空间，以社会文化和民族文化为背景，以学校管理者和教师为主导，以学生为主体，在学校管理、教育教学、学生学习和生活过程中形成的物质文化和精神文化的总和，是一种独特的群体文化。⑥

综合以上观点，学校文化主要包含主体和客体两个方面。所谓学校文化的主体，是指学生、教师、管理者、后勤服务人员等营造、参与学校文化的校园人；学校文化的客体，是指学生成长的客观环境，最直接的是校园环境，包括校风学风、治学风格、办学方式等，也包括政治环境、经济环境、社会环境等社会大环境。从这两个层面来说，学校文化是师生员工学习、工作、生活、成长的精神氛围

① 高占祥.论校园文化［M］.北京：新华出版社，1990：104.

② 郑金洲.教育文化学［M］.北京：人民教育出版社，2000.

③ 石中英.学校文化建设：三个基本概念［J］.中小学校长，2009（6）：4—7.

④ 顾明远.论学校文化建设［J］.西南大学学报（人文社会科学版），2006（5）：67—70.

⑤ 余国良，王卫东，刘黎明.学校文化新论［M］.长沙：湖南教育出版社，1999.

⑥ 韩珍德.以"文"化人促进学生全面发展［J］.基础教育论坛，2012（9）：54—56.

和物质环境，每个师生员工都生活于其中，自觉或不自觉地参与着这种精神氛围和物质环境的建造和变革，又自觉或不自觉地接受着这一文化氛围的陶冶、引导与塑造。

（三）学校文化育人的价值

学校文化育人的价值定位，即学校全体成员在文化育人领域的共同立场和追求，体现在落实立德树人根本任务、高质量育人、特色办学等方面。学校文化与其他文化形态的教育功能不同，对师生有意识地引导，其教育导向性更加明显。《义务教育课程方案（2022 年版）》提出培养"有理想、有本领、有担当"的时代新人的育人目标，进一步具体化立德树人根本任务，进一步强调了学生德智体美劳全面发展的要求。文化育人有助于学生的全面发展，即培育学生的核心素养，其重要性和意义不容忽视。

文化育人可以帮助学生树立正确的价值观念和道德观念。学校通过弘扬中华优秀传统文化，使学生能够接触到丰富多样的价值观、道德观和人生观，从而形成自己的价值判断和行为准则。这种价值观念的培养，有助于学生在日常生活中做到言行一致、诚信守约，为未来的成长和发展奠定坚实的基础。

文化育人有助于提高学生的审美能力和创造力。文化艺术是文化育人的重要载体。学校通过学习音乐、美术、舞蹈等艺术形式，使学生能够培养对美的感知和鉴赏能力，同时激发创新思维和创造力。这种能力的培养，有助于学生更好地理解和欣赏各种艺术形式，为未来的艺术创作和文化创新提供源源不断的动力。

文化育人还有助于培养学生的国际视野和跨文化交际能力。在全球化时代，跨文化交际能力已成为学生必备的核心素养之一。通过学习不同国家和地区的文化，学生能够更好地理解和尊重多元文化，增强文化自信心和包容性。这种国际视野和跨文化交际能力的培养，有助于学生更好地适应全球化时代的需求，为未来的国际合作和交流打下坚实的基础。

除了上述提到的价值观念、审美能力、创造力和国际视野外，文化育人还能够提高学生的思维能力、沟通能力和协作能力等综合素质。这些素质的培养，有助于学生更好地适应未来的社会发展和职业需求，实现个人的全面发展和社会的共同进步。文化育人不仅对学生的核心素养培养有着深远的影响，同时也在促进教师专业成长方面发挥着重要作用。

二、文化育人的问题与认识

时代发展，思潮涌动，文化多元化成为潮流。习近平总书记指出："要坚持把高质量发展作为各级各类教育的生命线，加快建设高质量教育体系，以教育高质量发展赋能经济社会可持续发展。"在文化多元化潮流中明确学校文化定位，提炼学校文化内涵，推进学校教育特色化内涵式高质量发展，对学校文化育人提出了更高的要求。

（一）学校文化育人存在的主要问题

从 20 世纪 80 年代开始，我国学校文化研究与实践的发展脚步越来越快，但在学校文化育人的实践进程中，诸多问题渐渐浮出了水面。研究发现，目前我国中小学学校文化育人主要存在以下方面的问题。

1. 学校文化育人存在认识偏差

《中国教育现代化 2035》明确了教育现代化是教育强国建设的路径支撑，揭示了中国特色教育现代化的丰富内涵，彰显了中国特色教育现代化的独特价值和教育强国的实现方式。部分学校在建设学校文化的过程中过分追求现代化的物质建设，忽视了人文环境的塑造，或者把学校文化建设简单地理解为学校品牌特色，更有甚者将升学率作为学校文化建设的抓手，片面地认为只要有了成绩，学校文化就自然形成了，这些误区与学校文化建设的初衷和内涵是背道而驰的。

2. 学校文化育人缺乏现成经验

用文化统领思想、塑造灵魂，是学校文化育人要面临的新课题、新挑战。对于有多年办学历史的学校而言，学校文化经过沉淀、挖掘，尚可凝练或提炼出符合学校自身特色的文化内涵。据初步统计，2023 年全国新增义务教育优质学校 1736所。新建学校普遍存在一个共性问题，即缺少共同的价值追求。在没有办学历史的前提下，如何挖掘传统文化，确立富有内涵、高质量的学校文化，没有现成的经验借鉴。

3. 学校文化育人自我特色不明

据初步统计，2023 年全国共有 1.6 万个义务教育阶段教育集团和 1.5 万个城乡学校共同体。对一所学校而言，在硬件设施上向高标准看齐较易，但文化建设却是新起点，尤其是新建学校。部分学校在学校文化建设过程中急于求成，采用拿来主义，而且是不存精去糟、生搬硬套的拿来主义，把别人优秀新颖独特的学校文化理念照抄照搬，不结合学校实际情况，将文化育人当作"面子工程""形象工程"，浮于表面。作为集团化办学或者城乡共同体的学校，也容易走进简单模仿的误区，一切以"名校"为准，缺失了自己的地域特色、办学特色、管理特色，长此以往，势必会阻碍学校长远的发展。

4. 学校文化育人缺少整体设计

学校文化是学校发展过程中形成的物质文化和精神文化的总和，是以师生为主体，以内在精神塑造为主要内容的群体性文化。部分学校不做文化建设的整体思考和设计，不考虑融合的问题，一味地从环境、课程、活动等方面追求新颖，从而削弱了学校文化的教育实效。

（二）学校文化育人的正确认识

文化育人，即以文化为媒介，学校通过文化的传承、创新与发展，达到教育人、塑造人、发展人的目的。文化育人是推动学校可持续发展的关键，是学校保有自身辨识度、识别度，促进学校特色发展的思想基础，故办学理念必须立足学校实际，产生于学校历史和校情，继承优良传统，具有学校鲜明的文化烙印。在当下办学同质化发展浪潮中，办学理念能让学校保持自己的特色，有助于学校打造自己的独特品牌，激发办学活力。在学校教育中，文化育人理念强调将学生置于文化的熏陶与浸润之中，通过文化的力量，激发学生的内在潜能，培养其成为具有高尚品质、深厚学识和创新精神的时代新人。学校通过组织学生参与各类文化实践活动，如社会调查、志愿服务、艺术表演等，让学生在亲身实践中感受文化的魅力，培养其创新能力和实践能力，提升其综合素质；通过培训、研讨等方式，提高教师对文化育人的认识和实践能力，使其成为文化育人的积极推动者和实践者。学校文化为学校的发展把控局面和把握方向，可以进一步明晰办学目标，指导办学实践，可以凝聚全校师生的价值追求和共同愿景，引领师生朝着共同的奋斗目标前进，并在前进过程中不断激发师生的内驱力，让师生发展成为一种自发、自觉的行为和选择。①

---

① 黄斌.校长如何凝练高质量的办学理念［J］.人民教育，2024（8）：61—62.

第二节 文化育人序列设计与实施

新时代呼吁高质量的学校教育，高质量的学校教育需要教育思想的引领。长郡双语实验中学作为长沙市乃至湖南省高品质建设的实验学校，不断追求学校发展的高品质、高质量，在"大思政"视域下德育工作以学校文化育人为突破口，进行了文化育人序列的有效探索与实践，形成了以学校顶层文化设计为核心的育人序列。

一、文化育人序列建构

长郡双语实验中学实施的文化育人序列在纵向和横向上都呈现出较大的包容性和综合性，但这种综合性不是"杂糅"，而是在包容与兼收的基础上，将不同种类、不同性质的文化组合成一个学校文化系统，将神与形有机结合。

一般而言，学校文化包括精神文化、制度文化、物质文化、行为文化四种基本类型，它实质上又是四个不同层级的学校文化形态：精神文化处于核心层，其主要包括学校的价值观念、办学理念等深层次方面的东西；紧邻核心层外围的中间层是制度文化，其主要包括规范和约束学校文化参与者日常活动的法律、法规、条例、规章制度等；与中间层外围相邻的是处于浅层的行为文化，体现为学校教师、学生等主体的行为方式；最外层的是物质文化，如学校教学楼、图书馆、校史馆等建筑和物质资料展示出来的表层的、直观的文化现象。这四个不同层次的文化形态实际上组成一个系统，具有整体性，它们共同作用于学校文化建设的参与主体，但这四种不同层次文化的作用水平也呈现出不同的层次性特征。①

《中小学德育工作指南实施手册》中明确，"学校要重视校园环境的优化，使校园处处发挥育人功能"，提出"学校的发展不仅体现在高质量的教育教学水平上，更体现在富有特色和个性的校园文化氛围中"，学校要在长期的积淀中逐渐形成学校文化氛围。长郡双语实验中学自2009年创办以来，传承长郡中学"朴实沉毅"的校训，在充分挖掘百年长郡的文化精神和文化内涵的基础上，系统地梳理了理念

---

① 李素洁，雷芳.学校文化建设自我评估与发展规划［M］.长沙：中南大学出版社，2022.

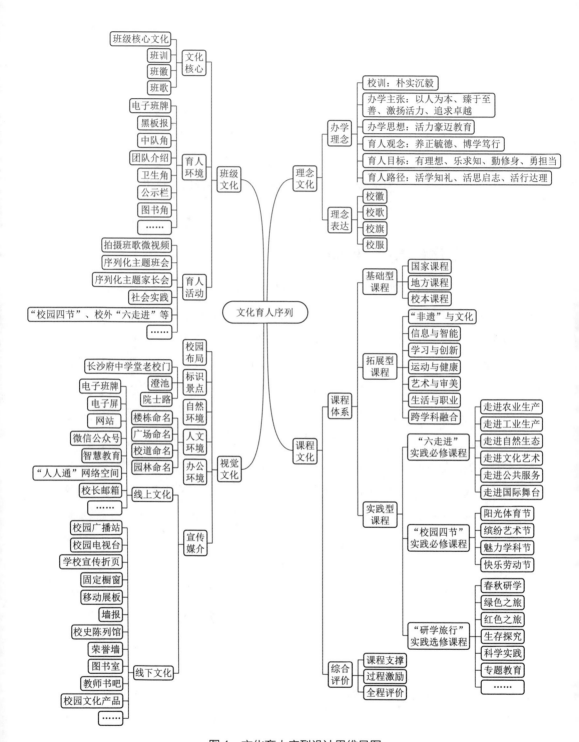

图1 文化育人序列设计思维导图

文化、打造了课程文化，总结了班级文化，更新了视觉文化，构建起富有学校特色和个性且可持续发展的学校文化理念体系（如图1）。本节以核心文化、课程文化、班级文化、视觉文化为案例分别浅述长郡双语实验中学文化育人序列的实施路径，便于兄弟学校在学校文化建设过程中参考。

二、文化育人的内涵与特点

学校的文化育人，作为一种深刻的教育理念和实践方式，旨在通过构建富有特色的校园文化氛围，全方位、多角度地促进学生全面发展，培养其成为具有高尚品德、扎实学识、创新思维和社会责任感的新时代人才。营造浓郁的文化氛围，包括优美的校园环境、丰富的文化设施、积极向上的校园文化等。学校通过举办校园活动，让学生在潜移默化中接受学校文化的熏陶和感染，形成良好的文化习惯和价值观念。文化育人应注重价值导向与实践的结合。在教育过程中，明确社会主义核心价值观的引领作用，引导学生树立正确的世界观、人生观和价值观。同时，鼓励学生参与社会实践和志愿服务等活动，将所学知识应用于解决实际问题中，培养其社会责任感和公民意识，通过理论与实践的有机结合，促进学生德智体美劳全面发展和健康成长。

学校文化育人作为教育领域的重要组成部分，具有其独特而鲜明的特点。一是定位学校的办学特色。学校核心文化一旦得到社会认可或者在社会上广为传播，就会使学校从众多同类学校中脱颖而出，独树一帜。从这个意义来说，核心文化是一种"软实力"。与学校的硬件设施等办学条件不同，它是一种观念性的办学软件。当学校硬件设施办学条件差异较大时，它的存在可能不强；但当学校硬件条件相差无几时，它就会在学校竞争中起到决定性作用，并愈来愈发挥它的巨大威力。二是传承优良传统与价值观。学校核心文化的本质在于以人类文化的正向价值为导引，教化人走向道德、理性、真善美。学校的优良传统和价值观是学校文化的核心组成部分。构建核心文化有助于将这些优良传统和价值观进行系统化、规范化的传承，确保它们能够在新时代继续发挥作用。这不仅可以增强学生的道德品质和社会责任感，还有助于塑造学校的良好形象和品牌。三是形成积极向上的校园氛围。核心文化通常具有积极向上、奋发向前的精神内涵。通过文化育人，可以形成积极向上的校园氛围，激发学生的学习热情和创造力。这种氛围有助于学生形成正确的世界观、人生观和价值观，为他们的全面发展奠定坚实基础。四是加强学生的文化自觉。构建核心文化有助于加强师生对学校文化的自觉性和认同感。通过学习和传承学校文化，学生可以更加深入地理解学校的历史、传统和价值观，形成共同的文化信仰和追求。这种文化自觉有助于增强学生的凝聚力和向心力，推动学校的和谐发展和进步。

三、文化育人实施策略与案例

（一）学校核心文化实施策略与案例

2006年，长郡双语实验中学作为长郡中学新校区开建。2009年落成办学，定名为长郡双语实验中学。故学校传承百年长郡优良办学传统，与长郡中学文化相融，经过十几年的办学发展，在长郡文化的沃土中逐渐孕育出具有自身特色的学校文化。学校从顶层设计出发，形成了以校训为核心的学校核心文化理念体系（如图2）。

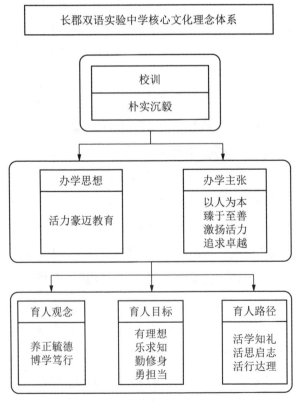

图2　长郡双语实验中学核心文化理念体系

1. 核心文化的建构

长郡双语实验中学在"活力教育"的基础上融入"培育豪迈的中国人"的理念，形成"活力豪迈教育"的办学思想，努力培养有豪迈品格的活力学生。学校办学主张是"以人为本、臻于至善、激扬活力、追求卓越"，实践途径是"创活力校园、塑豪迈教师、践活力课程、育豪迈学生"，育人观念是"养正毓德、博学笃行"，育人目标是"有理想、乐求知、勤修身、勇担当"，育人路径是"活学知礼、活思启志、活行达理"。在"朴实沉毅"校训的文化精神孕育下，学校逐渐形成具有特色的学校文化体系，以培育有中国根基和国际视野的豪迈的中国人。这是"大思政"视域下，对"培养学生成为一个怎样的中国人"的学校德育工作的实践表达。

（1）校训：朴实沉毅

学校秉承长郡中学"朴实沉毅"的校训。1912 年长郡中学第三任校长彭国钧从日本考察教育回国时，深感国家积弱待变，认为教育首先要改变人的精神，遂确定以"朴实沉毅"四字作为校训。其中，"朴"告诫师生面对物欲要保持本真，不为所动；"实"告诫师生为人处世要讲求实际，不得浮夸；"沉"告诫师生求学行事沉着静心，不可浮躁；"毅"告诫师生遇到困难要坚毅果敢，不言放弃。随着时代的发展，新时代我们赋予校训新的时代含义，即要求师生面对自身以"朴拙"为本真，面对学问以"务实"为作风，面对困难以"沉勇"求出路，面对挑战以"坚毅"求卓越。"朴实沉毅"是长郡双语实验中学这所现代化学校的文化根源。

（2）办学主张：以人为本、臻于至善、激扬活力、追求卓越

办学主张是校训"朴实沉毅"的内延与外展，是时代的需求。学校遵循"贯彻党的教育方针，落实立德树人根本任务"的要求，坚持以人为本，学校全面实施素质教育，旨在引导教师活育、活教、活管，学生活学、活思、活行；引领师生遵循本心本性的价值判断，以正确的世界观、价值观、人生观朝更高层次的追求，不断突破自我。

（3）办学思想：活力豪迈教育

在原有"活力教育"的基础上融入了"培育豪迈的中国人"的理念内涵，以"创活力校园、塑豪迈教师、践活力课程、育豪迈学生"作为实践学校办学思想的主要途径，完善了激扬生命力、激发创新力、激拔持续力、激起担当力的办学目

标。完善办学思想，进一步以促进人的全面发展为价值追求，体现了回归本质本真的教育取向，也进一步彰显了新时期教育的社会规定性和社会适应性，体现了社会主义办学方向的基本要求和对全面发展培养目标的实践追求（如图 3）。

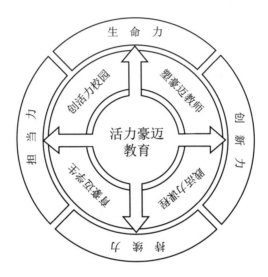

图 3　长郡双语实验中学办学思想

（4）育人观念：养正毓德、博学笃行

"养正毓德"出自《易经·蒙卦》，寓意教育者注重培养学生端正的心性及行为；立德育人，养正至关重要。"正"代表真善美的价值取向、行为习惯，是正道，是千古人间光明之途。"德"是品德，代表着人类坚守的为人处世的行为底线，也是人类恒久向往和追求的真善美和谐的至高理想。"博学笃行"出自《中庸》，"博学笃行"的核心是师生学习要广泛涉猎，用学习得来的知识和思想指导实践。唤起教师以新时代"教育家精神"，投身教育事业，引导学生树立起社会责任担当的高尚志向，培养学生的钻研精神、创新和实践能力，促进德智体美劳全面发展，成为社会主义建设者和接班人。学校的教学楼也以"养正""毓德""博学""笃行"而命名。

（5）育人目标：有理想、乐求知、勤修身、勇担当

学校顺应国家发展和时代精神的需求，从教育的本质属性出发，总结出"有理想、乐求知、勤修身、勇担当"的育人目标，将原有的办学理念具象化。同时学校以培养堪当民族复兴重任的时代新人为最终指向，把前期的文化理念与育人实践有机融合，确定"培育豪迈的中国人"的基本实践形态，即提升学生的知识素养、培

养学生的综合实践能力、培育学生的正确价值观。

（6）育人路径：活学知礼、活思启志、活行达理

在"大思政"视域下，学校借助优秀传统文化，构建一条富有活力的育人路径。《中庸》有曰："博学之、审问之、慎思之、明辨之、笃行之。""学""思""行""礼""志""理"构成了教师育人的追求目标、学生自我提升的成长目标，且贯穿于学校育人全过程，充分体现出学校遵循育人规律，把准了育人时机，聚焦了育人对象，拓宽了育人空间。

2. 核心文化的理念表达

（1）校徽

学校校徽源自长郡中学校徽，校徽主体篆刻"长郡"繁体二字，交错呈攀登梯形分布，右下角有"双语"现代简体字印章；左上角"1904"为长郡中学的创办年份，右下角的"2009"为长郡双语实验中学的创办年份；颜色为橙蓝白三色，蓝色代表大海和天空，象征具有豪迈精神的学子的气量与胸怀；橙色是暖色系中温暖的颜色，是欢快活泼的光辉色彩，象征学子的活泼、阳光；白色代表纯洁、未来，象征以纯洁朴实之心书写豪迈人生的无限美好。源于校徽的三色也成为学校的标识色，广泛地运用在校园视觉设计中（如图4）。

图4 长郡双语实验中学校徽

（2）校歌

学校校歌延续长郡中学校歌《雄兮古潭州》，由黄铭功于1912年作词。歌词内容既有一种"不忘屈辱""居安思危"的历史感，又有一种"敢为人先""心忧天下"

的使命感，饱含湖湘精神、家国情怀和前辈对学生的殷切寄望，极具时代精神，永不过时。

（3）校旗

学校校旗为蓝底白字的长方形旗帜，中央位置印有"长郡双语实验中学"和"Changjun Bilingual School"。

（4）校服

学校发动师生乃至家长参与校服的设计，由学生参与设计的与校训、校风相一致的校服，彰显校徽等学校文化特色元素。学校要求学生统一着校服上学，从着装上培养学生对学校的认同。

3. 核心文化育人的实施策略

（1）发掘文化特色，提升学校品位

围绕社会主义核心价值观以及办学理念，学校进一步发掘学校的文化特色，建设优美校园文化环境，提高环境育人功能，将学校特色文化内涵物外于形，使其在校园中随处可见，随处有显，提高学校文化品位。

（2）注重统筹规划，打造序列文化

围绕学校核心文化，学校对治理体系不断改进，完成制度、课程、视觉、活动等各类型文化育人序列的打造。结合五年规划和发展愿景，学校深入推进课程文化构建、视觉文化构建、班级文化构建等，在校园活动的设计和安排中加强学校核心文化的渗透，让学生在参与校园活动的过程中更好地理解并认同学校的文化，通过各具特色的校园活动来彰显和突出学校文化，在活动过程中深化学生对学校文化内涵的理解和践行。

（3）借助文化平台，增强文化影响

借助高校资源、名校长工作室、教育集团等平台，学校组建核心文化设计小组或文化课题研究小组，加强学校文化的自我诊断和研究，不断完善学校文化建设，达到提升学校文化影响力的作用。

（4）突出学生主体，推动文化发展

构建以学生为主体的办学理念，强调学生的中心地位，旨在营造一个积极、健康、富有活力的学校文化环境。明确学生主体地位，强调学生作为教育的核心，所有教育活动都要以学生为中心，关注他们的成长需求和发展潜力。尊重学生个性差异，鼓励他们根据自己的兴趣和特长选择适合自己的发展道路。强化学生的养成教育，培养他们的学习能力和自我管理能力。给予学生更多的选择权，让他们根据自己的兴趣和需求选择课程和活动。注重学生全面发展，关注学生的身心健康。传承和弘扬学校的优良传统和校风学风，形成积极向上的校园文化氛围。加强对校园文化的宣传力度，通过各种渠道向学生传播正能量和积极价值观。

（二）学校课程文化育人实施策略与案例

长郡双语实验中学对"活力课程"的探索，展现了教育过程中对人这一教育对象的主体性的培养：不断发现个体的独特性，提升其主体性能力，并彰显人的价值。

1. 课程文化的建构

习近平总书记在全国教育大会上明确提出："要在增强综合素质上下功夫，教育引导学生培养综合能力，培养创新思维。"学校始终将办学定位与时代发展需求结合，传承"朴实沉毅"校训，立足自身发展实际，以"活力豪迈教育"思想为中心，在既有的三级课程（国家课程、地方课程、校本课程）的基础上，以省级重点课题《基于学生核心素养培育的初中课程重构与实施》为引领，调整重构为基础型、拓展型、实践型的三型"活力课程"体系（如图5），以适应时代发展需要、

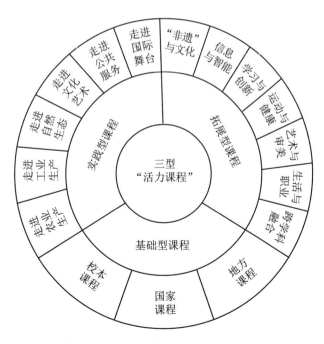

图5　三型"活力课程"体系

满足学生多元发展需求，形成颇具特色的课程文化。学校构建三型"活力课程"的整体框架，对国家课程、地方课程、校本课程进行校本化重组，落实基础型课程，主要对应学生发展核心素养的"文化基础"维度，突出"乐求知、勤修身"的育人目标；拓展型课程主要应对"自主发展"维度，突出"有理想、乐求知"的育人目标；实践型课程主要应对"社会参与"维度，突出"勤修身、勇担当"的育人目标。"活力课程"之间是相辅相成的，是一种生长性、互为补充的关系，属"螺旋式"的组织方式。

（1）基础型课程

基础型课程属于部颁课程，包括语、数、外、理、化、生、政、史、地、体、美、音、信息、劳技、心理、口语等必修课程，着重强调核心素养的达成，利用课堂主阵地培养学生的核心素养。

（2）拓展型课程

根据学生兴趣特长，学校打造特色校本选修课程，让学生自主选课，走班上课，促进学生个性化发展，培养学生兴趣和特长。开设50门左右涉及"非遗"与文化、信息与智能、学习与创新、运动与健康、艺术与审美、生活与职业、跨学科融合七大领域的选修课程，广受学生欢迎。每名学生在校期间至少选修一门拓展型课程。学校对学生在"活力课程"和社团活动中的成果进行比赛展示、评价观摩，学生的个性化素质在拓展型课程中得到有效提升。

（3）实践型课程

该课程分为必修和选修，一是"六走进"必修课程，即走进农业生产、走进工业生产、走进自然生态、走进文化艺术、走进公共服务、走进国际舞台，重在培育学生劳动意识、技术运用、社会责任和国际视野；二是"四大主题节"必修课程，即阳光体育节、缤纷艺术节、魅力学科节、快乐劳动节，重在培养学生的问题解决能力和实践创新素养；三是"研学旅行"选修课程，即体验湖湘文化的春秋研学、探究自然奥秘的绿色之旅、体验革命情怀的红色之旅、探寻生命意义的生存探究、发现科学魅力的科学实践以及专题教育等，以学生在校外开展综合实践活动和研究性学习为主，重在培育学生的道路自信、文化认同、国家认同和生命价值等素养。丰富多元的实践型课程是学生综合素质培养提升的有力抓手，也是学生综合素质得到印证的有利契机。实践型课程为学生展示个性发展、实践能力和综合素质提供了广阔的天地。

2. 课程文化育人的实施策略

（1）明确与融入德育目标

在课程规划之初，学校就明确将德育目标融入各门课程中，要求与学校整体教育目标相一致，并细化到具体的课程和教学活动中，确保德育内容贯穿整个教学过程。探究德育课程和课程德育深度融合，通过深入分析德育课程内容，打造"思政金课"，同时深入挖掘和整合各门课程中的德育元素，使德育内容贯穿于学科知识教学中，找到与德育目标相结合的点，使学生在学习专业知识的同时，也能接受到德育的熏陶。

（2）提升教师德育能力

通过培训、研讨等方式，提高教师对德育重要性的认识，增强他们的德育责任感和使命感。通过青年教师成长训练营、教研组会、备课组会以及设置副班主任岗位等途径，通过教师的德育教学能力培训，如说服教育法、陶冶教育法、榜样示范法等德育方法的掌握和运用，教师能够更有效地将德育内容融入教学中。

（3）创新德育实践活动

学校定期组织学生参与社会实践、志愿服务等活动，让学生在实践中体验德育要求，培养社会责任感和实践能力。学校还与企业、社区等合作建立德育实践基地，为学生提供更多的实践机会和平台。

（4）推进校本课程开发

校本课程开发的实质是学校文化重构，学校通过校本课程开发，促进学校文化的建设与发展，使学生的个性得到充分张扬，学校特色得以充分彰显，学校文化力得以充分释放。建设以人为本的课程制度文化，强调以发展人的主体性，促进人的全面和谐发展，提升人的价值为根本目的，从而建设科学与人文整合，体系开放的课程文化，形成科学与人文相互结合、协调统一、浑然一体的关系。

（三）班级文化育人的实施路径与案例

班级文化是全体班级成员在教育教学活动中创造出来的，包含班级内饰（图书角、中队角、卫生角等）、物件摆放等硬文化，以及班级管理制度建设、目标管理、班风学风、精神风貌等软文化。班级文化的核心是班级文化的价值导向，也是学校文化建设的缩影，不但能有效调动学生的学习能动性，更重要的是能让学生形成良好的品德，塑造积极向上的班级精神，促进学生成长。以下以长郡双语实验中学刘美妮老师所带 2019 班的班级文化核心建设为例。

1. 班级文化的建构

（1）班级文化核心与解读

2019 班的班级文化核心是"树"文化。其内涵为：十年树木，百年树人，成人成才。少年如树，向阳向上，茁壮成长。班级如树，枝叶相亲，定能参天。家校协力，共同培育，蔚然成林。

（2）班级文化理念的表达

2019 班的班训为"求真尚美，向善向上"，意为，希望学生追求真善美，就像小树一样向阳向上，茁壮成长。

图 6　长郡双语 2019 班班徽

2019 班的班徽设计以绿色为主色调，象征着生命生机、希望美好、青春活力，预示学生像树一样生机勃勃、茁壮成长，成林成才。圆形的班徽与校徽一脉相承，班徽上写有班训"求真尚美，向善向上"，即为学生的成长目标：不懈地追求真善美，也是学生成就 2019 班为优秀班集体的动力之源。在班徽上，"2019"为构图中心，"2019"亦为树枝，醒目的大写"1"为抽象树干，8 个团队构成五彩花瓣。寓意 8 个团队枝叶相亲，团结互助，齐头并进，争先创优，共同撑起 2019 班这棵大树的葱绿天空。3 个孩子在长郡双语沉毅蓝的跑道上向阳奔跑，象征在 2019 班这个爱的大家庭，每一个学生像小树一样茁壮成长（如图 6）。

2019 班的班歌是本班学生的原创歌曲《最美的遇见》。

最美的遇见

作词：杨景行

（主歌）

那个夏天，我们相聚郡园，

爱的一家，结下永恒的缘。

澄池边的杨柳，弹奏梦想的和弦，

院士路的那头，有群奔跑的少年。

（副歌一）

二零一九，最美的遇见，

无悔的青春，洋溢笑脸。

幸福绽放，自有芬芳扑面，

苗壮成长，终会大树参天。

（副歌二）

光阴恒久，最美的遇见，

翰墨与书香，梦绕魂牵。

朴实沉毅，我们志存高远，

拥抱未来，携手扬帆向前！

2. 班级文化的实施策略

（1）人人参与，团队智慧

"班级文化建设"始于班级形成之初。新学期开学大约一个月后，学生已互相认识，全班8个团队已然成立，班级秩序走向正轨。班主任向全班各团队征集"班级文化金点子"，要求团队人人参与，发挥团队集体智慧。各团队纷纷开展了团建活动，一起献计献策，讨论班级文化初稿。首先要确定的是"班级核心文化"，在这一过程中，家长也参与进来，和学生一起来一场"头脑风暴"。班级"核心文化"确定了，班训、班徽也随之诞生。最受学生欢迎的创作是班歌，各团队爱好音乐的学生很多，他们或找来自己喜欢的一首歌填词，或自己原创，大家都希望自己团队创作的歌能被选为班歌。

（2）集体创作，达成共识

教师充分调动各个团队的参与积极性后，不要急于求成，应留给学生、家长充分的时间酝酿、创作。这个时间可以是一个月，要求各团队必须对创作的内容达成共识，各团队纷纷出炉了含集体智慧的设计之作。

（3）多样展示，投票产生

学生利用多种途径展示各团队"班级文化金点子"，最终以民主的方式，投票选出各项最佳"金点子"，教师对所有参与者予以鼓励。展示方法如下：

一是班会展示，团队全员上台解说，让各个团队的思维火花、团队协作精神被看见，被认可。

二是张贴展示，各团队打印设计纸质稿，贴在班级专栏，让全班学生仔细比较，投票选优。

三是班级群展示，教师和学生发动家长参与投票。

（4）评比选优，打磨润色

班级文化的形成不是一句简单的口号，提炼班级文化的过程，就是班级凝聚力逐步形成的过程。借助班级文化打造的机会，教师可以开展各类评奖评优活动，通过评比选优、达成共识、打磨润色，进一步刺激学生和家长对班集体的认同。当优质方案评选出以后，全班再一起修改，最终形成大家达成共识且都愿意遵循，以之为行动指南的班级文化。

（四）视觉文化育人的实施路径与案例

随着社会发展，教育理念不断更新，视觉文化作为学校精神的外在体现，备受关注。视觉文化是对学校校训、办学理念、办学思想、育人思想等方面的具象化、视觉化，对凝聚师生对学校文化认同更具吸引力和影响力。

1. 视觉文化的建构

（1）校园布局

长郡双语实验中学占地约115亩，校园内建有校舍12栋，所有建筑物以功能分区，分为教学和办公区、生活区、运动区。校园总体布局借鉴岳麓书院中轴对称、纵深多进的院落形式，中庭广场，逐级攀升，错落有致，庄严素雅，现代厚重。校园区域内标识颜色源于校徽的活力橙、沉毅蓝、纯净白，标识醒目，富含学校文化底蕴。

（2）标识景点

澄池的"澄"字象征清澈透明的品质，取自长郡中学老校长王季范先生的告诫"澄清天下之志"。澄池旁蜿蜒曲折的廊亭与澄池碧水相互呼应，形成了校园内绝佳的景致。学生在此或歌唱、或吟诵，池边来往师生频频驻足，观众如织，这场景便是澄池最美的时刻，美在它的温柔宁静，更美在它的包容与活力。

院士路的林荫小道两旁伫立着张孝骞、沈其震等十四位两院院士的半身雕塑，由红色大理石基座和黄铜色半身像组成。他们是长郡中学的骄傲，更是长郡双语实验中学学子奋发向上、追求卓越的榜样。

长沙府中学堂老校门也是学校的标识景点之一。长郡中学于1904年由长沙知府创办，称为长沙府中学堂，历经清朝、中华民国和中华人民共和国三个时代，象征着长郡中学的百年沧桑与荣光。

（3）人文环境

学校的主体建筑、校道、广场的命名都寄寓学校的育人理念，如养正楼、毓德楼、博学楼、笃行楼等。校园内设计了以"朴实沉毅"校训命名的抱朴园、谅实园、思沉园、弘毅园，以及"开眼看世界"的盛园等校园人文景观。

（4）自然环境

校园里草木丰盈，时常花香袭人，在此间行走是一场绝佳的享受。学校花草树木种类繁多，数百种花草树木都挂上了"名牌"，成为学校自然与生命教育以及劳动教育的重要实践基地。每逢冬去迎春欢，夏日栀子丛中开。秋来丹桂尽飘香，梅香随寒春自来。校园里处处成诗，处处成画。

（5）办公环境

学校注重办公室环境建设，办公室布置充满了年级和学科特色。学科特色的办公室布置能彰显学科魅力，体现学科文化价值，符合教师的精神理念。学校通过定期举行"文明办公室"的评比，为文明办公室授予荣誉牌，鼓励教师创设温馨舒适的办公室。

（6）宣传媒介

学校宣传媒介主要分为线上和线下两大类型。线上文化主要以学校网站、微信公众号、电子显示屏、电子班牌、"人人通"网络学习空间、校长邮箱、智慧教育等为传播载体。学校积极利用网络资源在虚拟空间开展教育活动，同时组建信息技术中心，配备专人担任网络监管员，时时监管和净化学校网络环境。线下文化以校园广播站、校园电视台、宣传橱窗、移动展板、墙报、宣传手册、道旗、校史陈列馆、荣誉墙、图书馆、教师书吧等为传播载体，种类齐全、正常运转、更新及时。学校利用这些载体，积极开展文明行为引导，进行中国梦、社会主义核心价值观、文明排队等方面的宣传。学校校史陈列室、荣誉室全面展示学校办学的历程和成果。学校还统一设计了具有长郡双语实验中学风格的资料袋、信封、水杯、手提袋、卡魅社纪念品等一系列校园文化产品，用校徽三色凸显特色的标识系统风格。学校充分利用网络和传统媒介，及时宣传学校办学理念、动态和经验，方便社会、家长了解学校文化。

2. 视觉文化育人的实施策略

（1）精准定位，凸显办学特色

视觉文化的精准定位是指通过深入研究学校的办学特色、历史传统、教育理念等因素，找到与学校最匹配、最能体现学校特色的视觉元素，并将其贯穿于学校的各个角落。这要求学校在进行视觉文化设计时，充分考虑自身的特点和优势，避免盲目跟风或模仿他人。学校应明确自身的办学特色和核心价值，并将其贯穿于视觉文化设计的全过程，形成一套符合自身办学特色的视觉识别系统，该系统中的各类视觉符号的建设都需要与学校的历史文化、办学主张、办学思想相结合，把抽象化的学校核心文化转化成具象化的视觉符号，从而使学生更容易对学校的办学理念产生认同。例如，依托校训"朴实沉毅"，将校园中四处园地命名为"抱朴园""谅实园""思沉园""弘毅园"。又如，院士路上十四位院士的半身雕像，既是对历史文化的传承，也是对后人的勉励与鼓舞。

（2）借助资源，提高审美标准

学校应建立专门的视觉文化设计团队，负责整个学校的视觉文化设计工作。该阶段就需要学校充分利用校内外资源，加强与兄弟学校、社区等的合作与交流；鼓励师生积极参与校园文化的建设和推广等，如邀请专业设计师、艺术家、美术老师、教师代表参与学校的视觉文化设计。校园视觉文化设计具有很强的专业性，专业人士参与并负责有利于使学校整体的视觉文化设计更具有审美性，如邀请园林设计公司参与学校景观的整体规划设计和布局，邀请建筑设计公司负责对学校建筑的整体设计，邀请大学教授带着学生在校园里探索每一种植物的奥秘并为其挂上"名牌"。当然，像校服、书法作品、扇子、水杯、手提袋、吉祥物等一系列的校园文创产品的设计，也可以邀请师生参与其中，激发学生的创造力，提高学生的动手能力，还能提高学生对艺术理解能力，也便于学生在过程中提升艺术修养。

（3）信息技术，赋能多元传播

在信息化的浪潮下，信息技术已成为推动校园视觉文化多元传播的重要力量。它不仅为校园文化的传承与创新提供了广阔的平台，也为学校办学特色的展示和推广带来了前所未有的机遇。信息技术的发展为校园视觉文化提供了更多元化、更高效率的传播渠道。通过数字化、网络化、智能化等手段，校园视觉文化可以突破时间和空间的限制，实现全方位的展示和传播。这不仅可以提高校园文化的知名度和影响力，还能够增强师生对校园文化的认同感和归属感。学校可以利用数字技术，将校园文化的视觉元素进行数字化处理，通过图片、视频、音频等形式进行展示。例如，利用 VR 技术为学生提供沉浸式的校园导览体验，让他们能够更直观地了解校园文化和历史传统。借助互联网和社交媒体平台，将校园文化的视觉元素进行网络化传播。通过建设学校官方网站、社交媒体账号等渠道，发布校园新闻、活动信息、师生作品等，让更多人了解学校的办学特色和校园文化。通过信息技术的赋能，校园文化的传播将更加广泛和深入，学生对校园文化的认同感和归属感将得到增强。如在学校的官方视频号上推出的"学校校服序列展示""长郡双语版上春山""如愿"等短视频，深受学生、家长喜爱，其中"如愿"还被新华社抖音号转载。

第三节　文化育人序列经验总结

文化建设是促进学校高质量发展的重要基础，也是加强社会主义核心价值观教育的重要载体。新时代"大思政"视域下的学校德育工作需要强化价值引领，"文化引领"至关重要，通过建设积极向上、富有特色的学校文化，学校真正实现以文化人、以文育人。

一、彰显学校文化特色，提升育人价值引领

在当今社会，学校不仅是知识的殿堂，更是文化传承和创新的重要场所。为了凸显学校文化特色，提升育人价值引领，学校可以从多个方面着手，打造具有独特

魅力的学校文化体系。

一是深入挖掘学校历史底蕴，传承优秀文化传统。具有办学经验的学校都有其独特的历史底蕴和文化传统，这是塑造学校文化特色的宝贵资源。深入挖掘学校的历史文化内涵，通过校史馆、文化墙、讲座等多种形式，将学校的历史文化精神传递给师生，激发他们的归属感和自豪感。同时，我们还要传承和发扬学校的优秀文化传统，如勤奋好学、诚信友善、创新实践等精神品质，让这些文化元素渗透到学校的每一个角落，成为师生共同追求的价值目标。对于全新的学校而言，可以向中华优秀传统文化、名校文化借力，但传承与创新至关重要，任何学校文化都需要立足于学校自身实际，符合学校发展现状，才能锦上添花；反之，则不利于学校的长远发展。

二是打造特色课程体系，彰显学校文化特色。课程是学校育人的重要载体，也是凸显学校文化特色的重要途径。学校可以根据办学理念和特色，打造具有独特魅力的课程体系。在课程设置上，注重跨学科知识的融合和创新能力的培养，开设具有学校特色的选修课程和实践活动，让学生在学习中感受到学校文化的独特魅力。同时，还要加强课程与社会的联系，引导学生关注社会热点和现实问题，培养他们的社会责任感和公民意识。

三是强化师德师风建设，发挥教师的育人作用。教师是学校文化建设的重要力量，他们的言传身教对学生具有深远的影响。因此，加强师德师风建设，将弘扬和培育教育家精神融入教师教育的全过程，引导教师树立正确的教育观念和职业道德，做到以身作则、为人师表。同时，学校还要关注教师的专业发展和成长需求，为他们提供必要的培训和支持，提高他们的教育教学水平和育人能力。

四是注重家校社合作，共同塑造学校文化特色。家庭教育、社会教育和学校教育是相辅相成的，家校社合作对于塑造学校文化特色具有重要意义，家长、学生、社会对学校文化的认同度，对学校文化建设和传播有着直接的影响。积极与家长、社会沟通合作，共同关注学生的成长和发展，学校可以通过家长会、家长志愿者、家校共建、走进社区等活动，增强家校社之间的联系和互动，共同为学生营造健康、和谐的成长环境。

凸显学校文化特色、提升育人价值引领是一项长期而艰巨的任务。学校应深入挖掘学校历史底蕴、打造特色课程体系、营造浓厚的文化氛围、强化师德师风建设以及注重家校社合作等多方面的努力，共同打造具有独特魅力的学校文化体系，为培养具有高尚品德、创新精神和实践能力的高素质人才提供有力支撑。

二、构建学校文化体系，落实"三全"育人理念

学校文化作为学校发展的灵魂，对于落实立德树人根本任务、培养学生的综合素质、推动教育教学改革、提升学校整体形象具有重要的作用。为了全面贯彻落实"三全"育人理念，学校可以从多个方面着手，塑造富有特色的学校文化体系。

一是确立价值观。价值观是学校文化的核心，是师生共同认同并遵循的行为准则。学校要明确发展的定位，并提炼出符合学校实际的办学理念，使这些价值观深入人心，成为师生自觉行动的动力。

二是弘扬校园精神风貌。校园精神风貌是学校文化的外在表现，体现了学校的精神风貌和文化底蕴。学校要注重培养师生的团队精神和集体荣誉感，加强校园文化建设，营造积极向上、和谐文明的校园氛围，使师生在良好的环境中共同成长。

三是完善校园管理制度。完善的管理制度是学校文化的重要保障。学校要建立健全各项管理规章制度，明确各级职责和权限，确保学校各项工作有序开展。同时，要注重制度的人性化和科学性，充分发挥制度在促进师生发展、维护校园稳定方面的作用。

四是规范校园行为准则。规范的行为准则是学校文化的具体体现。学校应制定详细的校园行为准则，明确师生在校园内的行为规范，加强文明礼仪教育，提高师生的文明素养。同时，要加强监督检查，确保行为准则得到有效执行。

五是强化知识教育基础。知识教育是学校育人的重要任务。学校要注重基础知识的传授和基本技能的培养，强化课程体系的科学性和系统性，提高教育教学质量。同时，要注重跨学科知识的融合和创新能力的培养，为学生的全面发展奠定坚实基础。

六是注重能力培养实践。实践是检验知识的有效途径，也是培养学生能力的重要平台。学校应注重实践教学环节的设计和实施，积极开展各类实践活动和社团活动，提高学生的实践能力和综合素质。同时，要加强与企业、社区等外部资源的合作，为学生提供更广阔的实践舞台。

七是关注学生情感需求。学生的情感需求是教育过程中不可忽视的重要因素。

学校应重视对学生的心理健康教育和情感关怀，建立有效的师生沟通机制，及时了解学生的情感状态和成长需求。同时，要开展丰富多彩的文化活动和心理辅导活动，帮助学生建立积极的人生态度和良好的人际关系。

八是塑造正确人生态度。正确的人生态度是学生未来发展的关键。学校通过教育引导和实践体验相结合的方式，帮助学生树立正确的世界观、人生观和价值观。同时，要培养学生的社会责任感和公民意识，引导他们积极参与社会公益事业和志愿服务活动，为社会的发展贡献自己的力量。

塑造学校文化体系、落实“三全”育人理念是一项系统工程，需要学校从多个方面入手，共同推进。通过确立校园价值观、弘扬校园精神风貌、完善校园管理制度、规范校园行为准则、强化知识教育基础、注重能力培养实践、关注学生情感需求以及塑造正确人生态度等措施的实施，学校将营造出富有特色的学校文化体系，为师生的共同成长和发展提供有力的支持和保障。

三、营造学校文化氛围，引领师生共同成长

营造学校文化氛围，引领师生共同成长，是现代教育体系中至关重要的任务。一个良好的学校文化氛围不仅能够激发学生的学习热情，还能够促进教师的专业成长，从而实现整个学校的和谐发展。营造积极的学校文化氛围，学校可以从以下几个方面入手：

一是确立正确的价值导向。学校应明确倡导正确的价值观，如诚信、尊重、合作、创新等，通过各种形式进行宣传和引导。同时，要关注学生的全面发展，注重培养学生的综合素质和创新能力。

二是构建和谐的师生关系。师生之间的关系是学校文化的重要组成部分。教师应关爱学生，关注学生的成长需求，用心倾听学生的声音。学生则应尊重教师，珍惜学习机会，积极参与课堂和课外活动。师生之间通过良性互动，促进教学相长。

三是丰富校园文化活动。学校可以组织各种形式的文化活动，如文艺演出、科技竞赛、体育比赛等，让学生在参与中体验快乐，提升能力。同时，还可以开展主题教育活动，如爱国主义教育、安全教育等，引导学生树立正确的价值观念和道德观念。

四是营造优美的校园环境。校园环境是学校文化的外在表现。学校应注重校园

环境的净化、绿化、亮化和美化，营造清新、整洁、幽雅的校园环境。同时，还可以设置文化墙、宣传栏等，展示学校的办学理念和成果，增强学生的归属感和自豪感。

五是加强家校合作。家庭教育和学校教育是密不可分的。学校应积极与家长沟通合作，共同关注学生的成长。可以通过家长会、家访等形式，了解学生在家庭中的表现和需求，为学生提供更全面、更个性化的教育服务。

营造学校文化氛围并不是一蹴而就的事情，需要长期的坚持和努力。学校应定期组织评估和调整工作，根据实际情况不断完善和优化文化氛围建设措施。只有这样，才能够真正实现学校文化的深入人心和持久影响。

综上，通过确立正确的价值导向、构建和谐的师生关系、丰富校园文化活动、营造优美的校园环境以及加强家校合作等措施的实施，学校可以逐步营造出积极向上、充满活力的学校文化氛围，为师生的共同成长和发展提供有力的支撑和保障。

第四章

活动育人序列

　　《指南》中明确指出，德育工作要"精心设计、组织开展主题明确、内容丰富、形式多样、吸引力强的教育活动，以鲜明正确的价值导向引导学生，以积极向上的力量激励学生，促进学生形成良好的思想品德和行为习惯"。在中学的德育工作中，"活动育人"序列活动有着举足轻重的地位，因为它不仅是学生知识学习的延伸，更是其综合素质培养的重要途径。学生在活动中体验，在体验中学习，在学习中成长，不仅能够丰富他们的知识储备、促进人际交往、培养个性特长，还能充分激发潜能、培养创新思维、提升综合能力，引导学生成为具有责任意识、创新精神和社会竞争力的现代公民。作为实施活动育人的重要主体，学校需要进一步明确活动育人的概念与价值，明晰目前的问题与原因，进行序列化设计，开展育人活动。

第一节　活动育人的概念及归因

一、活动育人的概念与价值

（一）活动育人的概念

　　活动育人是指以各种形式的活动为主要手段和途径，通过精心设计和组织，让学生在参与过程中获得知识、培养能力、塑造品格、发展情感、提升素养，从而促进学生在品德、智力、体魄、审美、劳动等方面全面发展的教育方式。它利用丰富多彩的实践活动作为教育载体，为学生提供亲身体验、自主探索、合作交流的机会，让学生在参与中得到锻炼和成长。它注重激发学生的主动性和积极性，培养学生的创新精神、实践能力和社会责任感，帮助学生将所学知识与实际生活相结合，提升学生的综合素质和适应社会的能力。

（二）活动育人的价值

育人活动为学生的全面发展提供了一个多方位的平台，帮助他们成为更加全面和有能力的个体。

活动育人促德育，价值引领树新风。活动育人在德育方面的价值体现在帮助学生树立正确的价值观和社会责任感。通过参与社会服务、志愿活动等活动，学生能够学会关心他人、理解社会责任、培养公民意识。同时，团队合作活动能够让学生在实践中学习协作与沟通，增强团队精神，为将来的社会生活打下良好的基础。

活动育人强智育，思维激发启智慧。在智育方面，活动育人通过设计富有挑战性的问题和项目，激发学生的好奇心和探索欲。学生在解决实际问题的过程中，不仅能够锻炼思维能力，还能学会如何运用知识解决现实问题。此外，创新思维的培养有助于学生形成独立思考的习惯，提高批判性思维能力，为终身学习奠定基础。

活动育人优体育，体质提升展活力。体育活动是活动育人中不可或缺的一部分。通过参与各种体育活动，学生不仅能够增强体质、提高身体素质，还能体会团队合作和公平竞争的重要性。体育活动还能培养学生的意志力，帮助他们在面对挑战时保持积极的态度。

活动育人助美育，审美塑造润心灵。美育在活动育人中扮演着提升学生审美能力和创造力的角色。通过参与艺术创作、音乐演奏、戏剧表演等活动，学生能够体验美、欣赏美、创造美。这些活动有助于塑造学生的情感世界和审美观念，激发他们的创造力和想象力，同时也能够丰富他们的精神世界。

活动育人兴劳育，技能培养助成长。劳动教育是培养学生劳动观念和实践技能的重要途径。通过参与劳动实践活动，学生能够认识到劳动的重要性，理解劳动的价值，培养尊重劳动的态度。同时，劳动教育还能让学生在实践中学会各种实用技能，为将来的职业生涯打下基础。

综上所述，活动育人的价值不仅体现在知识技能上，更体现在情感、态度、价值观等非智力因素上，它能够促进学生的全面发展。

二、活动育人的问题与原因

（一）学校活动育人存在的问题

活动育人在实施过程中面临着一系列的问题，我们需要充分认识并采取针对性的措施加以改进和完善，以更好地发挥活动育人的优势和作用，促进学生的全面发展和健康成长，真正实现活动育人的初衷和目标。

活动目标不清晰。目前，一些活动的目标不明确或模糊不清，导致育人方向的迷失。学生在参与活动时感到茫然，不知道活动的重点和活动期望达成的具体成果是什么，从而影响他们的积极性和投入程度。学校也难以衡量活动是否真正达到了育人的目的。

活动序列不系统。一些活动缺乏系统规划，使活动育人的效果大打折扣。活动之间缺乏关联和递进，无法形成一个有机的教育体系，不能持续、连贯地对学生的成长和发展起到有效的推动作用。

活动形式与内容不适配。一些活动过于注重表面的热闹和形式的新颖，忽略了对教育内涵的深入挖掘。这样会让学生只能在活动中获得短暂的感官刺激，却不能真正触及知识的拓展、能力的培养和品格的塑造等核心育人要素，活动结束后学生的收获较为有限。

活动参与度不均衡。在活动中部分学生表现活跃、积极参与，而另一部分学生被边缘化、无法真正融入其中，后者难以在活动中找到自己的位置和价值，这种不均衡的参与度无法让全体学生受益。

活动与教学不相关。与教学脱节使活动育人的功效无法充分发挥。如果活动与课堂教学内容联系不紧密，那么活动就无法与日常的学习形成有机结合，学生可能会觉得活动与学习无关，从而降低对活动的重视程度。

活动资源明显不足。资源不足制约着活动育人的开展。人力方面，可能缺少指导教师或组织者；物力方面，可能存在场地、设备等硬件设施的不足的情况；财力方面，有限的经费可能限制了活动的规模和质量。这些资源的欠缺会直接影响活动的质量和效果，使一些好的活动创意无法付诸实践。

评价机制不完善。机制的不完善使我们难以准确评估活动育人的成效，也无法对活动的过程和结果进行客观地分析和总结。这样不利于我们发现问题、总结经验，从而也难以对后续的活动进行有效的改进和优化。

教师指导不到位。教师在活动中至关重要，教师如果不能充分发挥指导作用，就不能有效地引导学生思考、探索和成长。

（二）学校活动育人存在问题的原因分析

以上问题的成因是多方面的，需要学校从管理、理念、资源等多个角度进行反思和改进。

缺乏充分的调研和思考。没有深入理解学生的发展需求和教育的总体目标，导致目标设定过于笼统或模糊。

缺乏对活动育人的长远规划和战略眼光，没有从整体上进行布局。组织者之间沟通协调不足，各自为政，未能形成系统的体系。

忽视对育人内涵的深度挖掘。比如，有些活动只是为了吸引学生的注意力而采用一些华而不实的形式，没有真正将育人的核心内容融入其中。

没有充分考虑学生的个体差异，未能提供多样化的参与途径和任务。也可能是因为缺乏有效的激励机制和引导措施，使部分学生缺乏参与的动力和机会。

与教学的协同不够，没有形成有效的融合机制，导致活动与教学"两张皮"。

对活动育人的重视程度不够，也可能是受限于学校自身的财力、物力状况以及获取外部资源的能力，未能在资源分配上给予足够的支持。

对活动育人的效果评估缺乏足够的重视和专业的研究，没有建立起科学合理的评价指标体系和方法。

教师自身对活动育人的理解不足。比如，有些教师没有掌握有效的活动指导方法和技巧，不了解学生在活动中的心理和行为特点。

第二节 活动育人序列设计与实施

一、活动育人序列建构

长郡双语实验中学一直致力于探索创新活动育人模式，通过开展丰富多彩的活动来促进学生的全面发展。活动育人序列化设计旨在将各项活动有机整合，形成一个系统、连贯、有针对性的育人体系，以更好地培养学生的核心素养。以下是学校活动育人序列化设计的理论依据、序列建构、实施策略与优秀案例。

（一）理论依据

1. 多元智能理论

多元智能理论认为人类具有多种智能，包括语言智能、逻辑数学智能、空间智能、身体运动智能、音乐智能、人际智能、内省智能等。活动育人序列化设计涵盖多种类型的活动，如艺术、体育、学科素养展示、劳动技能展示、心理团队辅导等，为学生提供了发展多元智能的机会，从而促进学生的全面发展。

2. 体验式学习理论

体验式学习理论强调学生要通过亲身体验来获取知识和技能。活动育人序列化设计中的各项活动为学生提供了丰富的体验机会，让学生在实践中学习、成长，培养他们的实践能力和创新精神。

3. 发展心理学理论

发展心理学理论关注个体在不同年龄阶段的心理发展特点和需求。活动育人序列化设计根据学生的年龄特点和发展阶段，用内容和形式丰富多样的活动满足学生在不同阶段的成长需求。

（二）序列建构

在新时代教育背景下，学校构建了"三三四四"活动育人序列，为学生搭建了一个全方位发展的广阔平台（如图1）。"三锋"系列如璀璨的星光，照亮学生追梦的征程，以雷锋精神为指引，鼓励学生积极践行、勇于担当，为学生的未来成长之路勾勒清晰的思想轮廓。"三超市"系列则是学生成长的能量源泉。这里汇聚了丰富的学习资源和活动，学生可以根据自己的兴趣和需求，自主挑选、自由参与，在实践中汲取养分，茁壮成长。"校园四节"系列则是学生展示才华、绽放光彩的璀璨舞台。在这里，学生通过参与各种关于文化、艺术、体育等内容的展示活动，充分展现才艺和风采，增强自信，锻炼团队协作能力。同时，这些活动也增强了学校的文化氛围。"四季养心"系列如同绵绵春雨，无声地滋润着学生的心灵。通过一系列心灵成长活动，学生在轻松愉悦的氛围中学会自我调节、释放压力，培养健康、坚韧的心灵品质。

在"三三四四"活动育人序列的熏陶下，学生不仅树立了正确的理想信念，更在知行合一的实践中不断体验、学习、思考和提升。他们担当责任、锻炼能力、培养品质，逐渐成长为有理想、有本领、有担当的新时代好青年。

1."三锋"系列：追光逐梦的征程

迎"锋"而上活动，是系统了解雷锋生平事迹，学习理解雷锋精神的学习活动。学生通过场馆参观、寻访模范、阅读书籍、聆听讲座等方式全面了解雷锋事迹，深刻理解雷锋精神。

追"锋"之路活动，是践行雷锋精神的实践活动。学校通过设计系列"项目化志愿服务"活动，激励学生以雷锋为榜样，勇敢面对困难并积极弘扬雷锋精神。学校的"项目化志愿服务"总共有六大主题活动：尊老爱老活动、关爱儿童活动、环保护绿活动、文明劝导活动、公共服务活动以及大型赛事志愿活动。

新"锋"人物活动，旨在树立榜样，倡导雷锋精神，激励学生不断努力，追求更高的目标。通过"优秀少先队员""优秀义工""优秀义工中队""最美长郡人""先锋人物"等评选，一大批品学兼优、才华出众、敢于担当、乐于奉献的雷锋式学生脱颖而出。

2."三超市"系列：多元体验与成长

爱心义卖超市，是培养学生关爱他人意识、社会责任感的重要平台。在这里，学生将自己闲置的物品进行义卖，所得款项用于帮助需要的人。这不仅让学生学会了珍惜资源、合理利用物品，更让他们体会到通过自己的努力可以为他人带来温暖和希望。同时，在义卖过程中，学生也锻炼了沟通能力、团队合作能力，培养了商业意识。

劳动成果超市，突出了劳动教育的重要性。学生通过家庭实践劳动、创意手工劳动、社区服务劳动、农业体验劳动、文化传承劳动、职业体验劳动这六大类型的劳动活动，深刻认识劳动的价值和意义，感受分享劳动成果的快乐，培养劳动习惯和技能。

拓展课程超市，为学生提供了丰富多样的选修课程，满足了不同学生的兴趣和发展需求。学生可以根据自己的喜好选择感兴趣的课程，拓展自己的知识领域，学习不同的技能。这不仅丰富了学生的学习生活，更有助于培养他们的个性和特长，为未来的发展奠定坚实的基础。

3."校园四节"系列：全面发展的舞台

阳光体育节，强调体育锻炼对学生身心健康的重要性。学生在入场式方阵表演、田径运动会、足球赛、篮球赛、羽毛球赛、跑操、拔河等各项活动中提升自己的身体素质和运动技能，培养团队合作精神和竞争意识，在运动中增强体质、享受乐趣、健全人格、锤炼意志。

缤纷艺术节，是展现学生艺术才华、培养学生审美能力的盛大节日。学生通过"缤纷艺术·郡园先声"主持人比赛、"缤纷艺术·声入人心"班级合唱比赛、"缤纷艺术·演员诞生"校园剧·历史剧·心理剧比赛、"缤纷艺术·我是歌手"校园歌手比赛、"缤纷艺术·舞动青春"英语歌舞剧表演、"缤纷艺术·个人秀场"澄池才艺秀、"缤纷艺术·郡园汇美"艺术作品系列赛等多种形式的比赛和展演，展示自己的艺术才华。这不仅为学生提供了一个展示自我的平台，激发青春的多彩活力，更营造了浓厚的艺术氛围，激发了学生对艺术的热爱和追求，有利于提升学生的审美情趣和艺术素养。

魅力学科节，是对各学科知识进行深入探究和拓展的节日。各学科组通过经典诵读比赛、"二十四点"及数独数学益智竞赛、"图说时政"比赛、迷宫小车竞速赛、国宝档案活动、物理趣味实验、小制作比赛、地理模型设计和地理实验视频大赛、化学家庭小实验微视频比赛、英语素养大赛等活动，让学生在活动中加深对学科知识的理解和掌握，同时激发学生对学科的兴趣，拓宽知识领域，更提高他们的学习能力，培养他们的创新思维和学科核心素养。

快乐劳动节，是弘扬劳动精神、培养学生劳动素养的重要契机。学生通过家庭实践劳动、创意手工劳动、社区服务劳动、农业体验劳动、文化传承劳动、职业体验劳动这六大类劳动实践活动，深刻认识劳动的价值和意义，感受和分享劳动成果的快乐，培养劳动习惯和技能；通过全国劳模校园行活动，聆听劳模故事，感悟劳动精神，树立远大目标，以劳动铸就梦想。通过"绿意青春，智慧耕耘——生态种植劳动实践活动"的开展，学生体验了劳动的乐趣，学习了种植的知识和技能，培养了环保意识和团队合作精神。学生在活动中动手出汗、动脑探索，在真实的劳动中，体会劳动的快乐，提升劳动的技能，增强劳动意识，弘扬劳动精神。

4. "四季养心"系列：心灵的滋养与呵护

"四季养心"系列活动贯穿全年，学校根据不同季节的特点和学生的心理需求，开展有针对性的心理辅导活动。

春生，在万物复苏的明媚春天，学校组织学生进行户外踏青、心灵成长营等活动，让学生在大自然中放松身心，感受生命的活力。

夏长，在炎热的夏季，学校开展静心冥想、情绪管理讲座等活动，帮助学生保持平和的心态。

秋拾，在充满收获的秋季，学校组织感恩教育活动，让学生懂得感恩身边的人和事。

冬藏，在寒冬之际，学校开展关爱他人、温暖传递等活动，让学生在给予中感受温暖和幸福。

通过"四季养心"系列活动，学生的心理素质得到了有效的提升，他们学会了如何调节自己的情绪、应对压力，培养了积极向上的心态，建立了良好的人际关系。

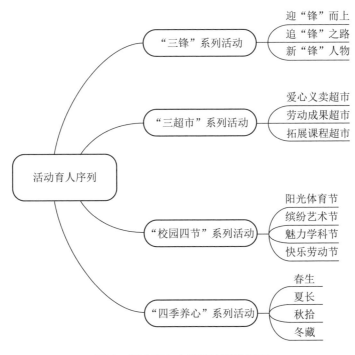

图1　活动育人序列设计思维导图

"三三四四"活动育人序列的构建，是学校在教育改革与发展中的积极探索和实践。通过这一系列丰富多彩的活动，我们致力于培养学生的理想信念和责任担当，推动德育、智育、体育、美育、劳育和心育的全面发展，从而培育出有理想、有本领、有担当的时代新人。

二、活动育人序列实施策略与案例解析

（一）"三锋"系列活动实施策略与案例解析

1. 系列概述

长郡双语实验中学开展了以迎"锋"而上、追"锋"之路、新"锋"人物为主题的一系列学雷锋活动。这些活动旨在深化学生对雷锋精神的理解，培养实践能力，并树立学习榜样。

（1）迎"锋"而上活动的重点是发挥思政课作为落实立德树人根本任务关键课程的作用，加强其他学科的德育渗透，立足学科、立足课堂，引领学生领悟雷锋精神内涵，即热爱党、热爱祖国、热爱社会主义的崇高理想和坚定信念；服务人民、助人为乐的奉献精神；干一行爱一行、专一行精一行的敬业精神；锐意进取、自强不息的创新精神；艰苦奋斗、勤俭节约的创业精神等。学生还通过参观场馆、寻访模范、阅读书籍、聆听讲座等方式全面了解雷锋其人、理解其魂。

（2）追"锋"之路活动，是系列践行雷锋精神的实践活动。由学校团委牵头，年级组部署，以班级为单位，党带团、党带队创新开展一系列社会实践活动，如参观一个场馆（湖南雷锋纪念馆、湖南党史陈列馆、雷锋学校、雷锋故居等），实施一次志愿服务（敬老爱老、关爱儿童、环保护绿、文明劝导、公共服务等），举办一次爱心义卖，接受一次党史教育，让学生在实践活动中感受党史党魂，学习全心全意为人民服务的雷锋精神，厚植爱党爱国爱社会主义的情感。另外，还有系列"项目化志愿服务"活动，激励学生以雷锋为榜样，勇敢面对困难，弘扬雷锋精神，培养担当精神。

（3）新"锋"人物活动，以党支部为单位，深入挖掘身边"雷锋式"的好教师、好学生、好家长事迹，以生动鲜活、群众喜闻乐见的形式广泛宣传雷锋精神，讲好新"锋"人物故事，传播正能量。学校还融合新媒体形式，创新宣传手段，遴选优秀宣传作品推荐到更高宣传平台（包括但不限于红星云《新时代新雷锋——我是党员我带头》和长沙党建《汇爱成城》栏目）。

2. 育人价值

三大主题活动从"知—行—评"三个维度立体设计，相互关联，形成了学习和践行雷锋精神的完整体系，从理论学习到实践活动，再到榜样选树，每一步都旨在

引导学生全面理解和弘扬雷锋精神。通过这一系列的活动，学校期望学生能够在思想上迎"锋"而上，在行动上继续追"锋"之路，在精神上成为新"锋"人物。具体来说，三大主题活动的育人价值如下：

（1）知识启迪，铸就精神之魂

学生通过参观场馆、寻访模范、阅读书籍、聆听讲座等多样化学习方式，全面理解雷锋精神。这些活动不仅丰富了学生的知识体系，更在学生心中种下种子，培养他们成为具有正确价值观和理想信念的新一代。

（2）实践锻炼，培育责任担当

通过参观湖南雷锋纪念馆、参加敬老爱老服务、参与环保活动等，学生在服务社会的过程中感受党史党魂，学习领会全心全意为人民服务的精神，培养社会责任感和担当精神。这些实践活动让学生在实践中学习，在服务中成长，为成为有责任感的公民打下坚实基础。

（3）榜样示范，激发进取之心

榜样的力量激励着学生不断追求卓越，实现自我超越。同时通过新媒体平台的宣传，更多人了解并学习这些优秀人物的故事，传播正能量。

3. 实施策略

"三锋"系列活动作为一种创新性的教育实践活动，旨在通过多元化的策略，促进学生全面发展。长郡双语实验中学作为一个典型案例，其实施活动的基本策略、原则、方法和经验，可以为其他学校提供经验。基本的实施策略为以下几点：

（1）深化理论学习，强化精神认同

学校应将雷锋精神的理论学习作为学雷锋活动的首要任务，通过课堂教育、主题班会、专题讲座等形式，引导学生深入理解雷锋精神的内涵和时代价值。

（2）创新实践活动，培养实践能力

学校应设计多样化的实践活动，让学生在实际行动中体验和践行雷锋精神，可以结合学生的兴趣和特长，开展志愿服务、社区帮扶、环境保护等项目化活动，鼓励学生在服务中学习，在实践中成长。通过实践活动，学生培养了社会责任感和团队协作能力，在面对困难和挑战时能够迎难而上，积极作为。

（3）树立榜样力量，激发内在动力

学校应通过评选"优秀少先队员""最美长郡人"等活动，发现和表彰身边的雷锋式人物，用他们的先进事迹和优秀品质激励全体学生。通过榜样的力量，激发学生学习雷锋精神的内在动力，引导他们以实际行动向榜样看齐，争做新时代的雷锋传人。

（4）构建长效机制，形成良好氛围

学校应建立和完善学雷锋活动的长效机制，确保雷锋精神教育的持续性和实效性，通过制订学雷锋活动计划，明确活动目标、内容和要求，确保活动有序开展。同时，学校应加强家校社三方合作，形成全社会共同参与的良好氛围，让学雷锋活动成为学校文化的一部分，让雷锋精神在校园内外生根发芽。

4. 案例解析："最美长郡人"评选活动

（1）案例概述

在"三峰"系列主题活动的实施过程中，学校特别强调通过具体的先锋人物案例，向学生展现如何将雷锋精神融入他们的日常学习生活之中。这些先锋人物以他们的实际行动，生动诠释了雷锋精神的精髓，为学生树立了可学习的榜样，从而让学生深刻理解到雷锋精神并不仅是简单的助人为乐，更是一种积极向上的精神追求，一种对自我、对社会的高度责任感。

为培育和践行社会主义核心价值观，落实"五育并举、德育为先"的教育方针，发挥综合素质评价的育人作用，全方位展示学校学生爱党爱国、见贤思齐、向上向善、孝老爱亲的精神风貌，树立校园正能量的榜样和典范，促进学生全面且有个性地发展，长郡双语实验中学特设计组织"最美长郡人"评选活动。

（2）活动内容

① 评选对象

八年级、九年级全体学生。原则上在学校纪律处分期内的学生不得参评。

② 评选条件

基本条件：有坚定的理想信念和深厚的家国情怀，热爱班集体，关心学校发展，团结同学，尊敬师长；自觉履行《中小学生日常行为规范》和《长郡双语实验中学学生日常行为规范》的要求；在学期综合素质阶段评价中五个维度均为 A 等。

具体条件：坚持"五育并举"原则，关注全面发展，分德、智、体、美、劳五个维度。被推选的学生应在其中一个或多个维度中的某一方面或多个方面表现突出，具有一定的榜样引领和示范作用。具体评选条件如下：

思想品德维度：热爱祖国，关心集体，热心为班级、学校、社会的发展服务，主动建言献策；在班级主动担当，责任意识强；积极参与志愿服务，持续参与或组织开展公益活动；在孝老敬亲、友善互助、诚实守信等方面表现突出。

学习素养维度：有良好的学习习惯、正确的学习态度，学习成绩优异；在学习上乐于助人，主动帮助同学，分享学习方法；有较强的创新意识和创新能力，在各类创新活动或比赛中表现突出。

体育素养维度：热爱集体，热爱运动，遵章守纪，有良好的体育运动习惯，在学校体育课、体育节、大课间等体育活动中表现突出；在体育方面有专项技能，在各类体育竞赛中表现突出。

艺术素养维度：有良好的艺术素养，遵章守纪、热爱集体，在学校艺术课、艺术节、艺术类社团活动中表现突出；积极参与各类艺术展演活动，在各类艺术竞赛中表现突出。

劳动素养维度：有较好的劳动观念和习惯，在学校、家庭中积极主动参与劳动，在日常劳动实践方面表现突出；有较好的劳动能力，掌握劳动技能，有优秀的劳动成果。

（3）实施过程

① 班级候选人推荐

各班召开主题班会，通过自主讨论、民主推荐等方式，推选一位最能代表班级形象的"最美长郡人"候选人。各班组织学习"最美长郡人"评选活动方案及往届评选情况，了解相关内容，树立个人成长目标，营造评选氛围。

班级候选人准备好申报材料（主要事迹用第三人称撰写，不超过 500 字，主要围绕参评类别写具体、鲜活的事例及成果；推荐理由为班集体撰写，用第三人称，不超过 100 字，要求精练、准确，突出被推选人的特点）和被推选人的个人风采照片（电子版高清照片，全身生活照，不可用艺术化妆照）。

班级候选人把材料交到年级组。

② 年级候选人推荐

年级组组织学生代表和任课教师进行民主投票，召开年级工作小组会议，根据投票结果并参照指标数进行讨论和民主推选，确定年级候选人并进行公示。教育处、团委明确校级学生干部候选人推选办法，并按照指标数组织学生干部开会进行讨论和民主推选，确定校级学生干部候选人 2 人并进行公示。

各"最美长郡人"候选人制作个人宣传视频（1—2分钟，不得超过2分钟），并将宣传视频、个人申报材料及个人风采照片交至教育处。

③ "最美长郡人"候选人风采宣传

具体操作办法：在校园内布展，展示各年级推荐的"最美长郡人"风采（照片、优美推荐词）；将候选人宣传微视频及申报材料发布至家长群、校内电子屏和微信公众号，利用多渠道进行宣传；制作活动宣传新闻，通过学校微信公众号宣传。

④ 公示表彰

学校领导小组综合教师投票、学生投票和家长投票情况，结合评比条件，确定"最美长郡人"10人。

学校领导小组组织全体学生、各班家委会主任、全体教师投票，并统计结果，再根据各项投票数进行综合评议，确定"最美长郡人"最终候选人。

学校领导小组公示"最美长郡人"入选名单，广泛听取教师、学生、家长及社会各界的意见和建议。

公示期结束后，学校领导小组正式确定10位"最美长郡人"名单，在"最美长郡人"颁奖典礼上，对10位"最美长郡人"进行隆重表彰。

（4）育人效果

培育理想信念，树立社会主义核心价值观。学校通过"最美长郡人"评选，致力于培育学生的理想信念，引导他们树立并践行社会主义核心价值观，强化爱国情怀。

促进个性发展，激发全面发展潜能。评选活动鼓励学生在德、智、体、美、劳各方面展现自己的特长和才华，激发了学生个性发展的潜能。通过多元化的评价体系，学生能够在自己感兴趣的领域得到认可和鼓励，从而实现个性化的成长和发展。

激发榜样力量，传播校园正能量。通过民主推荐和投票选出的"最美长郡人"，是校园正能量的传播者。这种榜样的力量能够激发其他学生学习先进，追求卓越，共同营造一个积极向上的校园环境。

培养综合素质，实现"五育并举"目标。评选活动强调"五育并举"，即德育、智育、体育、美育和劳动教育的均衡发展。通过具体的评价标准，学校引导学生在各个方面均衡发展。

（5）经验反思

① 明确育人目标，引导学生全面发展

在评选活动中，学校通过设立具体条件，如坚定理想信念、履行行为规范等，引导学生在德、智、体、美、劳五个维度上均衡发展。这不仅帮助学生树立正确的价值观，还鼓励他们在各个领域追求卓越，实现个性化成长。

② 构建多元化评价体系，确保评选的公正性

评选条件涵盖了学生在思想品德、学习素养、体育素养、艺术素养和劳动素养等多个方面的具体表现，确保了评价的多维度和深入性。民主投票和教师、学生、家长的广泛参与，增强了评选过程的透明度和公正性。

③ 实施民主参与机制，增强学生的主体意识

活动方案强调了民主推荐和投票的重要性，通过民主机制让学生参与评选过程，增强了学生的主体意识，让学生在实践中体验民主精神。

④ 加强活动宣传与反馈，提升活动影响力

活动方案通过多种渠道进行宣传，有效地提高了活动的知名度和参与度，扩大了活动的辐射影响力。

（案例来源：于鹏飞）

（二）"三超市"系列活动实施策略与案例解析

学校的"三超市"以其独特的创新理念和实践探索，展示了一种全新的校园生活模式。爱心义卖超市、劳动成果超市、拓展课程超市这三个"超市"是学生体验爱心、锻炼能力、拓展知识的实践平台。

1. 系列概述

在新时代背景下，学校坚持全面发展的教育理念，积极探索具有时代特色的教育形式，特别推出了"三超市"系列活动，旨在通过实践体验、劳动锻炼和课程拓展等多种方式，促进学生全面而有个性地发展。

（1）爱心义卖超市——培养爱心与责任感

爱心义卖超市是学校创建的一项以公益为核心的活动。该活动鼓励学生捐赠家中的闲置物品，经过分类整理后，在爱心超市中进行售卖。售卖所得的收入将全部用于资助困难学生和支援社会公益项目。

（2）劳动成果超市——锻炼劳动技能与品质

劳动成果超市是学校为了提升学生的劳动素养而设立的活动平台。学生在家庭实践劳动、创意手工劳动、社区服务劳动、农业体验劳动、文化传承劳动、职业体验劳动中取得的"物化"成果和"可见"素养都能在超市中进行售卖或交换。劳动

超市让劳动成果转化成可见价值，有效提升了学生劳动的积极性。

（3）拓展课程超市——拓宽知识与视野

拓展课程超市是学校为满足学生个性化学习需求而开设的课程平台。它汇聚了各类选修课程，包括艺术、体育、科技、语言、文学、传统文化等多个领域，学生可以根据自己的兴趣和特长进行选课。该课程平台充分展现了学校的拓展课程建设成果以及学生的兴趣特长，让学生所长有所展，更让学生通过课程学习能将想法变成现实。

2. 育人价值

爱心义卖超市、劳动成果超市和课程拓展超市三大系列活动的育人价值主要体现在以下几个方面：

（1）培养学生综合素质

通过参与这些活动，学生能够全面发展自己的德、智、体、美等多方面素质，提升综合素质水平。

（2）增强学生社会责任感

爱心超市活动让学生学会关爱他人、奉献精神，培养他们的社会责任感和公民意识。

（3）提升学生劳动技能与品质

劳动超市活动让学生亲身体验劳动的乐趣和价值，培养学生勤劳节俭、艰苦奋斗的劳动品质。

（4）促进学生个性化成长

拓展课程超市活动尊重学生的兴趣和特长，为他们提供个性化学习的平台，促进他们的个性化发展。

3. 实施策略

统筹规划，分步实施。学校在推进爱心超市、劳动超市和课程超市三大系列活动时，始终坚持统筹规划、分步实施的原则。

首先，成立专项工作小组，对活动进行整体规划和设计，确保各项活动之间的衔接和互补。在具体实施过程中，我们根据学校的实际情况和学生的需求，分阶段、分步骤地推进各项活动，确保每一步都扎实有效。

其次，资源整合，优化配置。学校注重整合校内外资源，优化资源配置。在爱心超市方面，学校积极联系社区、企业和爱心人士，筹集善款和物资；在劳动超市方面，学校充分利用劳动场所和设施，为学生提供劳动实践的机会；在课程超市方面，学校广泛邀请校内外专家和优秀教师开设选修课程，丰富课程内容。

最后，学生参与，自主管理。学校始终坚持以学生为中心的原则，鼓励学生积极参与活动的策划、组织和实施。在爱心超市和劳动超市中，学校设立了学生管理岗位，让学生自主管理、自主运营；在课程超市中，学校鼓励学生自主选择课程。

4. 案例解析：爱心义卖超市方案

作为一种创新的公益实践活动，爱心义卖超市通过搭建师生共同参与的平台，实现了闲置物品的再利用，不仅传递了温暖与关爱，也在无形之中培育了广大师生的公益意识和团结互助精神。以下通过对一个具体的爱心超市活动案例进行深入解析，探讨其成功的原因，总结其实践经验，以期为未来类似活动的开展提供有益的借鉴。

（1）案例概述

① 实施背景

当前，我国的教育政策日益注重培养学生的综合素质和社会责任感。在此背景下，学校开展爱心义卖超市活动显得尤为必要。同时，随着学生生活水平的提高，他们对社会公益活动的参与度和关注度也在不断提高。因此，爱心义卖超市活动不仅符合教育政策的要求，也满足了学生的实际需求。

② 目标指向

通过搭建爱心超市平台，实现闲置物品的再利用，减少资源浪费和环境污染。

筹集善款和物资，帮助贫困地区的学校和困境儿童，为家庭发生重大变故的师生储蓄爱心基金，帮助他们解决实际困难。

培养学生的公益意识和团结互助精神，促进校园文化的和谐发展。

通过实践活动的形式，推动学校公益事业的发展，树立学校的良好形象。

（2）内容设计和实施过程

① 活动目的

为帮助贫困地区的学校和困境儿童，为家庭发生重大变故的师生储蓄爱心基金，学校与长沙市青少年发展基金会联合发起 2024 年度爱心义卖超市活动，一方面倡导学生发扬勤俭节约的优良传统，另一方面锻炼学生的商业思维，为慈善公益事业奉献一份力量。

② 活动过程

各班自主倡议并收集爱心义卖的物品,对售卖商品进行定价,并贴好价格标签,制作相应的宣传海报。

义卖当天全校统一广播介绍爱心义卖超市的相关情况,广播的同时各班派不超过 5 名学生布置销售摊位(摊位在田径场,每个班级的摊位空间不得超过 4 张课桌的面积)。

每班民主选出宣传人员 1 名,销售人员 2—4 名,收银员 1 名,记账人员 1 名,卫生委员 1 名,保卫委员 1 名,仓储搬运 3—5 名。其余学生可以到其他摊位购买商品。各班也可设计双班倒或多班倒的轮班机制,让负责售卖的学生也参与到买手的队伍中来。

售卖的物品应为学生在学习生活中的闲置物品或学生创作的具有劳动价值的作品,学生还可以现场进行才艺展示。各班可以视情况购买部分物品进行售卖;也可以创新售卖形式,如定制团购、套餐出售、满减优惠等;还可以引入如盲盒等新颖的商品。所有物品的价格需要合理,班主任、班干部要做好把关工作。

禁止售卖以下物品:

购买的食品和自行制作但易造成污染的食品。

危险物品,如管制刀具、烟花爆竹、易燃品、化学药品等。

电子产品,如手机、平板电脑等。

价值过高的物品(建议物品原价不超过 200 元)。

其他有可能危害中学生身心健康的物品。

各班于傍晚开始收摊、结算,完成摊位整理的班级需要向场内卫生部的学生报告,经检查后方可离开。

各年级指定 1 名家长代表和 1 名学生代表共同收集各班的爱心义卖善款,并向各班开具收据,填写《爱心基金收款汇总表》。各年级收齐爱心义卖善款后,将善款交存入长沙市青少年发展基金会账户,入账时注明"长沙市长郡双语实验中学专项爱心基金"。

学校对捐款数额进行公示。

③ 注意事项

售卖过程本着自愿原则,不得强买强卖。

学生统一穿校服，不得穿校服以外的其他形式的服装。

如使用学校音响，需要提前 24 小时向校团委报备。

5. 案例育人效果和经验反思

（1）育人效果

通过本次爱心义卖超市活动，学生不仅学会了如何将闲置物品转化为有价值的资源，更在实践中培养了公益意识和团结互助精神。许多学生在参与活动的过程中深刻体验到了帮助他人的快乐和意义，也意识到了自己作为社会一分子应承担的责任和义务。同时，活动还促进了学生之间的交流与合作，增强了团队的凝聚力和向心力。爱心超市活动也为校园文化的建设注入了新的活力，学校既传递了关爱与温暖的力量，又倡导了节约资源、保护环境的生活理念，为校园文化的和谐发展奠定了坚实的基础。

（2）经验反思

通过对爱心超市活动案例的深入解析，我们可以看到这一公益实践活动在培养学生社会责任感、团队协作能力等方面所发挥的重要作用。同时，我们也认识到活动在实施过程中的不足之处，并提出了相应的优化建议。

（案例来源：杨父立）

（三）"校园四节"系列活动实施策略与案例解析

1. 系列概述

"校园四节"系列活动每年都在固定的时间段举行，为期一个月左右，分布在学年的上下两个学期，与学生初中阶段的成长紧密相连。其中，阳光体育节在每个学年的上学期进行，时间大致在 9—10 月，以推动学校体育工作深入开展，切实提升学生的健康水平，丰富学校精神文化生活，锻炼学生积极向上、奋勇争先的精神品质为主要目的，开展各类个人及集体体育竞赛项目。缤纷艺术节在 11—12 月举行，为学生搭建丰富多元的舞台以展示学生的艺术才华，以音乐、美术等项目的比赛和展示活动为主，提升学生的审美情趣和人文素养，激扬青春活力，提高综合素质，促进学生德智体美劳全面发展。魅力学科节在 3—4 月举行，以学科课程为基础，开展各具特色、形式多样的学科活动，挖掘学科魅力，激发学生兴趣，为学生搭建学习和展示平台，促进学生综合素养的全面提升。快乐劳动节在 5—6 月举行，学校借助各类劳动实践基地，以劳动节为契机，组织富有时代特色的劳动实践，增强学生的热爱劳动的热情，帮助学生学会劳动技能，以达到磨炼学生意志品质、激发学生创造力、促进学生身心健康的目的（如图2）。

"校园四节"组织规模大，涉及范围广，活动形式多，参与人员全，持续时间长，有着重要的育人价值。

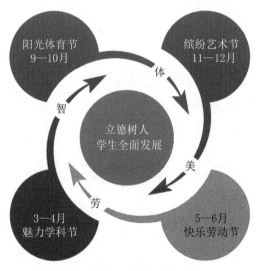

图2 "校园四节"内容结构

2. 育人价值

"校园四节"系列活动是落实国家立德树人根本任务的重要载体。"校园四节"以社会主义核心价值观为统领，以积极向上、特色鲜明的活动为载体，激励学生，培养学生良好的行为习惯和意志品质，是中小学开展教育教学的重要形式，是落实国家立德树人根本任务的重要载体。

"校园四节"系列活动是培育学生德智体美劳全面发展的有效途径。"校园四节"以节日和重要活动为载体，通过文化、体育、艺术等各类活动，坚持"体育强身，艺术润心，学科启智，劳动培根，活动育德"的理念，在活动中让学生的品德修养、综合素质、运动技能、审美情趣和劳动实践能力全面提升，成为培育学生德智体美劳全面发展的有效途径。

"校园四节"系列活动是构建学校育人体系的重要组成部分。学校以多元活动为载体，以校园特色节日为支持，以育人为落脚点，着力打造一系列特色鲜明的主题活动，包括艺体竞技、学科探究、劳动体验等。这些活动打破了传统课堂教学的限制，为学生提供更多元的学习体验，是学生道德形成发展的重要途径，也是构建学校育人体系的重要组成部分。

"校园四节"系列活动是提升学生兴趣、丰富校园生活的重要抓手。"校园四节"平均分布在每个学年的两个学期中，持续时间长，活动丰富，给了所有学生充分体验和学习的机会，是提升学生学习兴趣、丰富校园生活的重要抓手。

3. 实施策略

（1）"校园四节"总体规划

长郡双语实验中学一直努力探索通过"校园四节"实现学生多维成长的育人新模式。通过科学的顶层设计，结合不同学段学生的思想、认知、情绪的发展状况和学生各阶段的发展需求，创新活动形式，学校构建了"纵向衔接，横向融合，全面育人"的校园节日活动育人序列，以实现跨学科、跨模块主体的横向协同育人，跨时间段、跨年级的纵向协同育人，从而使活动育人常态化、体系化，让学生立德、启智、健体、尚美、乐劳，促进他们全面发展。序列构建如图3所示。

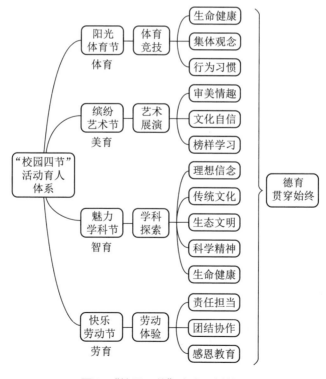

图3 "校园四节"育人目标体系

（2）"校园四节"设计说明

① 阳光体育节活动序列设计说明

为贯彻落实中共中央、国务院《关于全面加强和改进新时代学校体育工作的意见》，推动学校体育工作深入开展，切实提升学生体质健康水平，丰富学校精神文化生活，学校以"悦动青春·强国有我"为主题开展一年一度的阳光体育节，以田径比赛为主体，结合年级特色比赛项目，以个人、班级、楼层为单位，参与主体涵盖教师和学生，倡导全员参与，全方位育人。具体活动序列如表1所示。

表1 "悦动青春·强国有我"阳光体育节活动序列设计

活动项目	育人目标	活动内容		
		七年级	八年级	九年级
田径运动会	增强学生体质，培养青少年拼搏进取、团结协作的体育精神，培养班级团结力、凝聚力	田径比赛（单项和集体项目）		
"郡园杯"足球赛	提高青少年的足球兴趣，培养全面发展、特长突出的青少年足球后备人才，发展体育教育和特长教育	足球比赛		
方阵比赛	促进学生身心健康，增强体质，培养学生组织纪律性和集体荣誉感，展现班级风貌	街舞韵律操表演	楼层方阵表演	跑操比赛
年级特色比赛	根据不同阶段学生的学情和需求设置不同比赛项目，提高学生的健康水平，培养学生终身体育锻炼的思想，加强学生之间团结协作的精神，增强班级集体荣誉感	跑操比赛	篮球比赛	拔河比赛
活动评价：方阵评比、宣传评比、精神文明评比、团体总分前十、年级特色评比、优秀组织奖				

② 缤纷艺术节活动序列设计说明

为丰富校园文化生活，营造以美育人、以文化人的文化氛围，提升学生的审美情趣和人文素养，展示艺术才华，激扬青春活力，提高综合素质，促进学生德智体美劳全面发展，长郡双语实验中学以"筑梦青春，艺彩纷呈"为主题，开展一年一度的缤纷艺术节。艺术节的每一项活动都有及时的评价和反馈，优秀节目在闭幕式时进行集中展演，充分发挥激励功能和榜样示范作用。系列活动在借助音乐、美术等类别进行横向融合的基础上，区分学段，进行年级的纵向衔接，采取阶段性、发展性的育人策略。具体活动序列如表2所示。

表 2　"筑梦青春，艺彩纷呈"缤纷艺术节活动序列设计

类别	活动名称	活动内容			
		七年级	八年级	九年级	国际部
音乐	年级特色项目	"缤纷艺术·声入人心"合唱比赛	"缤纷艺术·郡园有戏"校园剧·历史剧·心理剧比赛	"缤纷艺术·我是歌手"校园歌手比赛	"缤纷艺术·舞动青春"英语歌舞剧表演
语文	主持人大赛	"缤纷艺术·郡园先声"主持人比赛			
综合	"缤纷艺术·我最达人"达人秀才艺比赛	独唱/小组唱、独奏/合奏、独舞/群舞、相声、双簧、小品、杂技等			
美术	"郡园绘美·廉润人心"美术作品大赛	绘画、书法、文创产品等			

③ 魅力学科节序列设计说明

为贯彻和落实党和国家的教育方针政策，学校以"做豪迈的中国人"办学思想为指引，进一步完善和丰富"活力课程"体系，有效探索各学科课程的实施路径，充分发挥各学科课程育人功能，为学生搭建学习和展示平台，将社会主义核心价值观等德育内容和活动内容与活动过程深度融合，促进学生综合素养的全面提升。从 2023 年起，学校整合各类校园活动，构建了 10 个学科共同组织、七年级和八年级学生为主体的全员参与的魅力学科节。具体活动序列如表 3 所示。

表 3　魅力学科节活动序列设计

学科	活动名称	活动目标	活动年级	活动内容
语文	"聆听经典回音，秀出青春风采"经典诵读	弘扬传统文化的魅力，激发学生对经典文化的热爱，营造良好的阅读氛围	七年级、八年级	诵读比赛
数学	数学益智竞赛	锻炼学生的观察能力以及有序思考能力，增强逻辑思维能力，培养学生的自信心、专注精神和耐力	七年级	数独
			八年级	"二十四点"

续表

学科	活动名称	活动目标	活动年级	活动内容
英语	Just Show"英"你精彩	丰富校园文化生活，激发全校学生学习外语的兴趣，营造良好的外语学习氛围，传承中华优秀传统文化	七年级	"讲好中国故事"
			八年级	"走进名校与名胜"手抄报制作
物理	探索物理奥秘，感受学科魅力	展现物理的魅力，激发学生的学习兴趣，培养科学精神	八年级	趣味实验，小制作比赛，科学讲座
化学	探究物质变化，体验实验魅力	激发学生对化学科学的兴趣，提高学生的科学素养，促进学生对科学实验的热爱	七年级	自制汽水，天气瓶制作，叶脉书签制作，遇见"彩虹"等实验
道德与法治	图说时政——"青春向党，豪迈前行"	推进思政课教学改革创新，提升思政课育人实效	七年级、八年级	演讲比赛
历史	探寻两宋风华，复振造极之世——国宝档案	加深学生对历史的了解，传承中华优秀传统文化，提升学生的文化认同，增强学生的民族自豪感	七年级	主题参观活动，国宝档案展演比赛
地理	探寻地理奥秘，守护自然家园	有效地提升学生的地理实践能力，培养学生综合思维，强化学生的环保意识，形成正确的人地观念	七年级	地理实验视频制作
			八年级	资源再利用，作品设计制作
生物	探索生物奥秘，创造健康生活	丰富学习生活，了解生物学科，提高学习兴趣，锻炼创新思维，提高生物学素养	七年级	实验技能比赛
			八年级	模型制作
信息科技	探索科技，启迪未来——"穿越迷宫"	与科技同行，激发科学热情，创造科技记忆	七年级	编程比赛

④ 快乐劳动节活动序列设计说明

为贯彻落实教育部、共青团中央、全国少工委《关于加强中小学生劳动教育的意见》，切实加强中小学生劳动教育工作，学校在劳动教育中融入社会主义核心价值观等德育内容，更好地培养学生的劳动兴趣、磨炼学生的意志品质、激发学生的创造力，促进学生身心健康和全面发展，努力把学生培养成热爱劳动、勤于劳动、善于劳动的高素质劳动者。依据相关要求，学校结合实际，从2023年开始设置一年一度的快乐劳动节，如表4所示。

表4　快乐劳动节活动序列设计

活动名称	时间	主题	活动内容	活动年级	价值引领
启动仪式	周一升旗仪式	快乐劳动飞扬青春	国旗下主题讲话	七年级、八年级、九年级	榜样示范
全国劳模校园行活动	班会	劳动铸就梦想榜样引领成长	专题讲座	七年级	榜样示范
劳动节系列实践活动	劳动节前后	多维实践促发展劳动创造赢未来	家庭实践劳动	七年级、八年级	感恩教育
			创意手工劳动		激发潜能
			社区服务劳动		责任担当
			农业体验劳动		人地和谐
			文化传承劳动		传统文化
			职业体验劳动		理想信念
常规劳动实践活动	整个学年	绿意青春智慧耕耘	生态种植实践活动	七年级	生态文明环保意识责任担当
			绿化带劳动基地环境维护	八年级	
			校园公共场合环境维护	九年级	
劳动成果展示嘉年华	某个下午	实践劳动显才华智慧少年谱未来	评价与展示	七年级、八年级	榜样示范强化自信

（3）活动策略

① 顶层设计，德育为先

学校从整体发展的高度进行全面的规划与布局，通过深入研究和精心谋划，明确德育目标在"校园四节"系列活动中的核心导向作用，构建完善的德育体系框架，确保活动开展始终围绕培养学生良好品德和正确价值观这一根本宗旨，使学生在参与活动的过程中能深刻领悟道德的重要意义，不断提升自身道德素养。

② "五育并举"，全面育人

学校强调在"校园四节"系列活动中要注重德智体美劳五个方面的均衡发展：既要通过知识竞赛、学科探究等活动来提升智育水平，又要借助体育赛事、体能挑战等活动强化学生的身体素质，还要利用艺术表演、创意展示等活动培养学生的审美能力和艺术素养，更要通过公益活动、劳动实践等活动增强学生的社会责任感和劳动观念。以"五育"融合的方式，全方位地促进学生的成长与发展，以"五育并举"实现全面育人的目标。

③ 以人为本，全员参与

学生是教育的主体，学校充分尊重每个学生的个性与需求，确保活动的设计与实施能够最大程度地兼顾不同学生的特点和期望。同时，大力宣传，积极动员全体师生广泛参与"校园四节"系列活动，让每个人都能在其中找到自己的位置和角色，形成全员积极投入、共同参与的良好氛围，真正做到以学生的发展和成长为本位，让每个学生都能从中受益并获得成长的机会。

④ 优化内容，创新形式

在内容的选择上，要彰显特色，与时俱进。学校结合乡土资源，深入挖掘学校及周边地区的文化底蕴和独特优势，将这些元素充分融入"校园四节"系列活动中，打造出具有鲜明特色的活动品牌。如魅力学科节之历史组的国宝档案活动，该活动引导学生认识家乡，了解湖湘文化，开展了"探秘长沙，了解文化遗产""'千年岳麓，不朽湘魂'探寻身边的近代史"等活动。同时，教师紧密跟随时代的发展步伐，及时将当前社会的热点、新兴的理念和技术等融入活动，使活动始终保持鲜活的生命力和时代感，能够与社会发展的趋势相契合，让学生在感受特色的同时与时俱进地提升自己。再如，魅力学科节之道德与法治组的"图说时政"活动，学生抓住热点，解说"新质生产力"的内涵。学校不断探索创新活动的呈现形式，让学生在全新的体验中更好地接受教育和培养。

⑤ 整合资源，减量增效

在"双减"背景下，学校在原有"校园六节"（科技节、读书节、外语节、艺术节、体育节、劳动节）基础上，将同类型活动进行整合，合并前三个节日，将其调整为学科节，精简为"校园四节"，以合理地调配和优化组合，减轻学生负担，提高活动质量，增强育人效果。一方面，这样做可以有效避免学生因参与过多相似活动而产生疲劳感和厌烦情绪，让他们以更加饱满的热情和精力投入经过精心整合后的优质活动，更好地享受活动过程，提升自身素养，这对学生的心理健康和学习积极性的保持有重要的促进作用。另一方面，整合活动并减量增效，可以使学校和教师将更多的精力和资源集中到更具教育价值和创新性的活动设计与组织上，打造出更具吸引力和影响力的校园节系列活动品牌，这不仅有利于提升学校的教育品质和文化氛围，也能为学生提供更高质量的育人环境。

⑥ 整体统筹，组织有序

在内容统筹方面，已形成的活动育人序列重视学生成长的发展规律，在内容和形式的选择上有针对性，学校及时结合时代发展的需求进行调整，形成常态化、规范化、发展型育人序列。在活动组织方面，学校从全局的角度出发，对"校园四节"系列活动进行全面系统的规划和安排，明确各阶段的目标和任务，协调各个环节之间的关系。学校还建立完善的组织管理体系，明确各部门、各人员的职责分工，确保活动的筹备、开展和后续工作都能有条不紊地进行，保障活动的顺利推进和高效运行，保障学生安全和育人效果。

⑦ 多元评价，激励成长

在各类活动中注意及时评价和反馈，充分发挥活动评价的育人导向和激励导向。构建多元化的评价体系，学校综合考虑学生在活动中的表现、成果、参与度、进步情况等多个方面，通过多种方式进行评价，如教师评价、学生互评、自我评价等，全面客观地反映学生的实际情况。学校还通过缤纷艺术节和魅力学科节闭幕式展演、快乐劳动节成果展示等为学生提供正向反馈，不仅肯定学生的学习成果，还让学生了解优秀的标准，充分发挥榜样示范作用，引导学生向优秀看齐，不断进步。

4. 案例解析

案例一：2023 级体育大课间活动

（1）案例概述

为贯彻党的教育方针和《中共中央、国务院关于加强青少年体育增强青少年体质的意见》精神，确保《义务教育体育与健康课程标准（2022 年版）》中提出的学生每天"校内锻炼 1 小时、校外锻炼 1 小时"以及落实"教会、勤练、常赛"的要求，学校坚持课内外有机结合，提供更多练习机会，引导学生掌握基本运动技能，以巩固和运用运动知识，参与形式多样的活动，激发运动兴趣，体验运动魅力，领悟体育锻炼的意义。

学校以大课间活动为载体，面向全体学生，旨在通过多样化的体育活动激发学生参与运动的兴趣，增强体质，培养锻炼习惯，并促进学生积极进取的精神，最终实现享受乐趣、增强体质、健全人格、锤炼意志"四位一体"的体育教学目标。

（2）内容设计

韵律操。本操结合街舞与体操元素，以欢快的音乐为背景，旨在营造快乐运动的氛围。通过跳操，青少年塑造正确的身体姿态，锻炼身体的协调性，增强他们对节奏与韵律的感知，同时培养运动兴趣。

搏击操。本操源于拳击运动，通过富有节奏的音乐与动作，帮助学生释放压力，改善情绪。通过练习搏击操，学生锻炼上肢力量，提高身体协调性，实现全身锻炼的效果，同时培养他们的坚韧意志与拼搏精神。

趣味竞赛。本竞赛通过设置障碍跑接力、跳绳接力等项目，增加体育大课间活动的趣味性和挑战性，激发学生的参与热情。趣味竞赛的开展，提高学生的运动能力，培养团队协作精神和班级凝聚力，同时增强学生的竞争意识与拼搏精神。

放松自编操。本操将拉伸放松动作与舒缓音乐结合，帮助学生缓解运动后的身体疲劳。通过放松自编操的练习，学生在音乐的引导下放松身心，减轻运动或学习带来的压力与焦虑。

班级跑操。跑操作为一种有氧运动，能有效提高心肺功能和身体素质。通过班级跑操的开展，学生锻炼身体，提高健康水平，还可以培养他们的自信心、集体荣誉感和团队精神。

（3）实施过程

① 教会

"快乐出发、拳军出击"大课间活动以"教会、勤练、多赛"为指导思想，以"学、练、赛、评"一体化为抓手，努力构建紧密、衔接、相互配合的高效大课间活动。在主题选择、动作创编和设计时，学校体育教师尊重学生的认知和身心发展规律，结合学生生活经验与社会发展需求，从学生的喜好出发，将大课间活动的主题确定为街舞和拳击，充分激发学生兴趣，使学生乐于学习、乐于接受。主题确定后，学校体育教师再根据学情精准把握动作学习和练习的难度。为了确保大课间活动的高效实施，体育教师还制订了详细的教学计划，通过18个课时的大单元教学设计，将街舞和拳击的基本动作、技能要点和竞赛规则等内容进行系统梳理和整合，以便在课堂上进行有针对性的教学。

② 勤练

为了将课堂的"教会"延伸到大课间的"勤练"，学校坚持课内外有机结合，帮助学生巩固和运用所学运动知识与技能。大课间活动初期以班级跑操和课堂已学的创编操为锻炼内容。伴随创编操大单元教学的进度，大课间活动的呈现也趋于完整。

③ 常赛

根据学生争强好胜、乐于表现等心理特点，学校充分满足学生运动需求。学校根据班级数量和场地情况设计了形式多样的接力比赛，激发学生的参与热情和竞争意识。除此之外，每天的大课间活动期间，教师会对各班做操和跑操整体的运动表现进行评估，从而实现比赛的常态化。根据创编操的课时节点以及学生学习情况，学校组织了"体智云"线上街舞韵律操比赛，实现组织形式的多元化，还积极参加长沙市教育局举办的中小学大课间体育活动评比，鼓励学生赛出风采，以此发挥"以赛导学""以赛代练""以赛促评"的功能。

④ 以评促进

"评"是对学生"学、练、赛"的过程和效果进行监测的有效手段，具有考核、检验、监督等作用。在线上街舞韵律操比赛中，教师根据"体智云"的反馈数据对学生进行针对性指导。大课间活动的班级日常评比则更加注重多维度、多方向的绝对性评价。体育教师不断优化评比方案，确保评价标准的科学性和公正性，以达到更科学地促进班级、学生发展的目的。

总之，长郡双语实验中学2023级体育大课间活动案例的实施，通过多样化的体育活动形式和内容，激发学生的运动兴趣，增强体质和提高健康水平，并促进学生全面发展。同时，通过科学的实施过程与评价体系的建立，确保活动的有效性和可持续性。

（4）实施成效

自"快乐出发、拳军出击"大课间活动案例实施以来，长郡双语实验中学的体育氛围得到了显著提升，学生的身体素质和运动技能得到了有效提高。通过韵律操和搏击操的练习，学生不仅掌握了基本的运动技能，还培养了节奏感和协调性。趣味竞赛的开展，则进一步激发了学生的竞争意识和团队精神。此外，大课间活动还为学生提供了放松身心、缓解学习压力的机会，使他们能够在轻松愉快的氛围中享受运动的乐趣。

在评价方面，经过细致对比活动前后的数据，可以清晰地观察到学生在运动能力、健康状况以及运动兴趣等多维度上的显著提升。此外，深入开展班级常规评比活动，不仅有效激发了学生的集体荣誉感与团队协作精神，更显著增强了班级的凝聚力，为营造积极向上的校园氛围奠定了坚实基础。

在成果方面，在线上街舞韵律操比赛中，学校学生凭借出色的表现获得了良好的评价，充分展现了他们的实力与风采。学校大课间活动还在长沙市中小学大课间活动比赛中荣获一等奖。

（5）反思与改进

大课间活动成效显著，但仍需改进。在内容设计上，教师应更注重学生个体差异和兴趣，提供多样化选择；在组织与实施中，应加强师生沟通协作，确保活动顺利进行；加强学生安全教育与管理，保障其安全健康。学校将优化设计与实施方案，听取学生意见，完善活动内容与形式，还将加强体育教师培训，提升专业素养和教学能力，推动学校体育的整体发展。

（案例来源：李格）

案例二：历史组国宝档案活动

（1）案例概述

长郡双语实验中学七年级历史组通过学科活动，指导学生开展历史探究性学习，通过对文物的探究，感受中华文明的魅力，认识传承和发扬中华优秀传统文化的责任，以此达到学科活动育人的目的。

以国宝档案这一历史学科活动为例。在该活动启动之前，教师对七年级学生进行了一次调查，发现很多学生都会利用假期与父母一起参观博物馆，对《国家宝藏》《如果国宝会说话》《何以中国》等节目很感兴趣，而七年级的历史课也在教授中国古代史的有关内容。结合《义务教育历史课程标准（2022年版）》要求，历史组教师从2016年开始设计聚焦文物解说与演绎项目——国宝档案，并依据学生的学情不断优化，确定不同的主题与实施路径。

历史学科的教学以唯物史观为核心，以家国情怀为宗旨，以时空观念、史料实证、历史解释为抓手，旨在培养不断发展的人。基于这一理念，国宝档案这一学科活动，确立了如下目标：

学生能够围绕相关主题查找资料、获取历史信息并处理历史信息（史料实证）。

学生的团队意识和团队合作能力得到发展；学生课件制作、综合表达能力得到提升（能力培养）。

学生充分感受中华文明的魅力，增强民族自信心和自豪感，树立科学的奋斗目标，成为有理想、有抱负、有追求、有担当的新一代（家国情怀）。

（2）内容设计与实施策略

① 依据主题，设置系列任务

学科活动作为项目化学习的一种形式，需要教师设置一系列的任务链，一步步推动学生深入主题进行探究，从而达到活动目标。经全体教师讨论，学校历史组教师一致将国宝档案的核心任务定为"让文物活起来，传承与保护中国传统文化"，针对这一核心任务，我们将任务逐步细化为：

- 充分利用线上线下资源收集资料，明确选题方向。
- 学会归纳整合资料，多角度、多层次深度挖掘选题内容，设计文稿。
- 确定团队分工，结合各成员专长确定呈现形式。

② 以生为本，搭建学习支架

在国宝档案活动开始前，七年级历史组教师就利用寒假时间，布置了"走进历史，了解文物"的手抄报活动，鼓励学生了解文物及其背后的故事，为活动的开展做好铺垫。在活动启动之初，教师专门为学生上一堂指导课，从活动目的、活动主题、活动日程安排、材料收集的建议、选题方向的明确、选题角度的挖掘等方面为学生提供明确的指导，帮助学生打开思路。在活动启动后，教师先后向学生发放了包含各阶段完成标准的活动日程安排表、各自任务的团队分工合作表、包含活动设计框架和文稿详案撰写的活动设计稿，明确主题并以此逐步推动学科活动的进度。在活动过程中，针对学生的各类问题，教师给予针对性的指导。

③ 搭建平台，展示活动成果

为了让学生更主动更好地展示自己的成果，教师从班级海选到半决赛到决赛，分阶段地呈现学生的探究结果。在这个过程中，学生不断完善自己的探究成果，逐渐形成精品。教师为了鼓励学生，激发学生的活动热情，特意制作了宣传视频、宣传海报，还邀请了专家进行点评和指导，给学生的展示提供高质量的平台。通过学生的展示，无论是台上的参与者还是台下的观赏者，都接受了一场中国传统文化的洗礼，对文物的内涵与价值有了更深刻的了解，他们为中华文明的博大精深而自豪，更有了传承优秀文化的使命感。

（3）活动反思

在活动结束后，教师要求各团队对活动进行复盘与反馈，并自我评估在活动中的表现与收获。有的团队从团队合作方面讲述自己与优秀团队的差距；有的团队惊叹于文物本身的魅力；有的团队对自己选题方向的新意和拓展的深度感到满意；有的团队对此活动的环节提出了自己的优化建议。通过对活动的反思，学生加强了对中华优秀传统文化的认识，逐步形成正确的历史观和价值观，也对团队合作的有效展开有了更具体的体会，为今后的学科活动的开展提供了有益的参考。这就是学科育人的价值体现。

（案例来源：吴娟）

案例三：生态植物园种植劳动

（1）案例概述

劳动教育是实施素质教育的重要内容，是全面贯彻党的教育方针的基本要求，是培育和践行社会主义核心价值观的有效途径。中学生参加劳动实践，既可以掌握必备的劳动技能，养成良好的劳动习惯，又可以树立社会责任感，养成艰苦奋斗的优良品质。组织学生在校园内开展劳动实践是学校日常教育中劳动实践的常规方式。

① 实施背景

劳动教育是学生全面发展的重要组成部分，是促进学生身心健康、培养社会责任感的重要途径。《大中小学劳动教育指导纲要（试行）》的发布，为学校提供了劳动教育的实践框架，强调了理论与实践相结合、学科融合的重要性。鉴于城市空间的限制，学校创新性地利用楼顶空间建立生态植物园，这不仅解决了空间方面的难题，还为学生提供了一个独特的学习与实践的绿色平台，让学生在实践中学习、成长。

② 目标指向

培养劳动技能与实践能力。利用生态植物园，学生能够学习和掌握基本的园艺劳动技能，如耕作、播种、除草和植物的日常养护等。同时，这些活动有助于提高学生的实践操作能力，使他们将理论知识应用于实际操作，增强解决实际问题的能力。

培养科学探究与创新思维。该活动鼓励学生进行科学探究，如观察植物生长条件和生长状态的变化，记录数据并进行分析，掌握科学研究的基本方法，培养学生的科学思维。面对种植中遇到的问题，学生需要运用创新思维寻找解决方案，从而激发创新意识。

促进生态环保与社会责任。通过参与生态植物园的建设与维护，学生将理解植被对生态环境的重要性，包括改善空气质量、促进生物多样性等。该活动还能培养学生的环保意识，激发他们主动参与环境保护的积极性，增强他们对社会可持续发展的责任感。

促进团队合作与家校共育。种植活动需要学生分工合作，共同完成种植、养护等任务，这有助于培养学生的团队合作精神和沟通协调能力。同时，该活动鼓励家长共同参与，通过家校合作，形成教育合力，增强教育的实践性和有效性。

促进身心健康与全面发展。学生在参与种植活动的过程中，感受大自然的魅力，放松身心，缓解学习压力。通过户外劳动，学生锻炼身体素质，提高体能和耐力水平，培养耐心和毅力，学会坚持和努力，从而全面发展。

（2）实施过程和内容设计

① 启动阶段

举行交接仪式。学校领导、教师和学生代表共同受邀参加生态植物园交接仪式，八年级班主任代表和学生代表分享在生态植物园种植的经验与收获，并将从生态植物园收获的种子传递给七年级学生代表。通过交接仪式，激发学生对种植活动的兴趣和热情，增强七年级学生的劳动荣誉感和使命感。

组建种植团队。各班组建种植团队，选出团队队长，并明确各成员的职责和任务，培养学生的团队协作能力。

② 准备阶段

举办种植培训。生物教师对全体七年级学生进行种植培训，强调种植注意事项。各班确定种植区域和植物种类，包含必种植物和选种种植，培养学生的规划能力。

进行物资准备。生物教师指导学生准备所需的种子、幼苗、种植工具等，并引导学生了解它们的用途和使用方法。

③ 种植阶段

动手实践。在班主任和生物教师的带领下，各团队按照计划进行植物的种植工作，包括土壤准备、播种、浇水、施肥、除草和日常维护等工作。

观察记录。学生团队每周进行种植观察，并填写劳动实践记录表，记录植物的生长情况、种植心得，团队的疑惑与思考等。

④ 小课题研究

教师引导。生物教师引导学生选择感兴趣的小课题，并进行探究实践。例如，如何种出好吃的豆芽菜？大蒜汁对害虫有没有防治效果？

自主发现。在种植过程中，学生可能会遇到各种问题，如病虫害、生长缓慢等。有学生发现班级菜地的白菜被虫子咬了很多洞，而其他菜并没有被咬，就此现象提出问题：为什么白菜容易被虫子吃？应该如何解决这个问题呢？

跨学科实践。教师与学校扎染社合作开设跨学科课程，指导学生种植板蓝根等染料植物，提取色素，扎染布料，制成服装。

⑤ 成果展示

爱心义卖。学生将生态植物园收获的蔬菜，如豆芽、辣椒、茄子等在学校进行义卖，并将义卖所得捐赠给贫困地区儿童。

成果展览。学校举办生态植物园成果展，以海报、演讲等形式展示学生的种植过程与研究成果，帮助他们提升展示技巧，增强自信。

⑥ 总结评价

总结表彰。教师组织学生进行活动总结和评价，回顾整个种植活动的过程和成果，表彰在活动中表现优秀的团队和个人。

反思展望。教师引导学生分析自己在活动中的表现和不足，并提出改进建议，鼓励学生将所学知识和技能应用到日常生活中，培养他们的劳动习惯和环保意识。

（3）育人效果和经验反思

① 育人效果

劳动技能与实践能力的提升。通过亲手种植和养护植物，学生不仅学习了园艺技能，还增强了将理论知识应用于实践的能力。

科学探究与创新思维的培养。在进行小课题研究和解决种植过程中遇到的问题时，学生的科学探究能力和创新思维得到了锻炼和提升。

生态环保意识与社会责任感的增强。学生对生态环保有了更深刻的理解，树立了保护环境、促进可持续发展的社会责任感。

团队合作与家校共育的深化。活动中教师、学生和家长的紧密合作，增进了彼此间的理解和信任，加强了家校共育的合作机制。

身心健康与全面发展的促进。参与户外种植活动有助于学生放松身心，缓解压力，促进他们的身心健康和全面发展。

② 经验反思

充分尊重学生主体性。在活动过程中，教师应充分尊重学生的主体性，让他们自主设计、自主实践、自主管理。教师只起到指导和辅助的作用。

评价机制待完善。建立一个更加全面和客观的评价体系，不仅要包括对最终成果的评价，还要包括对学生参与度、团队合作精神、创新能力等的评价。

跨学科实践待深度融合。尽管尝试了跨学科实践，但实际整合还不够深入。教师要加强各学科之间的协调和整合，设计更多能够体现跨学科特点的活动任务，提升学生的综合运用能力和跨学科思维。

（案例来源：姚琴）

案例四："声入人心"七年级班级合唱活动

（1）案例概述

① 案例背景

《义务教育艺术课程标准（2022年版）》强调要"重视加强合唱教学，使学生感受多声部音乐的丰富表现力，培养群体意识及协调、合作能力"，确保学生"在歌唱表现中享受到美的熏陶"。班级合唱作为一种集体艺术形式，不仅能够提升学生的音乐感受力、表现力、审美力等音乐素养，还能培养学生团队协作、情感表达和审美能力，在培养高尚情操、激发创新意识等方面有着重要的意义。因此，学校决定在班级中开展合唱活动，以音乐为纽带，促进学生的全面发展。

② 案例目标

学生通过合唱活动提升音乐兴趣和审美能力。

学生通过合唱活动增强团队协作意识、集体荣誉感和归属感。

学生通过合唱活动，发展情感表达和沟通交流能力。

（2）内容设计

学校七年级合唱活动以"声入人心"为主题，旨在通过合唱的形式，让学生感受音乐的魅力，提升音乐鉴赏能力，同时培养团队合作精神和集体荣誉感。活动分为三个阶段：

① 活动前期

结合学生兴趣选择表演作品。学校各班级在音乐老师的指导下，根据班级特点和学生音乐水平，选择适合合唱的曲目。曲目要求内容积极向上，能够体现学生的青春活力和班级特色。本次活动共推荐了《鼓声》《唱脸谱》《东方之珠》《回忆》《青春舞曲》《思念》《军港之夜》《丢丢铜仔》等耳熟能详曲目。

分析作品。合唱使音乐更广阔，音色更丰富，形式更多样，表现力更强大。因此，教师在合唱教学前需要做好充足的案头工作，帮助学生准确把握词曲作者的审美要求，熟悉各个声部，还要挖掘作品的精彩片段和难点部分，对作品曲式、旋律、歌词、音域、风格、情绪、伴奏乐器、速度、力度的变化、气息控制、动作编排及指挥手势等进行总体设计，以便学生更准确地演绎作品。

② 活动中期

引导学生树立正确的合唱理念。

第一，教师指导学生进行发声训练（基本要求：集中、统一、清澈、甜美）。

第二，教师进行识谱教学，让学生在学习歌曲时能准确地读谱。

第三，教师指导学生进行简单视唱练耳训练，加强音准和节奏的把握。

第四，教师指导学生欣赏优秀的合唱作品，让学生感受人声的丰富表现力与美感。

第五，教师指导学生学习演唱作品，通常按照以下几个步骤。

• 分声部。音准不好的学生放到旋律声部（避免放低声部），教师也可以根据学生音色的亮度或者音域的特点分配声部，音色亮的放高声部，暗的放低声部，再根据声部均衡的要求调整人数。

• 按声部教唱旋律。教师要重视读谱，重视中低声部的演唱。低声部的学生能准确地唱词后，与高声部的学生结合时，教师要重新组织唱谱，几个声部都能结合后，还要组织多次唱谱。

• 加强正确的咬字、吐字的训练。正确的咬字、吐字是唱歌的重要基本功，是表达作品思想内容的手段之一。在咬字吐字训练中，教师需要对一些容易混淆的字音及方言的口音进行单独的训练，及时纠正错误的发音，训练不同声母的口型，使学生自然圆润地发声，逐步养成习惯，以保证合唱时声音协调统一，歌声生动形象、清晰感人，从而达到最佳的演唱效果。

• 队形编排。对于音量大、音准好的学生，教师尽量将他们排在后面；对于音准不好的学生，教师可以考虑排到每一排的旁边。

• 作品处理。教师要找出作品的高潮部分，围绕该部分进行速度、力度、唱法、段落等方面的设计，务必做到层次鲜明，结构清晰，重点突出。

• 合排作品。排练过程中，学生要相互协作，密切配合，共同克服困难，提高合唱水平。

③ 活动后期

结合学生兴趣和年龄特点开发校本合唱教材。

（3）实施过程

① 准备阶段

学校成立合唱活动组织委员会，确定活动方案，明确活动目标、人员安排、内容和要求。各班级成立合唱小组，确定曲目和排练计划，如表 5 所示。

② 排练阶段

各班级按照排练计划进行排练，音乐教师负责指导和监督。在排练过程中，为了解决学生在音准、节奏、发声、配合等方面的困难，不断提高合唱水平，学校制订了科学的教学实施计划。

表 5　班级合唱课时安排表

课时	主要内容	理论讲授课时	实训课时
1	中外合唱发展史 合唱的特点、类型、队形和概念等 歌唱器官与发声原理 歌唱的发声技巧	1	0
2	嗓音保护与训练、合唱的呼吸训练	0.25	0.75
3	合唱的呼吸训练、合唱发声训练	0.25	0.75
4	歌唱的识谱、音准、节奏训练	0.35	0.65
5	歌唱的共鸣、咬字、吐字训练	0.35	0.65
6	合唱的多声部训练，力度、速度的渐变训练	0.35	0.65
7	合唱作品选择与演唱	0.5	6—8
8	艺术节演出或艺术展演比赛	0.25	0.75—2

③ 演出阶段

在学校音乐会上，各班级按照顺序进行合唱演出。在演出过程中，学生需要高度集中，发挥最佳水平，展现班级风采。评委根据各班级的演出表现进行评分，最终评选出优秀合唱班级。

④ 评价阶段

《义务教育音乐课程标准（2011年版）》中指出："音乐课程评价应充分体现全面推进素质教育的精神，着眼于评价的诊断、激励与改善的功能。"基于以上解读，合唱课程以音乐课程目标的实现为评价的基点，应建立多元化的评价机制。

注重课堂中即时性评价。合唱课程中，教师经常会设计一些新颖、多元的即时性评价方法，成为"点石成金"的教学法宝。例如，在合唱PK赛中，教师先组织学生现场演唱并录音，再播放录音，并和专业合唱团表演的音频进行对比，让学生找到自己与专业合唱团之间的差距，然后进行形成性评价和定性评价；最后，学生在歌曲演唱的速度、力度、状态等方面进行调整。这一过程不仅突出了学生的主体地位，也提高了学生的审美与表现力，在激发学生学习兴趣以及提高排练效率等方面有着显著成效。

定期开展形成性评价。合唱的学习是一个发展变化的过程，教师定期组织一些有趣的活动进行阶段性的评比。例如，在作品考核中，教师把作品的每个声部的弹奏和演唱的声音录下来，发给学生，让学生在线上提交音频作业，进行自评和互评、他评与师评。教师再将每个学生的演唱作品收集整理，制作成学生的"音乐成长档案"，成为形成性评价的佐证材料。

分阶段确定终结性评价考核方案。该方案中，过程表现占20%，强调在合唱教学活动中关注学生的课堂表现、作业反馈情况、出勤率三个方面。该方案中，定期考核占20%，教师通过抽查、分声部考核、全员考核等方式检测学习达成度，包括歌唱技巧、作品理解与情感表现、歌唱音准与完整性三个方面。该方案中，校园文化活动考核占30%。校园文化活动是推进合唱教学的重要手段，教师结合校园文化艺术节、社团节演出活动、长沙市"三独"比赛、长沙市班级合唱合奏比赛进行记录和考评，并找出表演中存在的不足，及时改进，达到事半功倍的教学效果，如表6、表7、表8所示。

表 6　过程表现评价表

评价内容		评价标准	权重	分项得分	评价结果
课堂表现	课堂态度	上课态度端正，积极主动	20%		
	课堂知识掌握	能够积极动脑，掌握歌唱发声的基础知识及技巧	40%		
		能够主动地理解、表现歌曲的思想内涵			
作业反馈情况		课外练习效果较佳，作业完成好	20%		
		参加音乐实践及声乐演出次数较多、效果较好等			
出勤率		按时参加训练，不迟到、不缺席	20%		

表 7　定期考核评价表

评价内容	评价标准	权重	分项得分	评价结果	
				总评成绩	定性描述
歌唱技巧	歌唱位置统一	50%			
	气息稳定、通畅				
	吐字、咬字、行腔基本准确到位				
	声音流畅、圆润、优美				
作品理解与情感表现	作品情感理解基本到位	25%			
	基本把握歌曲的思想感情				
	有效控制，适度地抒发情感				
歌唱音准与完整性	演唱音准、节奏准确	25%			
	演唱完整、流畅，一气呵成				

表 8　校园文化活动考核评价表

评价内容	评价标准	权重	分项得分	评价结果	
				总评成绩	定性描述
长沙市班级合唱合奏比赛	积极参加排练和比赛，遵守排练和比赛纪律	50%			
	声音悦耳，动作自然，能声情并茂地表演作品				
长沙市"三独"比赛	一等奖30分、二等奖20分、三等奖10分	30%			
校园文化艺术节	积极参加班级合唱排练和比赛	10%			
	组织排练和比赛纪律，在排练中起到示范、引领作用				
社团节演出活动	积极参加排练和演出，遵守排练和演出纪律	10%			
	声音悦耳，动作自然，能声情并茂地表演作品				

该方案中，总体评价占30%，从学生能力出发，全面、综合地进行，分一级指标、二级指标。一级指标包括平时评价和期末评价；二级指标包括教师评价，学生自评、互评、他评，表演得分和综合能力评价。最后，教师按综合评价的结果，给予学生最终考核等第，评选部分"优秀学员"，如表9所示。

表9 总体评价表

学生学年合唱学习评价	一级指标		二级指标			综合评价结果
	内容	权重	内容	权重	分项得分	
	平时评价	50%	教师评价	30%		
			互评、自评、他评	20%		
	期末评价	50%	表演得分	20%		
			综合能力评价	30%		

（4）育人效果

提升音乐素养。通过班级合唱活动，学生学会了基本的发声技巧与合唱配合，还学会了如何发挥舞台表现力，音乐素养得到了有效提升。

培养团队合作精神。在排练和演出过程中，学生需要相互协作、密切配合，共同克服困难。这种团队合作的经历让学生学会了倾听他人、尊重他人、支持他人，培养了团队合作精神。

增强集体荣誉感。通过班级合唱的形式，学生共同为班级荣誉而战。演出成功后，学生会感到自豪和满足，从而增强了学生对班级的认同感和集体荣誉感。

提升综合素质。班级合唱活动不仅锻炼了学生的音乐才能，还培养了他们的审美力、表现力和创造力等综合素质。这些素质的提升对学生的全面发展具有重要意义。

弘扬传统文化、树立文化自信。通过学习和演唱传统歌曲，学生深入了解并感受传统文化的魅力，激发对传统文化的热爱，增强文化自信，从而认识到传统文化的独特价值和不可替代性。

（5）经验反思

活动中要注重声乐基础的培养。在合唱活动中，一些学生缺乏声乐基础。因此，在今后的活动中，教师需要更加注重对学生声乐基础的培养，提高他们的音乐素养。

曲目选择要充分考虑学生的年龄特点和音乐水平，确保曲目不仅适合学生演唱，还能够激发学生的兴趣和热情。在今后的活动中，教师可以尝试引入更多不同风格和难度的曲目，供学生选择，让学生接触更多类型的音乐作品，从而拓宽他们的音乐视野。

分声部教学要细致入微。作为合唱活动的关键环节，分声部教学需要教师对每个声部进行细致入微的教学，确保每个学生都能掌握自己声部的旋律和节奏。

通过班级合唱活动，教师深刻认识到艺术教育在学生全面发展中的重要作用，也看到了合唱活动在育人方面的独特优势。学校将继续探索和实践，为学生的全面发展贡献更多的力量。

（案例来源：毛德凤）

（四）"四季养心"系列活动实施策略与案例解析

1. 系列概述

（1）设计背景

21世纪初，有学者提出"自然缺失症"的概念，认为现今的生活环境导致儿童与自然的关系被割裂，这可能导致身心功能失调，甚至引发疾病。中学生每日与时间赛跑，努力提高学业成绩，闲暇之余，他们往往借助电子产品解压，较少亲近自然，缺乏对四时之美、生命之美、生活之美的情绪感受和积极认知，容易出现负面情绪、缺乏活力和心理能量的恢复能力。如何修复中学生与自然的关系，促进中学生健康发展，需要学校心理健康教育工作积极关注和思考。

（2）理论依据

自然联结，指人们在情感和经验上与自然联系在一起并感到归属于自然的程度。[1] 它反映的是人与自然之间的一种亲密关系，个体从情感上对自然产生依恋，从认知上将自然与自我合为一体，从身体体验上感受自然的吸引力，愿意与自然共处。[2] 自然联结是自然影响人类的重要心理机制之一，自然联结的水平越高，心理发展可能越好。[3] 已有研究证明，自然联结可以促进个体的积极情感体验和积极认

[1] MAYER F S, FRANTZ C M. The connectedness to nature scale: A measure of individuals' feeling in community with nature [J]. Journal of Environmental Psychology, 2004, 24（4）: 503—515.

[2] 李一茗，黎坚，伍芳辉. 自然联结的概念、功能与促进 [J]. 心理发展与教育，2018, 34（1）: 120—127.

[3] CERVINKA R, RÖDERER K, HEFLER E. Are nature lovers happy? On various indicators of well-being and connectedness with nature [J]. Journal of Health Psychology. 2012, 17（3）: 379—388.

知，从而增强生命活力、促进社会功能健康发展。①

（3）育人价值

学校通过序列化开发和实施"四季养心"系列活动，在认知方面，让学生增强自然联结意识和对生命的理解；在情感方面，让学生提升对自然和生命的热爱；在行动方面，让学生掌握自我调节的方法和技能。

（4）实施概览

"四季养心"系列活动以心理健康教育为媒介，面向开课年级，结合四季的特点选取契合的心理主题，开发系列活动课。在每堂课上，教师通过设计不同形式的活动创造学生接触自然的机会，这不仅增强了学生对自然的认识和感受，也促进了他们对自身生命的理解与热爱，如表 10 所示。

表 10 "四季养心"系列活动内容

季节	课程	核心概念	目标	自然联结活动	收获	评价工具
春	春生	希望	增强希望感	春日护花·达己之旅 课前：查阅花种养护知识 课中：学习希望感实现路径，角色代入种子的成长过程 课后：花我共成长，增强希望感	希望手账	S-L 反馈表
夏	夏长	心理活力	恢复心理活力	夏日元气故事 课前：收集夏天 课中：学习恢复活力的方法，想象恢复元气的场景 课后：实践——把自己放进恢复元气的夏日场景，增强活力	元气驿站	元气表
秋	秋拾	积极情绪	收获积极情绪	秋日曼陀罗拼贴画 课前：走进秋天，拾秋日植物 课中：学习情绪曼陀罗的创作方法，用秋天的植物完成曼陀罗拼贴画 课后：走进秋天，强化积极情绪	秋日"曼"语	积极词汇报告
冬	冬藏	心理能量	储藏心理能量	冬日九宫格 课前：寻找冬日储能物品 课中：学习恢复心理能量的方法，创作冬藏九宫格 课后：感恩冬日人事物，为心蓄能	暖心九宫格	能量条

---

① CAPALDI C A, DOPKO R L, ZELENSKI J M. The relationship between nature connectedness and happiness: a meta-analysis[J]. Frontiers in Psychology，2014（5）：976.

2. 实施策略

（1）系统规划，序列推进

本着有用性和自然联结真实性的原则，根据四季变换规律，学校结合学情、校情，系统规划年度课程，最终确定课程名称为"四季养心"，每季安排 1 课时。课型借鉴项目化学习方式，是以学生的学为主的活动体验课，主题（核心概念）包含希望感、积极情绪、心理能量和心理活力。

（2）有理有据，科学设计

课程开发前，团队成员历时半年时间查阅、研读大量文献和相关书籍，组织线上线下读书会 10 次，集体备课 5 次，组织研讨课 4 次，寻找充分的理论依据和有效的教学设计，最终根据四季特点，找到理论依据，设计趣味活动。

① 春生——希望理论模型

斯奈德的希望理论认为，希望作为一种认知特征，是以目标为核心，包含路径思维和动力思维的融合体。

② 夏长——活力理论模型

活力是个体能够运用身体和心理的能量，展现个体富于生机和希望的精神面貌和行动有力的状态。体育锻炼、冥想、改善外在物理环境和人际环境可以增强心理活力。[1]

③ 秋拾——曼陀罗绘画疗法

在心理学中，曼陀罗是指具有神圣意味、结构严整，方圆结合的图形，被分析心理学创始人荣格引入心理治疗。曼陀罗绘画是表达性艺术治疗的一种方法，在创作过程，个体将自我潜意识的内容投射到曼陀罗中，在色彩与秩序间，情绪、行为与思维认知得到平衡，压力和焦虑得到缓解。

④ 冬藏——心理能量模型

心理能量是指我们拥有的应对压力的心理资源，包含活力、动力、能力三个方面。活力，指精力旺盛、态度积极、行为主动、情绪昂扬；动力，指意志坚忍、行

① 宋洪波，符明秋，杨帅.活力：一个历久弥新的研究课题［J］.心理科学进展，2015，23（9）：1668—1678.

为坚持；能力，指认知能力，问题解决能力等。①

（3）"三步—四阶—五行"教学策略

"四季养心"系列活动课教学设计遵循"三步—四阶—五行"策略（如图4、图5）。

"三步"是指三步走实施路径，即行动体验、认知转化、情感领悟；"四阶"是指四阶段教学环节，即暖身阶段、转换阶段、工作阶段、总结阶段；"五行"是指通过五种行动亲近自然，五种行动分别为种、放、拾、藏、创。

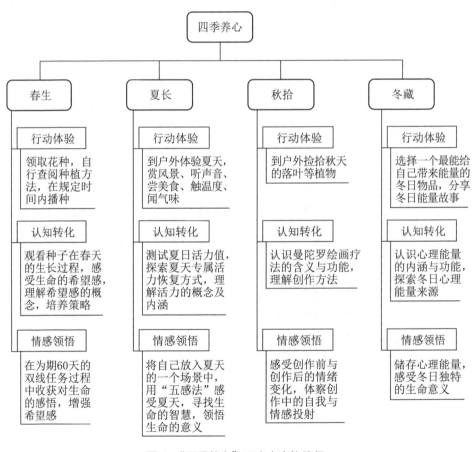

图4 "四季养心"三步走实施路径

---

① 陈建文.青少年社会适应的理论与实证研究：结构、机制与功能［D］.西南师范大学，2001.

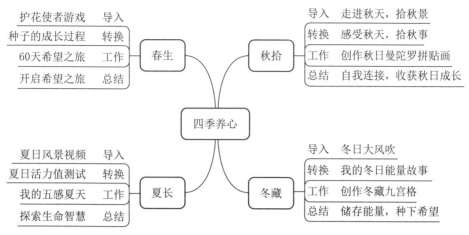

图5 "四季养心"四阶段教学环节

① 可视化评估，有效反馈

每节课注重及时反馈，既帮助学生增强获得感，又有效评估教学效果。4 节课分别采用自我报告的形式，通过前后测和质量评估相结合的方式对学生自我成长和教学效果进行可视化评估。评价工具分别为，春季的"S-L 反馈表"、夏季的"元气表"、秋季的"积极词汇报告"、冬季的"能量条"。

② "三好"保证，协同落地

课程实施与效果达成离不开学校提供的"三个好"。"一好"是学校心理健康教育理念好，学校秉承"活力教育"理念，因此，心理健康教育工作以促进为主，"四季养心"课程注重培养学生心理素质，增强心理活力。"二好"是学校搭建的心育平台好，心理课、5·25 心理节为"四季养心"课程搭建了绝佳平台，学校心理健康教育课严格按照课表执行，开足课时，这为"四季养心"课程的持续实施提供了强有力的保障；5·25 心理节为成果评价搭建了展示平台，将"四季养心"课程中的作品作为心理节的一项展示活动，让学生的参与热情和重视程度更高。"三好"是学校心育工作协同机制好，学校党委引领、教育处组织、心育团队研发、年级组落地的机制，让"四季养心"课程从研发设计到实施落地一路畅通。

3. 案例解析："四季养心·春生"活动

（1）案例概述

春天的重要关键词就是"希望"，希望感对个体是一种重要的心理资源，拥有希望感的人更乐观、有活力，目标感更强，面对挫折困境时更有心理韧性。为此，围绕希望、链接、行动，教师设计了"春生"活动，将学生的希望感培养和春天的植物生长结合起来，通过设定个人 60 天成长目标与植物生长目标，在植物培育与个人目标达成的过程中体验生命的希望感，增强学生的自我效能感和掌控感。

（2）活动内容

为了让活动持续且有效地落实在日常的学习生活中，教师将活动分为课上教学启动和课后实施践行两个部分。

① 课上教学启动

在暖身阶段，教师用歌曲《春天花会开》调动氛围，调动学生的感官，让学生感受到春天里万物复苏、莺啼燕语的生机、欢快和希望。

在转换阶段，教师借"春天的希望感是从哪来的？"引发学生思考，借用一颗种子的成长之旅，得出春天的希望有一部分来自种子的生长过程的结论。以此类比，学生挖掘出自身获得希望感，也需要经历明确"希望"目标、执行"希望"计划的过程。

在工作阶段，教师引导学生通过击鼓传花游戏许下希望，传递希望。首先，教师让学生花 3 分钟许下一个希望，将"我希望，在接下来的 60 天里……"补充完整。然后，教师让希望之花跟随音乐在学生手中传递，音乐停时，拿到花的学生分享自己 60 天里的希望。

学生分析可实现的"希望"的特点，如可量化、具体、有时限、有挑战但能克服等，在分析的过程中，评估、完善春天里许下的希望。

教师讲解希望感实现的路径——"G-POWER"策略：G 表示 Goal（目标），P 表示 Path（途径），O 表示 Obstacle（障碍），W 表示 Will（意志力），E 表示 Evaluate（评估），R 表示 Rethink（重新思考）。借助填表格的方式，教师让学生将"希望"拆解成 6 个内容，仔细评估实现"希望"会遇到的困难、可借助的资源、能采取的办法，从而增强课程的研究性，使之更贴合实际。

教师介绍"护花·达己"双线任务。

任务一是"护花"。春回大地，万物复苏。教师邀请学生在立春时节播种希望的花种，静待花开。学生通过查找资料、请教生物教师或访问有种植经验者的方式，了解所选花种的播种、养殖方法，并完成播种任务。然后，学生根据种植方法和注意事项养花，该期间需对花的生长全过程进行观察，并记录在"希望手账"上。

任务二是"达己"。万物复苏，每一个学生也是充满希望的。在新学期，教师倡导学生设置一个小到不可能失败的目标，并按计划坚持，让"希望的我"与"希望之花"一起成长，并将成长历程记录在"希望手账"上。

在总结阶段：教师分享上一届学生的活动收获，并借用《小王子》的故事总结活动的目的和意义，祝愿学生"万物随春醒，美好皆可期，播种春意收获希望"。

② 课后实施践行

第一步，行动体验。学生完成双线任务。"护花·达己"双线任务全程共 60 天，分两个阶段。自播种当天起至第 28 天为第一阶段，第 29 天至第 60 天为第二阶段。学生每周须在"希望手账"上完成"护花·达己"周记，写下观察、行为和收获，第 28 天填写阶段性"护花·达己"的感悟。学生拍照记录"希望之花"与"希望之我"的成长过程，任务结束后，将"希望之花"生长的过程拼成九宫格图片并将其和实现自己小目标的证明贴在"希望手账"上。最后，教师倡导学生和培育出来的"希望之花"合影，为花取名，赋予花语。有兴趣、有条件的学生还可制作 1 分钟左右的视频。

第二步，认知转化。教师借助种花、护花的过程，让学生通过亲身体验，感悟希望的内涵、实现希望的途径，体验创造希望的过程，领悟"希望之花"的绽放来源于日复一日的成长，"希望之我"的实现得益于细小长久的坚持。

第三步，情感领悟。学生在活动结束后进行总结回顾，将认知体验转化为情感领悟。陪伴是长情的告白，"希望之我"与"希望之花"的陪伴，温柔了岁月，见证了成长。学生在 60 天里，对生命力、希望、陪伴、坚持有了更深的领悟。

（3）育人效果

在"春生"活动中，学生采用自我报告的形式，借助"S-L 反馈表"对自我成长进行可视化评估。其中，"S-L 反馈表"包括项目学习后的感受与项目学习后学到的知识、技能等。在学生的反馈中，这些成长体现在以下方面：

体验生命成长与自然希望感的联结。在 60 天"护花·达己"之旅中，学生不仅能从养护植物的过程中感受生命生长的希望感，个人的成长希望感也在逐步接近目标的过程中得到提升，实现植物与个人成长的双向并行，增进与自然的联结，丰富生命体验。

促进责任意识与习惯养成。在活动过程中，学生坚持每天做一件事，有养护植物的责任意识，也有对自我成长小目标的坚持，比如坚持运动、练书法、背单词等。

增强获得感，强化积极自我认知。除了在活动回顾与反思中获得价值感与成就感，学生还能够有效提升对自己能力、兴趣、个性品质等方面的正向认知。比如学生在反馈中提到，在60天里获得了体能上的提高、学业上的进步等。他们或突破了短板，或发展了长处，这段经历过程使学生对未来成长更有信心。

提升心理韧性，积累应对挫折的经验方法。完成活动的过程中，学生会遇到困难、挫败或意外特殊情况，比如在养护种子时，种子迟迟不发芽、种子发育不好或种子营养不足等；比如学生因身体不适、特殊事件、天气变化等无法按时完成当日计划，需要及时寻找应对措施等，解决这些困难能够增强学生应对困难的心理韧性，积累丰富的经验方法。

迁移技能方法。在为期60天的活动过程中，学生获得的不仅是行动上的实践，更是方法上的迁移。如何制定目标、如何寻找实现目标的方法、如何及时发现并解决问题、如何总结复盘和调整计划，等等，这些技能都会被迁移运用在学生未来的成长中。

（4）经验反思

教师应在课堂上留出更充足的时间给学生树立合适的小目标，并给他们小组分享的时间，从而夯实起点，形成团体动力，增强参与的意愿。

教师可以调动多方资源保障活动有序进行，比如，充分调动家长的积极性，组织家长和学生一起"护花·达己"，倡导班主任把"护花·达己"当作一个班级共同活动，营造良好的班级氛围。

教师应增加定期交流的环节，每半个月和学生交流"护花·达己"活动中的收获与困难，让阶段性的反馈促进活动的持续。

（案例来源：孟莉）

第三节　活动育人序列经验总结

在新时代教育背景下，学校匠心独运，构建了"三三四四"活动育人序列，为学生搭建了一个全方位发展的广阔平台。这一系列活动不仅主题鲜明、内容充实，而且组织严密、评价科学。学校精心策划每一个环节，确保学生在参与过程中得到充分的锻炼和成长；同时，通过有效的评价和反馈机制，学生及时了解自己的进步与不足，明确未来努力的方向。在"三三四四"活动育人序列的熏陶下，学生不仅树立了正确的理想信念，更在知行合一的实践中不断体验、学习、思考和提升。长郡双语实验中学的实践表明，通过创新的活动设计和科学的管理评价，可以有效地促进学生的个性化成长和全面发展，也为其他学校提供了宝贵的经验和启示。

一、明确价值导向，融合时代精神

在长郡双语实验中学，"三锋"系列实践活动不仅是对传统价值的传承，更是与时代精神的融合。学校通过迎"锋"而上活动，组织学生学习雷锋的生平事迹，让学生了解雷锋精神的历史背景和时代意义；在追"锋"之路的活动中，学生参与社区服务，如帮助孤寡老人、参与环保活动等，在实践中体会雷锋精神的现实价值；在新"锋"人物活动中，教师推选和宣传身边雷锋式的人物，讲述他们的感人故事，让学生看到雷锋精神在当代社会的生动体现。这些活动让学生在参与中感悟，在感悟中成长，逐步建立起正确的世界观、人生观和价值观。

二、深化知行合一，强化实践应用

"三超市"系列体验活动是长郡双语实验中学实践教育的重要组成部分。具体来说，爱心义卖超市鼓励学生通过爱心义卖的活动，在买与卖的过程中，提升组织能力、合作意识、理财能力，同时培养社会责任感和团队协作精神。劳动成果超市通过组织学生参与校园清洁、生态种植劳作、家务劳动、创意手工劳动等活动，让劳动的成果被看到、能交换、有价值，让学生在劳动中体会到付出与收获的喜悦，培养学生的劳动观念和实践能力。拓展课程超市提供了多样化的选修课程，让学生根据自己的兴趣选择学习内容，如编程、绘画、音乐等，这种自主选择的过程本身就是一种学习。

三、鼓励个性成长，促进全面发展

"校园四节"系列活动是长郡双语实验中学促进学生全面发展的重要平台。

阳光体育节通过举办各类体育比赛和活动，如篮球赛、足球赛、运动会等，激发学生的运动兴趣，增强体质，培养团队合作精神和竞争意识。

缤纷艺术节为学生提供了展示才艺的舞台，如音乐会、戏剧表演、美术展览等，让学生在艺术创作和表演中发展个性，提高审美力和创造力。

魅力学科节通过学术竞赛、讲座、展览等形式，激发学生的学术兴趣，提高学科素养，培养探究精神和创新能力。

快乐劳动节通过组织学生参与校园美化、种植等活动，让学生在劳动中学习技能，体验劳动的快乐，培养责任感和自主能力。

四、注重情感教育，提升心理健康

"四季养心"心理系列活动是长郡双语实验中学关注学生心理健康的重要举措。春季，学校组织新生适应性活动，帮助学生尽快融入新环境，建立良好的人际关系。夏季，学校开展人际交往工作坊，教授学生有效的沟通技巧，提升人际交往能力。秋季，学校举办感恩主题教育活动，引导学生学会感恩，培养积极的人生态度。冬季，学校开展压力管理工作坊，教授学生应对学习压力和生活压力的方法，提高抗压能力。此外，学校还设有心理咨询室，为学生提供专业的心理辅导服务，帮助学生解决心理问题，促进学生心理健康。

五、实施系统规划，确保持续优化

长郡双语实验中学的活动育人工作是在系统规划的基础上进行的。学校成立了专门的活动育人领导小组，负责活动的总体规划和实施。每学期初，领导小组会根据学校的整体教学计划和学生的成长需求，制订详细的活动计划，包括活动的目标、内容、时间安排、预期成果等。在活动实施过程中，领导小组会定期召开会议，跟进活动的进展情况，及时解决活动中遇到的问题。活动结束后，领导小组会组织教师、学生和家长进行反馈，对活动效果进行评估，总结经验教训，为下一次活动提供改进的依据。此外，学校还注重利用信息技术手段，如建立活动育人管理平台，实现活动的信息化管理，大大提高了活动的组织效率和管理水平。

六、实施全面评价，确保育人效果

活动育人的成效需要通过科学的评价体系来衡量和保证。在活动育人实践中，长郡双语实验中学特别强调建立并实施一个全面、公正、透明且具有反馈机制的活动评价体系。通过实施全面的活动评价，长郡双语实验中学能够确保活动育人工作的有效性和持续性，不断优化活动育人策略，更好地服务于学生的全面发展和个性化成长。

第五章
实践育人序列

第一节　实践育人的概念及归因

一、实践育人的概念与价值

（一）实践育人的概念

实践育人是指学校通过组织各种实践活动，如综合社会实践活动、志愿服务实践行动、跨学科综合实践活动等，来提高学生的综合素质和创新能力的一种教育模式。这种模式旨在拓宽学生的社会知识面，提升学生的综合实践本领，涵养深沉的家国情怀。

实践育人具有鲜明的社会性，授课的主要地点在学校之外，授课地点的选择与授课内容相适应。当然，与之相关的前置课程和后置课程可以在校内完成。实践育人的过程更加强调学生的主体地位，过程中必须体现学生的实践与反思，教师在实践育人中的角色是倾听者和指导者，家长在实践育人中的角色是见证者和陪伴者。学校在实践育人的实施过程中要积极挖掘社会各方面的资源，争取资源所属部门的支持。

实践育人课程在实现学校德育目标方面效果显著，能够让学生在深度体验一次后便有强烈的获得感，进而爱上这类课程。实践育人课程的德育目标与德育总体目标在内容上是相适的，它能够培养责任意识、坚定"四个自信"、促进全面发展。在目标的达成方面，它是德育课程中最具外显性和可靠性的。实践育人课程的主体是学生，教师通过观察、指导学生，能够较明显地感知到学生在自觉行为中是否已经达成了德育目标。同时，由于育人过程的实践性，学生已经将道德认知运用在实践活动中，实践目标的达成和反馈又可以进一步让学生内化道德认知，达到螺旋式上升的效果，进一步稳固德育目标的达成。

（二）实践育人的价值

1. 提升知识整合应用能力

通过实践育人，理论与实践的结合，学生能够将课堂上学到的理论知识应用到实际生活中，加深对知识的理解和掌握。实践是检验真理的唯一标准，通过亲身体验，学生能够更好地理解理论知识的实际意义和应用价值，拥有知行合一的体验，也有利于学生将理论知识应用于实际问题的检验，通过实践检验所学知识，并以此为依据构建他们的理论知识网，为下一次更顺利地运用这些理论知识做好准备。

2. 提升团队分工协作能力

实践育人的教育活动一般是以团队为单位进行的，评价对象往往也不是个体，而是团队。因此，实践育人活动有助于培养团队合作精神，尤其是学生的团队协作能力和集体荣誉感。在团队合作中，学生需要学会与他人沟通和协调，这对提升学生的人际交往能力至关重要。

3. 激发创新思维实操潜力

实践育人往往需要学生发挥创造性思维，解决实际问题，从而锻炼和提升创新能力。通过参与社会调查、志愿服务等活动，学生能够提升自己的实际操作能力和问题解决能力。

4. 培养社会责任担当意识

实践育人可以增强学生的社会责任感。实践活动使学生走出校园，深入了解社会，增强服务社会的意识和责任感。实践育人活动可以提升学生的社会适应能力。通过与社会接触，学生能够更好地适应社会环境，提高对未来工作和生活的适应能力。实践育人还可以帮助学生树立正确的价值观，让学生能够更加深刻地认识个人价值与社会价值的关系，树立正确的人生观和价值观，培养学生用实际行动服务社会的意识，增强社会责任的担当意识，从而将小我融入大我。

5. 培养职业道德规范意识

实践育人可以帮助学生明确职业发展方向，了解不同行业和职业特点，为未来的职业选择和发展提供重要参考。通过实践活动积累的经验和技能，能够增加学生的就业竞争力，提高社会的就业率。对不同行业的从业者的工作内容、工作性质、工作精神有所了解，学生也会增强尊重劳动者、尊重各类劳动行业的意识。

6. 提高综合素质与竞争力

实践育人活动对学生全面发展有促进作用，有助于学生在德智体美劳五个方面全面发展，培养他们成为社会主义建设者和接班人的综合素质。实践育人有利于促进学生个性化发展，不同类型的实践活动能够满足不同学生的个性化需求和发展潜能，提升学生的社会竞争力。

二、实践育人的问题与原因

（一）存在的问题

1. 实践活动不多元，缺少创新性实践项目

许多学校实施实践育人时，往往采用传统的实习或社会服务等形式，缺乏多样性和选择性。这种做法限制了学生接触不同领域、体验不同角色的机会，降低了实践活动的吸引力和效果。

学校在设计实践活动时，往往缺乏创新意识，重复传统模式，忽视了创新的重要性。缺乏创新的实践活动难以培养学生的创新思维和创造力，不符合时代发展的要求。

2. 资源与条件有限，缺少稳定的实践基地

实践活动需要相应的设备和设施的支持，如实验室设备、实操工具等，这些资源的缺乏限制了实践活动的开展。稳定的实践基地是实践活动的重要保障，但目前许多学校面临实践基地数量不足的问题。实践基地的缺乏导致学生难以找到合适的实践机会，影响了实践活动的普及和深入。现有的实践基地在质量上存在差异，部分基地无法提供高质量的实践机会。

3. 互动与参与不足，缺少有效的互动与沟通

学生在实践活动中的互动参与不足和沟通的缺失，是当前的教育实践亟待解决的问题。这些问题的存在不仅影响了实践活动的效果，也制约了学生能力的全面发展。

4. 实践与理论脱节，缺乏教与践的有效衔接

实践育人中的实践与理论脱节，以及教学与实践的有效衔接不足，是当前教育领域面临的一个显著问题。主要原因在于：第一，课程设置不合理，实践课程与理论课程之间缺乏有机的联系，导致学生难以将理论知识应用于实践中；第二，教学

方法单一，传统的教学方法过于注重知识的灌输，忽视了实践能力的培养；第三，评价体系不完善，过于注重理论考核，忽视了实践技能的评价。

5. 活动针对性不强，缺少自身优势的考虑

实践育人活动的针对性不强，以及缺少对自身优势考虑的问题，是当前教育领域需要重点关注和解决的问题。其原因大体如下：第一，活动设计缺乏个性；第二，目标定位模糊，实践活动的目标和预期效果没有明确界定，缺乏具体的实施计划和评价标准；第三，社会需求考量不足，实践活动与社会需求不匹配，难以为学生提供真实的职业体验和就业指导。

（二）主要原因

1. 对实践育人的认识偏差

部分教师认为实践与理论是对立的，实践活动会挤占理论学习的时间，影响学生的学业成绩。这种对立观念忽视了实践与理论相辅相成的关系，实践活动本可以帮助学生更好地理解和应用理论知识。

实践活动局限于操作技能的训练，忽略了实践活动在培养学生的创新精神、团队协作能力等方面的作用。这种狭隘的理解限制了实践活动的多样性和深度，不利于学生的全面发展。

有观点认为，实践活动是教学理论的补充，是可有可无的环节。这种认知低估了实践活动在教育中的核心地位，实践活动应贯穿教育的全过程，而不仅仅是教学理论的补充。

2. 缺乏针对性的育人机制

首先，顶层设计缺失，具体表现为缺乏系统化、长期性的规划以及明确的培养目标和效果评估标准。其次，育人目标模糊。实践育人的目标应当具体、明确，应当反映社会需求并结合学生个人发展的要求。目前，一些实践活动的目的过于宽泛，缺乏针对性和实用性，不利于学生能力的实质性提升。最后，评价与反馈机制不完善。一个完善的评价体系对于优化教育过程、提升教育质量至关重要。目前，实践育人的评价体系不够科学、系统，缺乏对学生实践效果客观、公正的评估和及时反馈。

3. 社会层面的支持较为薄弱

第一，社会总体认识不足。在一些社会和文化环境中，人们往往更重视理论学

习，忽视实践活动。这种特定的观念影响了社会对实践教育的总体认识。第二，地方企业和非营利性公益组织是实践教育的重要力量，但其参与程度不足，协作机制不健全，影响了实践活动的开展。第三，资源整合困难，各类组织拥有的资源未被充分利用，它们与学校之间的资源共享程度仍然不高。

4. 考核评价机制不够完善

第一，评价标准不明确或不统一。实践育人缺乏具体的评估标准，在一些学校，实践活动的评估标准过于模糊，缺乏量化指标，导致评分主观性强，无法有效反映学生的实际操作能力。第二，过分依赖定量评价。实践能力的评价往往需要综合考量，单纯依赖定量评分（如分数、等级）难以全面评价学生的实际表现。第三，评价与激励机制脱节，激励措施不足。优秀的实践表现往往没有得到相应的奖励和表彰，不能有效激励学生的积极性和创造性。

第二节 实践育人序列设计与实施

一、实践育人序列建构

（一）明确实践育人的目标

实践育人的总体目标应该与立德树人的总目标相适应，致力于培养责任意识、坚定"四个自信"、促进全面发展。在目标的达成方面，它是德育课程中最具外显性和可靠性的。

（二）以跨学科融合为突破口

为响应时代需求和培育时代新人，教育部发布的《义务教育课程方案和课程标准（2022年）》提出，各门课程原则上不少于10%的课时设计跨学科主题学习，这体现了新课标鲜明的导向——跨学科学习。

跨学科性和综合性是跨学科学习的本质特征，它强调学科间的关联与整合，督促学校在开展教育教学时，不能仅重视学科自身的知识和技能，更要关注学科之间显性或隐性的联系，并在此基础上组织学习内容。因此，真实性、实践性、多样性和探究性是跨学科学习的一般特征，跨学科学习要结合真实生活，在实践中激发学生的实践与探究兴趣，使个人在参与群体活动的过程中，能够利用两个或两个以上的学科领域的知识、信息、理论等，探究具有真实意义的、与学科知识应用相关的难题，并整合相应观点，提出解决方案，以促进学生对知识的深度理解。

因此，学校在实践育人序列中充分融入跨学科的思想，正是对新课标的回应，是培养新时代建设者和接班人的实施策略。

（三）与综合实践育人相结合

综合实践育人分为社会连接型和志愿服务型。

社会连接型实践是指那些旨在增强个体与社会之间联系的各类活动。这类实践活动通常有助于提升参与者的社会责任感、增进对不同社会职业的理解、促进社会融合、加强公民身份的认同感。以下是一些社会连接型实践的例子。

1. 社区建设

加入社区规划与发展项目，例如社区园艺、公共空间改造、社区安全巡逻等。

2. 文化交流

通过参加民俗交流项目、多文化节庆活动等活动，了解和体验不同的文化。

3. 政治参与

参与选举活动、公民论坛、政府咨询会议等，了解社会运作的方式，增强社会参与感。

4. 职业体验

体验不同职业的工作内容，从中感悟普通劳动者平凡工作中的不凡，掌握基础的职业技能，树立远大的职业理想。

志愿服务型实践是一种以实践为主的教育方式，旨在通过参与社区服务活动，提升学生的社会责任感、团队合作能力、领导能力以及解决实际问题的能力。这种类型的课程通常结合了理论学习和实践活动，使学生能够在实际操作中应用所学知识，同时也能够对社会产生积极的影响。志愿服务型实践不仅能增强学生的实际能力，还能促进学校与社区的联系，是现代教育中不可或缺的一部分。通过这种实践，学生能更好地做好准备，进入社会，成为具有全球视野和社会责任感的公民（如图1）。

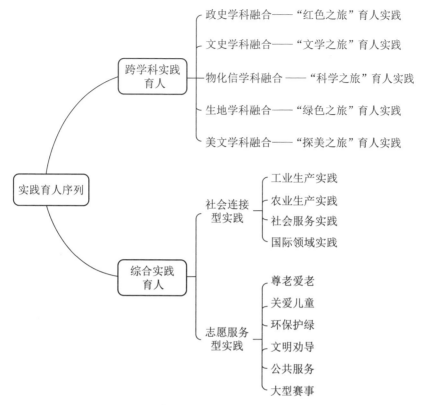

图 1　实践育人序列设计思维导图

二、实践育人实施策略与案例解析

（一）实施策略

1. 明确立德树人根本目标

实践育人作为育人方式之一，其总目标应与教育的根本目标保持一致，只是在实施过程、目标达成、评价反馈等方面与其他育人方式有所不同。

2. 明确全面发展活动目标

学生在德智体美劳五方面全面发展的达成，要求每个方面都应该有实践环节作为学习内化之后的效果检测。因此实践育人是实现全面发展的关键一环，可以说是一个学生能被评价为全面发展的最终标准。

3. 明确综合能力培养目标

通过实践育人，学生的实操能力、沟通能力、总结能力等多方面得到提升。

（二）案例解析

1. 概述

案例一：跨学科融合——生物、地理学科融合的"绿色之旅"育人实践

"绿色之旅"是一种长期的、以科学研究为导向的社会实践活动。它的育人目标是培养学生观察自然生物和地质结构的能力，了解我们生活的美丽星球，了解中国的地大物博，从而培养敬畏自然、热爱科研、保护地球的美好品质。这个目标既包含生物、地理两个学科知识的内化目标，也包含热爱祖国、热爱环保的德育目标。

案例二：社会连接型——"城乡手拉手，和谐共成长"育人实践

"城乡手拉手，和谐共成长"育人实践的目标是，让学生在实践中体验农村生活，养成吃苦耐劳、珍惜粮食的优秀品质。通过与农村同龄人结成成长伙伴，了解农村地区的教育、生活等状况，学生懂得珍惜自身的幸福生活；通过共同生活的方式，学生与农村同龄人建立深厚友谊，培养待人接物的能力；通过新农村调研，深入一线，学生看到社会主义进入新时代后农村生活的改善，培养感党恩、听党话、跟党走的朴素情感（如图2）。

图2 "城乡手拉手，和谐共成长"社会连接型实践

案例三：志愿服务型——"走进公共服务"志愿服务行动

人类社会的正常运行离不开如社区、图书馆、消防局、市政局、交通局、法院、医院等公共服务机构的支持。"走进公共服务"志愿服务行动的实施目标是让学生通过实践的方式，体验以上公共服务机构工作人员的内容，掌握一定的为人民

服务的技能；通过活动能够体会到相关工作人员的辛苦，培养学生尊重劳动、热爱劳动的意识，培养为人民幸福生活而努力的朴素情感（如图3）。

图3　学生在社区图书馆开展志愿服务

2. 团队组建

在组织"红色之旅"实践育人活动时，既需要指导教师有相关的历史知识，能够将实践内容和理论内容相联系，又需要团队中的指导教师能够抓住新时代中国对学生的政治要求，适时地给出指导。因此，在组建指导教师团队时，既需要历史教师又需要思政教师（如图4）。

图4　"红色之旅"跨学科实践

在组织"文学之旅"实践育人活动时，由于实践地点与中国古代文学有关，指导教师除了需要带领学生游历作者进行文学创作的地点，还需要具备一定的历史知识，了解作者创作的经济、社会、政治背景。因此，在组织此类实践育人活动时，需要语文教师和历史教师共同参与（如图 5）。

图 5 "文学之旅"跨学科实践

3. 家校社资源互通

在组织"环保护绿"实践育人活动中，学校充分利用家长资源。部分活动靠近水域，家长成为活动组织的安全员；活动需要学生学习相关知识后掌握一定的劳动技能，学会使用相关劳动工具，家长成为学习过程的辅导员；最后，家长与学生一同分享活动过程中的艰辛和活动成功的喜悦，成为学生实践成长的见证者。

在组织"走进工业生产"实践育人活动中，远大集团为学生实践学习提供了良好的社会保障。它是湖南省青少年教育实践基地，其公司内部设有相关的学习实践基地、展厅，有相对专业的讲解员为学生进行讲解，是非常优质的实践育人的社会资源。在长沙等地还有一系列的优质的社会资源，在组织相关活动时，教师可以查询教育行政部门网站。

4. 案例设计

"红色之旅"跨学科实践育人案例（如表 1）

表 1 "红色之旅"实践方案

课程时间	课程安排	课程内容
出发前	行前准备	1. 进行行前安全教育、纪律教育，强调自力更生，体验生活，懂得分享 2. 提前分好研学小组，端正研学态度，自觉维护纪律 3. 知晓出行事项，提前准备出行装备（文具用品、洗漱用品、运动鞋、校服、研学手册等必需物品），学生需自己看管好行李物品

续表

课程时间	课程安排	课程内容
		第一天
上午	研学启程	学校集合,乘坐高铁前往遵义,开启红色研学之行
下午	探访红色旧址	课程目标: 1. 实地感受革命先烈勇于斗争、百折不挠、不怕牺牲的革命精神 2. 铭记历史,弘扬以爱国主义为核心的民族精神,激励学生为实现伟大复兴中国梦而努力奋斗 现场教学: 1. 走进遵义,追寻红色足迹,接受红色洗礼,了解红军长征中的光荣事迹 2. 走访遵义会址,感受遵义会议的伟大与重要,学习实事求是、独立自主的伟大精神
晚上		入住遵义
		第二天
全天	重走娄山关	课程目标: 1. 增强学生的爱国意识,感悟现在幸福生活的来之不易 2. 体验娄山关的红色文化,感受当年红军战士的艰苦生活 现场教学: 1. 走访毛主席诗词馆,了解毛主席不仅是一名伟大的军事家、思想家、政治家、革命家,还是一名浪漫主义诗人 2. 重走长征路,学生背起行军包,扛起枪,走上艰难险阻的长征路,爬山涉水、跨独木桥 3. 游览参观娄山关战斗遗址,了解中央红军曾在这里与敌军展开的两次激烈争夺战并取得了长征第一次大捷的历史事件,感悟红军战士不怕牺牲、英勇奋战的革命精神和伟大的长征精神
晚上		入住贵阳
		第三天
上午	探寻中国天眼	课程目标: 多方面了解天文学,融合各学科知识,提升学生综合学习能力和科学素养 现场教学: 1. 探寻天文宇宙,在克度镇天文馆学习天文学的基础知识 2. 参观天象影院:了解恒星、行星、卫星的关系,探索太阳系八大行星的奥秘 3. 了解人类观天简史 4. 致敬"时代楷模""天眼巨匠"南仁东 5. 通过学习南仁东的先进事迹,学生感悟艰苦奋斗和为国家事业无私奉献的伟大精神

课程时间	课程安排	课程内容
下午	探寻中国天眼	课程目标： 走访天眼FAST，实地见识中国现代强国的成就，细观天眼之奇 现场教学： 1. 鸟瞰世界最大的单口径射电望远镜，追溯人类观天史，穿越茫茫宇宙，聆听来自外太空的声音（FAST捕捉到的脉冲星信号），深入了解太阳系 2. 小组讨论天眼的结构特点和创新之处，并对比射电望远镜和光学望远镜，说说它们的区别 3. 讨论天眼在天文观测中的作用及应用
晚上		入住平塘
第四天		
全天	探秘布依文化	课程目标： 深度体验民俗活动，积累艺术知识、技能与方法，理解和尊重文化艺术的多样性，增强文化认同，学会自觉传承和弘扬传统文化 现场教学： 1. 了解布依族欢迎仪式，现场观赏和体验布依族纺织技艺 2. 体验布依族打糍粑、制作五色糯米饭工艺 3. 学说一句布依话，学唱一句布依歌 4. 聆听布依族古乐《八音坐唱》，体验布依族舂碓磨辣椒、小米等活动 5. 巡游布依族民居，欣赏布依族建筑 6. 参与村民篝火晚会，体验风土人情
晚上		入住平塘
第五天		
上午		前往贵阳
	结营仪式	总结发言，评优颁奖
下午	研学返程	满载而归，结束充实而美好的研学实践活动

"文学之旅"跨学科实践育人案例

（1）活动目标："文学之旅"社会实践旨在通过探寻洛阳等文化重镇，体会中华文化的博大精深，体会各民族文化交融的特点，坚定中华文化自信。

（2）活动主题：踏访古都遗迹，传承千年文明

（3）实施过程

① 行前导学

观看纪录片《河南历史文化博览》。大型系列纪录片《河南历史文化博览》分

为《人物篇》《文物篇》《成语篇》《姓氏篇》《战争篇》五大篇章，该纪录片对中原文化做了一次全景巡览，将河南悠久厚重的历史影像化，展现一个立体真实的河南、令人骄傲自豪的河南。

阅读《河南通史》。《河南通史》并不是把河南从全国整体中割裂出来，孤立地写河南，而是把河南放在全国整体中，写全国整体中的河南。全书写出了从远古到中华人民共和国建立的历史，内容涉及政治、经济、军事、社会、文化、思想、教育、科技等方面。从纵向说，它是史；从横向说，它又是志。

召开行前学习大会，明确学习目标。教师要求学生搜集尽可能多的资料，了解本次行程中的博物馆、历史遗址等，绘制一幅学生自己心中的洛阳地图，引导学生查阅研学期间洛阳的天气情况，以此准备着装等出行用品，制作研学攻略。

围绕"踏访古都遗迹，传承千年文明"的活动主题，开展行前学习，教师对学生讲解目的地知识，深入挖掘学科知识。以小组为单位确定本组研学课题和研究方法，做好出发前的各项准备工作。

② 行中研学（如表2）

表2 "文学之旅"实践方案

课程时间	课程安排	课程内容
		第一天
上午	研学启程	学校集合，乘坐高铁前往河南省会郑州，开启历史文化研学之行
中午		享用中餐
下午	品读河南省博物院	课程目标： 1. 从历史等角度深入了解中原文明 2. 通过对文物的解析，感受古人的智慧，增强民族自豪感 现场教学： 1. 探秘河南省博物院，领取研学任务卡，争做国宝守护人 2. 在河南的文化地标内探寻，零距离接触改写中国音乐史的贾湖骨笛、或庄严大气或精巧灵动的青铜器物、被誉为"中华第一剑"的玉柄铁剑、代表西汉精神世界的四神云气图壁画、唐朝的唐三彩、北宋时期的各类陶器等著名馆内藏品，探寻国宝背后的秘密，了解中原文化的历史进程，领略中原文化奥秘
晚上		享用晚餐，完成研学手册

课程时间	课程安排	课程内容
		第二天
全天	走进"只有河南·戏剧幻城"	课程目标： 1. 了解厚重河南、红色河南、人文河南、艺术河南的历史，感受中原文化的魅力 2. 唤醒荣耀感和家国情怀，激发继续探寻河南的兴趣 现场教学： 1. 穿过百亩麦田，步入夯土墙围起的幻城，用专业的舞台剧、沉浸式的戏剧艺术课堂讲述中原文化的起源与变迁；学生观看《只有河南》主打剧目，沉浸式感受中原文化前世今生，感受河南精神，穿越河南历史，体会河南人的点滴日常和故土情怀 2. 走进"只有河南·戏剧幻城"，听龙门石窟暮鼓晨钟；看北宋都城东京汴梁的风土人情；了解河南铁路的发展史和二七纪念塔的由来；近距离观察农作物的生长变化
中午		享用晚餐，完成研学手册
		第三天
上午	习武少林寺	课程目标： 1. 了解中国佛教的起源与发展历程，了解少林寺的建筑特色 2. 促进学生对习武规则的认识与尊重，感悟尚武、重德、爱国的武术精神 现场教学： 1. 进入景区，到武术馆观看武僧精彩的武术表演 2. 参观千年古刹少林寺寺庙主体建筑，了解中国禅寺历史沿革 3. 到达塔林，了解历代高僧的故事以及塔林的寓意 4. 与少林武术教练零距离接触，学习武术的起源历史、发展过程等知识 5. 学习少林拳的基本拳法和套路
中午		享用中餐
下午	探源偃师二里头夏都遗址博物馆	课程目标： 1. 透过文物看历史，了解"最早的中国"的定义过程 2. 了解夏朝历史、二里头遗址考古成果、夏文华探索历程、夏商周断代工程和中华文明探源工程的研究成果 现场教学： 1. 聆听讲解，参观展馆，知晓二里头的考古历史 2. 对话镇馆之宝，发现文物背后的故事 3. 参与陶器修复体验活动
晚上	体验非遗美食	品唐朝特色宫廷宴席

续表

课程时间	课程安排	课程内容
\multicolumn{3}{c}{第四天}		
上午	品读龙门石窟	课程目标： 1. 探究魏碑书法艺术特点及不同朝代的书法演变 2. 了解石窟文化和宗教文化与政治的联系 3. 了解龙门石窟千年的历史发展脉络，了解"中原风格"石刻造像的成因 现场教学： 1. 了解中国古代石刻技艺，解读大唐的盛世文化 2. 在研学教师的组织下了解魏晋南北朝时期的承上启下作用 3. 了解龙门石窟经历的历史和变迁，感悟中国世代传承的匠人精神 4. 对比学习国内的另外两座著名石窟，分析其中的不同与关联 5. 在白园——唐代诗人白居易的归隐之地举行飞花令活动，共同吟诵名家诗篇，分组对抗，一决高下
中午	\multicolumn{2}{c}{享用中餐}	
下午	走进关林	课程目标： 1. 学习关羽"忠、义、仁、勇"的精神 2. 了解古代冢、庙、林的制度 现场教学： 1. 走进洛阳关林，跟着研学教师"沉浸式"欣赏关林美景 2. 聆听关公故事，学习关羽"忠、义、仁、勇"的精神
	参访隋唐大运河博物馆	课程目标： 1. 学习大运河的修建过程及其历史作用，了解大运河的线路及航运盛况 2. 探究大运河的变迁以及大运河与洛阳城兴衰的关系 现场教学： 1. 近距离观察从古洛河河道中打捞出的"洛阳运河一号"古沉船 2. 观看大运河的整体风貌，听运河水工的传奇故事，了解运河的漕运体系，身临其境地领略千百年来运河沿岸的繁忙景象
晚上	寻脉洛邑古城	课程目标： 探究古城建筑艺术 现场教学： 1. 走进洛邑古城，观赏道路两旁的古老建筑和灯笼摇曳的美丽夜景 2. 在古城内了解古今洛阳文化，了解洛阳市井生活，研究洛邑古城建筑的榫卯结构
\multicolumn{3}{c}{第五天}		
上午	探寻天子驾六博物馆	课程目标： 1. 学习周朝君主制度，感知周朝的森严礼制 2. 了解东周时期的乘舆制度、丧葬制度以及东城陵区的规模建制 现场教学： 走进洛阳天子驾六博物馆，了解当今世界上独一无二的"天子驾六"车马坑及东周墓葬遗存

续表

课程时间	课程安排	课程内容
上午	品读 应天门	课程目标： 了解古代城墙建筑艺术与水利工程中的发展史 现场教学： 1. 整体感知应天门 2. 欣赏巨幅壁画，感受武则天当年在应天门举行登基大礼的盛况 3. 走进应天门遗址博物馆
中午		享用中餐
下午	行走 明堂·天 堂景区	课程目标： 1. 通过隋唐洛阳城遗址，全面系统学习唐代历史、政治、经济、军事 2. 了解武周政治文化特点，认识真实的武则天，了解盛唐武周文化的辉煌 现场教学： 1. 探访明堂一层中心遗址大厅 2. 探寻历史上明堂的各个朝代明堂的建筑形制 3. 来到政绩厅，感悟一代女皇武则天在执政时期的政绩，以及其对后代历史发展起到的巨大推动作用 4. 置身明堂建筑的影视厅，观看关于洛阳的纪录片
晚上	穿越 丽景门	课程目标： 欣赏洛阳老城建筑，感受洛阳文化 现场教学： 走进丽景门，了解洛阳城市文化和城墙古建筑的历史渊源，感受洛阳的历史变迁和民风民俗
		第六天
上午	寻访洛阳 博物馆	课程目标： 1. 了解洛阳地区河洛文明的发展，感知洛阳在历史长河中的兴衰之路 2. 梳理洛阳十三朝历史脉络与河洛文明概况 现场教学： 1. 步入河洛文明展厅，与史前文明近距离接触 2. 在八卦符号陶罐前驻足，了解祖先贮存火种的渊源 3. 跟着研学手册游洛阳博物馆，打卡十三朝古都的独特记忆 4. 寻找博物馆的镇馆之宝，解析国宝背后的秘密
中午		享用中餐
下午	学艺张家 彩窑	课程目标： 1. 了解非物质文化遗产保留及传承的重要意义 2. 了解唐三彩和中国陶瓷的历史背景 3. 学习唐三彩的制作工艺和流程，加深对唐三彩文化底蕴的理解 现场教学： 1. 理论学习，参观三彩发展展览馆，了解三彩文化 2. 技能实操，学习体验制作唐三彩

续表

课程时间	课程安排	课程内容
下午	学艺平乐牡丹村	课程目标： 1. 了解国画的分类，懂得欣赏不同风格的作品，进行艺术美育熏陶 2. 了解洛阳历史及洛阳牡丹文化 现场教学： 1. 了解平乐村民的不屈奋斗史 2. 由专职农民牡丹画师手把手教授学习牡丹画绘制，完成一幅水墨牡丹作品
		第七天
上午	走读白马寺	课程目标： 1. 了解佛教在中国的发展史，探寻佛教广泛传播的原因 2. 通过世界佛教建筑群，对比世界不同佛教的特点 现场教学： 1. 在古佛殿中穿梭，真正走进历史长河中，感慨古代能工巧匠的智慧创造 2. 欣赏风格迥异的佛殿，感受璀璨的异国文化
中午		享用中餐
下午	研学返程	满载而归，结束充实而美好的研学实践活动

③ 行后交流与展示

针对此次研学活动，学生在小组内交流讨论的基础上，形成小组的研学报告，开展班课交流和校内交流。教师鼓励学生集体撰写研学实践报告，组织多种形式的活动课。学校提供研学成果展示的平台。教师运用过程性评价判断学生在实践课程中对中华优秀传统文化的理解是否更加深入，能否在实践学习中学会相关文化传播技能，掌握部分传统技法。

"城乡手拉手，和谐共成长"社会连接型实践育人案例

（1）活动目的

为学习贯彻落实党的二十大精神，感受党的领导下脱贫攻坚的现实成果，促进教育资源共享发展，长郡双语实验中学七年级党支部承办暑期"城乡手拉手，和谐共成长"活动，一方面表达对农村儿童的关心和帮助，另一方面让城市学生真实体验农村生活，培养学生吃苦耐劳精神和服务社会意识。

（2）活动安排

① 7 月 12 日行程安排

• 集合出发（8:30）

集合时间：2023 年 7 月 12 日 8:30。

集合地点：长郡双语实验中学办公楼前坪。

8:40 准时出发，师生统一乘车前往浏阳市社港中学，约 10:00 到达。

注意事项：提前用早餐；带好洗漱日常用品、薄被、凉席、蚊帐、驱蚊用品、防晒用品、常见药品等；统一着校服，佩戴队徽；文明用语、礼貌待人；注意卫生、主动打扫。

• 启动仪式（10:30）

社港中学领导致辞。

长郡双语实验中学带队领导讲话，代表学校捐赠助学金。

带队教师自我介绍。

两地学生手拉手，互赠小礼物。

• 午餐、整理内务（12:00—14:30）

• 趣味运动会（14:30—16:00）

第一部分：拔河、接力赛、呼啦圈接力。

第二部分：篮球赛。

• 新农村建设调研（16:00—17:30）

学生提前设计调研问卷，走访农家、商户等。

• 晚餐（17:30—18:30）

• 两校学生在校洗漱、就寝（21:30）

② 7 月 13 日行程安排

• 农业生产体验（7:10—9:00）

浏阳市社港中学安排农活体验，双方学校负责安全和活动指导，中午，学生享用自己的劳动成果。

• 走访浏阳当地的红色纪念馆（9:30—12:00）

• 午餐、收拾行李（12:10—14:00）

• 走访浏阳当地的烟花生产企业（14:30—16:00）

• 联谊活动（16:30—18:00）

活动场地为返程大巴，学生须全程在自己座位上演唱，不得离开座位。

• 学生手拉手

社港中学学生与长郡双语实验中学的学生结伴，返回家中（食宿在长郡双语实验中学学生家中）。

③ 7 月 14 日行程安排

• 集合（8:00）

两地学生在长郡双语实验中学集合，学生提前在家吃完早餐，社港中学学生的行李提前放在长郡双语实验中学校园内。

• 参观学习（8:30—11:30）

线路 1 为新民学会旧址和岳麓山爱晚亭。

线路 2 为湖南省科学科技馆和湖南省地质博物馆。

• 返回长郡双语实验中学吃午餐（12:00）

• 参观校园（13:00）

师生参观创客中心、智慧教育中心。

• 欢送社港中学的师生乘车返回浏阳（14:00）

（3）活动要求

两校分别召开参与实践活动的家长会议，取得家长的大力支持。

两校分别召开参与实践活动的学生会议，明确活动目的和要求。

所有学生严格遵守活动纪律，遵纪守时，统一身着夏季校服，下着夏季长裤或短裤，以小组为单位，在指导教师带领下开展活动，不得单独行动。

所有学生增强安全意识。严禁下河游泳、做危险性的游戏，注意交通安全和劳动过程中的安全。

所有学生的一切活动必须服从带队教师的统一指挥，有任何事情必须先向带队教师汇报；各带队教师先熟悉学生的相关情况，随时关注和了解学生的动态，活动期间全程陪同。如遇特殊情况，学生第一时间打带队教师电话，带队教师及时向活动组组长、副组长汇报。如遇紧急情况，带队教师第一时间拨打 110 或 120。

学生必带物品：夏季校服长校裤和短裤、睡衣、跑鞋、拖鞋、洗漱物品、防暑物品等；凉席、脸盆、薄被；

可带手机，但只能用于拍照和查找社会调查资料；笔、笔记本；赠品（学习用品或自制礼物，请用心准备，情意为重）；调查问卷（课题自定，团队教师指导，课题和问卷最好在行前准备好，每个团队1个，回长沙后形成问卷调查报告）。

（4）附件：安全方案和应急预案

① 指导思想

根据长沙市教育局《关于认真做好2023年上学期结束工作和暑假活动安排的通知》中关于抓好安全教育工作和合理安排社会实践的相关要求，学校在充分考虑各方安全因素和现实需要的情况下确定此安全方案和应急预案。

② 人员配备

每6名未成年人至少配备1名成年人，保证其人身和财产安全。

③ 交通安全

全程乘坐旅游大巴，对车况、驾驶员资质进行严格把关和审核；全程走高速公路，驾驶员每2小时强制休息一次。

对于需要步行的路程，学生以小队的形式跟随带队教师，不得单独行动，确有特殊情况须有教师跟随，教师保持手机畅通。

④ 住宿、餐饮安全

学生统一居住在研学基地，就寝后原则上不得外出，确有特殊情况需要联系带队教师。

学生不得私自购买食品、饮品，根据学校要求，按时吃三餐，如需要加餐，须在教师的监督下、在正规渠道购买合格产品。

⑤ 应急处理

学生如出现中暑、意外擦伤等轻度问题，带队教师可及时处理，如症状加剧应及时送医，学校前期需要踩点最近的医院，了解其医疗条件。

如出现意外事故，带队教师应全力保护学生安全，第一时间向学校报告，学校应立即成立相关问题处置小组，向上级部门报告，并通知家长。

相关应急物品：绷带、碘酒、酒精、口罩、创口贴、棉签、速效救心丸、藿香正气水、驱蚊水等。

（5）实施评价

本次实践过程中，教师关注了学生在实践过程中体现出的爱心和耐力。学生要敢于体验农村生活，要在实践中充分了解社会主义新农村的发展情况，探究其快速发展的原因。

"走进农业生产"社会连接型实践育人案例（如表3）

表3　参观隆平水稻博物馆活动表

主　题	喜迎二十大，永远跟党走，奋进新征程				
时　间	2022 年10月1日	地点	隆平水稻博物馆	班级／小队	2216 第 3 团和第 7 团
准备过程纪要	9 月 21 日下午，班主任黄莎老师召开主题班会，讨论研学方案				
	确定研学时间、地点和活动分组，确定活动任务分配，提前探访场馆和交通路线				
活动过程纪要	9:30　跟随讲解员参观、学习 11:00　完成研学任务卡 11:30　展示研学成果				
活动总结纪要	本次活动在班主任的安排指导和家长的协助下，学生圆满地完成了活动任务，活动中，学生遵守参观纪律，认真听取讲解，积极思考问题，了解了水稻特性、发展历史，学习了"杂交水稻之父""共和国勋章"获得者袁隆平一生研究杂交水稻的事迹（如图6）				
对学习过程的指导	通过这次参观学习，学生了解了水稻的发展历史和袁隆平团队研究水稻的历程，意识到应该更加注意节约粮食，关注水稻的发展趋势				
优秀心得展示	学生1："一捧白米，九州人民无饥馑；十里稻香，五月金风送功臣。"袁隆平爷爷为了让人民吃上饭，花了整整61年的时间研究杂交水稻，在这期间，他受到了很多的磨难，我们应该向袁隆平爷爷致敬！我觉得这次社会实践活动非常有意义，我了解了很多关于水稻的知识，比如以前的人们是如何种地的，水稻的种类、特性，等等。在活动中，我受到了更深的启发，我们应该珍惜粮食				
	学生2：10 月 1 日，我们第 7 团和第 3 团一起参加了隆平水稻博物馆的实践活动。在这里，我们了解水稻的发展历史和我国农业文明的进步，学习水稻的结构和其生理特性，以及未来水稻的发展趋势，深入了解了袁爷爷的生平。他在研究杂交水稻中遇上的近乎毁灭性的灾难——"5·18 育苗事件"，令我印象深刻。袁爷爷不畏艰难、永不言败的科学精神让我们敬佩，非常值得学习				
家长代表评价	家长1：在国庆节这个特殊的日子，开展进入初中后的第一次社会实践活动，显得尤为有意义。"民以食为天"，这次活动孩子们认真学习，观看了农民伯伯从耕田、播种、插秧、收割的辛苦过程。这些是从小在城市里长大的孩子们从来没有经历过的。孩子们知道今天我们桌上的一蔬一饭皆来之不易，每一粒米饭和每一片菜叶都饱含农民伯伯的辛勤和汗水				
	家长2：陪孩子参观了隆平水稻博物馆，孩子受教育的同时，家长也得到了极大的教育。我读书时就知道袁隆平老先生的事迹，这次参观更是开阔了眼界，增长了知识。现在的孩子生活在城市中，缺乏农村生活经历和一些基本的生活常识。感谢学校提供的机会，希望以后类似活动可以再多一些				
辅导老师评价	此次活动圆满完成，学生遵守纪律，在参观中做到了仔细聆听讲解，认真观察每一件展品。活动让学生了解了水稻的发展历史，我国农耕文化的发展，学习了袁隆平研究杂交水稻的历程和成果。学生被他的不畏艰难、勇攀高峰的科学精神深深打动。活动结束后，学生认真总结，完成了任务卡				

图6　学生在隆平杂交水稻试验田探寻杂交水稻的奥秘

"走进工业生产"社会连接型实践育人案例（如表4）

表4　参观长沙远大科技集团园区活动表

主　题	走进"中国智造"，致敬"匠心"，感受科技创新				
时　间	10月6日	地点	远大科技园	班级／小队	班级
准备过程纪要	确定方案：远大科技园研学活动				
	参加人数：48名学生和班主任，家委会5人随行				
	准备物料：车辆、基地对接材料、横幅、班旗、国旗、任务卡、水、耳麦等				
活动过程纪要	14:00—15:00　乘车前往远大科技园，车内互动，学生分享对"三高四新"战略的认识以及对汽车企业的了解 15:00　　　　抵达远大科技园，集合整队，纪律强调，安全宣讲 15:00—15:40　课程1：企业展厅参观及企业文化讲解 15:40—16:00　课程2：远大芯板实验项目讲解 16:00—16:20　课程3：全球联网监控中心及试验台参观讲解 16:20—17:00　课程4：空气展厅参观，J57参观及体验 17:00—17:30　合影留念，录制总结小视频 17:30—18:30　研学活动结束，乘车返程，在车上分享所见所学				
活动总结纪要	2215班以团队为小组积极开展讨论，确定详细的任务清单和研学实施方案，统一开展实践活动，学习参观后，学生纷纷抒发感慨和志向，现场总结研学的点滴感受以及对未来的美好畅想				
对学习过程的指导	通过本次研学实践活动，学生既被国内领先的智造工艺所震撼，也感受到祖国创新建设的丰硕成果，更在内心深处种下热爱科学的种子，他们深切地感受到科技改变生活，创新驱动发展的力量，并为国家科技发展，民族自强由衷感到自豪，此次活动开启了长郡双语学子科学探索的新征程				
优秀心得展示	学生1：今天我们班级组织去远大科技园参观，参观远大科技园给我留下主要印象的是非电空调、可持续建筑、空气品质产品、能源管理等。入园后我们先进入大厅，讲解员为我们讲解了远大的一些突破，比如活楼，它以拼装的形式建成，不但节省能源，而且搭建速度快，最快一天可以搭上十层，可以有效提升房屋建成速度，还可以节省地球能源。后来，我们又到了一个非电空调检测车间，在那				

续表

优秀心得展示	里我们看到了很大的非电空调,讲解员告诉我们,在这里可以看到全球各地的非电空调运作情况,这使我们大开眼界。在参观完远大科技园之后,我们知道,远大的一切研究项目都紧紧围绕地球环境保护,所以我们也要爱护环境!除此以外,我们还要跟上时代进步的步伐,努力学习,为自己的将来打好基础,也为国家和社会作出一份贡献!
优秀心得展示	学生2:今天下午,我们2215班参观了远大科技园的空调生产车间以及其他令远大人引以为傲的发明创新,例如,无爆炸隐患的高压锅、运行复杂的远大中央空调、又轻又结实的远大芯板以及用芯板一天内造成的十层活楼等,让我们大开眼界。这次活动让我了解了远大科技和中国科技的发达,也看到了远大科技集团在先进制造业中的引领地位和社会影响力。远大科技以节能环保为目标,坚持走健康可持续发展的道路,该公司的产品从空调到空气净化再到建筑,无不秉承这一理念。我想正是因为该公司的文化导向和爱国情怀,吸引了许多有梦想、有才能、有担当的科技型、综合型人才聚集于此,在这个平台上尽情施展才华,勇于创新,让公司不断发展壮大,从而实现了人才与公司共同成长,同时推动了社会进步,提高了广大人民的生活幸福指数。回想自身,当我走在长郡双语实验中学的校园,内心难道不也是充满了身为名校学子的自豪感吗?我们学校建校时间不长,踏实践行"朴实沉毅"的长郡中学的百年校训。我们努力读书不只是为了取得优异的成绩,感恩老师、回报母校,更是为了有朝一日像远大人一样,把学到的知识融入社会发展,以民族振兴、国家强盛为己任,为中华之崛起贡献力量!
家长代表评价	10月6日,2022级2215班开展国庆研学活动,此次活动是走进远大科技园。活动期间,我们参观了企业展厅、生产车间、全球联网监控中心、空气展厅、J57小天城,企业的负责人之一全程介绍与讲解。通过参观和讲解,我们了解了远大的企业文化,也了解了远大在保护地球家园、保护人类生命上取得的成就,这给我留下了深刻印象,研学心得如下:我们在下车集合的位置看到了一个标牌,上面用中英文写着"BROAD · FOR HUMANITY'S FUTURE/ 远大 · 为了人类未来"。我们来到企业展厅,看到大楼外墙上的标语:"我用一生的时光,追寻远大理想。"这两句话深深地触动了我,我想这两句话应该是远大之魂、远大人之根,体现了远大和远大人对人类、对生态的社会担当和奉献精神,这种精神值得我认真学习。2215班作为一个学习型组织,团队精神对学生的影响力是巨大的,作为家长的我们应该为2215班的团队精神添砖加瓦,助力实现2215班的远大理想——2215,能文能武。One Five One Five, Give me five! 2215班要实现"能文能武"的远大目标,成为卓越班级,家长需要树立为班级服务的理念。这次研学活动,我们看到了家委在筹备阶段抽出时间、腾出精力、出谋划策,积极配合王老师的工作。在研学活动过程中,家委跑前跑后维持纪律,时刻提醒孩子注意安全。研学活动的圆满结束离不开家委的辛勤付出,这种付出体现了家委的服务精神,这种精神值得我们每一位家长学习。为了2215班的远大理想,为了孩子的人生梦想,我号召全体家长团结一致、齐心协力,围绕在以王老师为首的教师团队、家委会周围,不断创新、无私奉献,为班级发展贡献我们的力量
辅导教师评价	这是2215班第一次组织集体外出研学,整个活动非常顺利,学生在游览中领略工业文化,在研学中感知工匠精神,在科普中感受爱国教育。走进企业参观学习,使学生民族自信心增强,激发学生的创造精神,在他们心中播种下一颗工业创新的种子,对进一步发扬工业文化、弘扬工匠精神,培养先进制造业接班人具有重要意义

"环保护绿"志愿服务型实践育人案例

（1）实施概况

2024年3月，学校某班级开展湘江净滩行动，该班级利用周末来到湘江滩涂，开展净滩行动，学生用铁钳捡拾江滩上的垃圾，分析垃圾种类，了解破坏湘江水源的主要原因，教师组织部分学生给路人发放传单，宣传相关环保知识。通过湘江水质的采样，师生分析了解科学研究水质的过程，了解湘江水质治理的成果。

（2）实施评价

"环保护绿"社会实践课程的评价方式应以志愿服务实践或调研报告为主，一方面，学生需要养成主动保护生态环境的自觉意识；另一方面，教师帮助学生掌握科学的方案，了解生活区域周边的生态环境状况，更好地为环保事业出谋划策（如图7）。

图7 "环保护绿"志愿服务行动

"公共服务"志愿服务型实践育人案例

（1）实施概况

2022年寒假，2213班走进观沙岭消防队体验消防员日常训练，学习消防知识。学生自发为消防员制作了小礼物，为消防员的辛苦付出点赞。

（2）实施评价

"公共服务"社会实践课程的评价应将过程性和自发性结合。教师在课程中要注意观察学生在实践时的工作态度以及处理问题的方式，要从沟通、合作、分析、执行等方面考查学生的实践成果。教师要持续观察学生在日常生活中是否养成了在公共场合遵守秩序、尊重服务人员、主动承担校园公共服务的习惯，以判定学生是否将实践成果转化为自觉行为。

第三节　实践育人序列经验总结

一、形成贯通式实践育人模式

贯通式实践育人模式强调在学生的整个学习过程中，将理论知识与实际经验相结合，通过多种形式的实践活动，培养学生的实践能力和创新精神。运用该模式的核心目的是提高学生的实际操作能力、创新能力和社会适应能力。通过真实的或模拟的职业场景，学生体验和解决实际问题，从而更好地理解和消化理论知识，养成终身学习的习惯。

课程是实现贯通式实践育人模式的基础。教师应设计与实际工作密切相关的课程内容，如案例分析、项目驱动和问题解决等教学方法。课程中要包括必备的理论知识，并明确如何通过实践活动来加深对这些理论知识的理解。教师是实践育人模式中的关键执行者。一支既懂理论又具有实践经验的教师团队不仅要有扎实的专业知识，还应具备丰富的实际操作经验和解决问题的能力，能在实际教学中引导学生学习和成长。

二、挖掘当地优势实践资源

利用学校所在地区的各种教育资源，为学生提供更丰富、更具针对性的实践机会。这有助于学生将所学知识与实际相结合，增强学习效果。因此，学校在搭建实践育人序列的过程中，要进行详细的调查研究，了解当地可用的实践资源，包括工业、农业、文化、教育、科技等多个方面。例如，如果地区内有特色的手工艺品制造厂，学校可以组织学生去实地考察和学习，要与当地企业、机构建立合作关系，将这些资源运用在学校的实践教学中。例如，学校通过合作项目，让学生参与实际的商业过程，邀请行业专家来校举办讲座、进行指导。

三、明确德育目标和人才培养目标

明确德育目标和人才培养目标对搭建实践育人序列是至关重要的。在实践育人工作中，需要先明确德育的核心价值观，如诚信、责任、公正等，这些价值观是学生必须内化并表现在日常行为中的。教师要将这些价值观融入日常的教学活动中，通过案例学习，让学生了解这些价值观在实际生活中的应用以及在面临道德困境时的决策过程。

学生要规范行为标准。学校设定校内外统一的行为规范，如尊重师长、团结合作、遵守公共秩序等，使学生在日常生活中自然形成良好的行为习惯。并且，学校要定期进行评估，通过定期的自我评价和师生互评，检查学生的行为表现是否符合既定的德育标准，及时调整教育策略以强化正面行为，纠正不良习惯。

教师要培养学生的综合能力，注重创新性思维培养，鼓励学生发展批判性思维，对现有知识进行质疑和反思，同时激发他们的创新精神，引导学生在学习和实践中不断探索新思路和新方法。

第六章
管理育人序列

第一节　管理育人的概念及归因

一、管理育人的概念与价值

管理育人是一种教育理念和实践模式，它强调学校在管理过程中不仅要关注学生的学业成绩，还要关注学生的全面发展，包括心理健康、社交技能、道德品质和兴趣爱好等方面。学校管理育人的目标是通过科学的管理方法和策略，实现对学生的全面培养和教育，为学生创造一个安全、健康、和谐的学习环境，促进学生身心健康、全面发展。

（一）管理育人的概念

管理育人，从广义上说，主要是指学校管理对师生产生的各种影响，从狭义上说，主要是指学校德育管理对学生的品德发展产生的各种影响。本章的管理育人主要指的是后者，即学校德育管理对学生的品德产生的各种影响。管理育人同课程育人和活动育人一样，都是学校德育工作的重要途径。不仅如此，在管理育人中，管理不仅作为一种重要的育人途径，管理行为本身就具有育人性。我们认为，管理育人至少包含两层含义，一是学校管理的目的是促进学生的品德发展，即育人是目的，学校管理是育人的重要途径；二是学校管理行为包括其过程和方式都要体现教育性或道德性，因为不道德的管理方式很难培养出道德的人。根据《指南》的有关要求，本章将从管理制度、岗位责任、学生行为规范、特殊群体这四个方面展开论述。

（二）管理育人的价值

1. 塑造学生的品格与价值观

管理育人的首要任务是培养具备良好品格和价值观的学生。通过制定并执行严格的规章制度, 学校能够帮助学生树立正确的道德观念, 培养自律、诚信、尊重他人等良好品质, 从而帮助学生塑造健全的人格。

2. 提供良好的学习环境

有效的学校管理能够为学生提供一个安全、稳定、有序的学习环境。在这样的环境中, 学生能够更好地专注于学习, 提高学习效率。同时, 学校还会积极营造积极向上的学习氛围, 激发学生的学习兴趣和创造力。

3. 促进学生的全面发展

学校管理不仅关注学生的学业成绩, 还注重学生的全面发展。通过开设多样化的课程和活动, 学校能够培养学生的综合素质, 包括语言表达能力、团队协作能力、创新能力等。这些能力对于学生的未来发展至关重要。

4. 建立良好的师生关系

学校管理在促进师生关系方面也发挥着重要作用。通过加强师生之间的沟通与交流, 学校能够建立和谐、融洽的师生关系, 为学生创造一个温馨、友爱的成长环境。在这样的环境中, 学生更容易养成积极向上的心态, 更愿意参与学习和生活。

5. 培养社会责任感

学校管理还能够培养学生的社会责任感。通过有效的管理引导学生参与学校的志愿服务、社会实践活动等, 学生能够深入了解社会, 关注社会问题, 从而培养自己的社会责任感。这种责任感将伴随学生一生, 成为他们为社会做出贡献的动力。

二、管理育人的问题与原因

思想是行动的指南, 有什么样的价值观, 就有什么样的教育观; 有什么样的教育观, 就有什么样的学校管理体系。管理育人是学校德育工作的重要组成部分, 也是最核心的部分。学校管理应当以人为本, 以学生的发展为本, 体现教育性和引导性, 实现全员、全程、全方位育人。然而, 在教育内卷严重的背景下, 管理育人还是存在一些问题, 导致学校不能完全适应时代对教育提出的要求, 不能完全满足学生成长和发展的需要。

(一) 管理育人存在的问题

1. 重管理轻育人

学校管理要体现育人导向, 要将育人融入学校管理的始终。学校管理要立足学生的全面发展，用德智体美劳"五育并举"的科学化标准塑造学生，把对学生的尊重、关爱和理解渗透在教育管理的每一个环节，这是新时代对教育管理提出的新要求。然而，在现实中，学校存在为管理而管理的现象，学校要求学生遵守校纪校规、班级公约，并将学生的日常行为纳入学生的阶段评价和综合素质评价，很多时候学校管理只起对学生限制和约束的作用，并没有充分发挥管理的育人作用。如学校组建学生会或志愿服务团队，让学生干部或服务团队参与食堂有序排队、文明就餐等学校管理工作，对插队、浪费餐食的行为进行班级管理并对相应的班级扣分。在这个过程中，只呈现违纪的现象和处罚的结果，参与管理的学生干部并没有充分理解管理的深层含义，违纪的学生也没有因此受到恰当的道德教育。

2. 只管教不管导

教育部 2008 年重新修订和印发的《中小学教师职业道德规范》以及 2013 年印发的《教育部关于建立健全中小学师德建设长效机制的意见》均对教师职业道德提出明确要求，这些文件充分说明学校全员育人的重要性。为落实全员育人的思想，学校应建立相应的具体制度，明确每个岗位教职工的育人责任。学校管理人员、任课教师、后勤人员、宿管人员等都具备开展德育工作的权利、责任和义务。然而，部分教职工对自身工作的定位和内容认识不清，呈现"只管教不管导"的状态。例如，有的科任教师认为德育工作是班主任、德育校长的工作，自己只需要开展学科教学即可。

3. 重言传轻身教

教师要以身作则，在学生面前率先垂范，用自己的言行引领学生。教育工作中，身教的力量远远大于言传，教师本应以"润物细无声"的方式影响和唤醒学生。然而，在教师队伍中，使用言教而忽视身教的现象屡见不鲜。教职工本身也存在知行不合一的现象，有的教师不能用良好的言行给学生作示范和榜样，甚至有教师通过责骂学生的方式教导学生要团结同学，尊敬师长。这显然是跟德育工作背道而驰的，当行为和语言不匹配的时候，教育是不会发生的。

4. 重形式轻内容

管理育人要深入推进，必须依靠科学的学校管理制度。学校管理制度应从学习、生活、交往等方面对学生提出行为规范要求，并将这些要求落到实处，实现学生道德认知与道德行为的统一。但有的学校制度过于陈旧，不能适应当下的校情和学情；有的学校制度不够人性化，容易引起学生的抵触；有的学校制度弹性太大，存在执行的困难，反而形同虚设。这就呈现出一种这样的状态：学校制度齐全，但这些制度缺乏科学性，要么难以执行，要么达不到德育目的，导致管理制度重形式轻内容。这不仅不能促进德育工作，反而给学校增加一些无效工作，也起不到教育学生的效果。

5. 重共性轻差异

学生的身心发展是阶段性、有规律的。学生的个性远远大于共性。正因如此，学校管理中注重共性规律，忽视个体差异的情况经常发生。局部对整体的影响体现在 1+1>2 的道理中，即整体是由部分构成的，每一个部分都会影响整体的成败。同理，在学生德育工作中，学校只有注重学生的个体差异才能更好地开展德育工作，以部分促进整体，整体再促进部分，达到良性循环。在学生中，存在一些特殊群体，如家庭背景特殊、心理状态特殊、行为表现特殊、学生体质特殊等，他们是学校开展德育工作的重点对象，少量学生可能需要花费教师大量的教育精力。但在现实中，有的学校和学校管理者容易注重大部分学生，忽略小部分的特殊群体，或对这些特殊群体关注不够，没有为特殊学生提供足够的情感关怀，也没有扮演好陪伴者和引领者的角色。

（二）管理育人问题的原因

1. 没有做到以人为本

学校管理人员既是教育政策的执行者，也是学校管理制度的制定者，如果缺乏"以人为本"与"以学生的发展为本"的思想意识和执行力，就会存在为管而管的现象。一方面，学校不能深入学生实际，不能了解学生的真实想法和困惑，一味通过约束和限制学生行为以达到减少麻烦的目的；另一方面，由于有的教师在应付各种班级繁杂事务时耗费大量的精力，没有足够精力和心思专注于育人，忽视了管理背后的深层次的目标，也错过了在解决学生问题过程中出现的教育契机。凡此种种，容易导致在教育教学过程中重管理轻育人现象的发生。

2. 没有落实"三全育人"

由于学校缺乏全员育人、全程育人、全方位育人的"三全育人"相关制度建设，或者由于学校管理者本身缺乏"三全育人"的意识，没有把学科教师、第三方员工作为育人队伍来建设，导致教职工对自身的岗位职责认识不到位，也不清楚自己肩负育人的责任。部分教职工狭隘地认为德育工作是班主任、年级组或教育处的工作范畴，没有真正意识到自己也是全员育人的重要成员，是管理育人全链条不可或缺的重要环节，没有意识到自己的工作岗位也是全程育人和全方位育人的重要阵地，在工作中缺乏主动担当、主动作为的精神和意识，因而呈现只管教不管导的状态。

3. 没有发挥榜样作用

德国教育家福禄培尔说："教育之道无他，唯爱与榜样而已。"教育要言传更要身教，很多时候身教的力量大于言传。教育工作者做什么、怎么做比说什么更有影响力。有的教师没有认识到教师示范的重要性，喜欢说教，习惯说教，却无法以身为范。例如，有的教师要求学生早到却自己迟到，要求学生垃圾分类却自己乱投垃圾。古人云："其身正，不令而行；其身不正，虽令不从。"教师本人做不到，教育的成效就会大打折扣。

4. 没有及时更新制度

学校管理制度是学校管理的风向标，有的学校管理者或者班级管理者墨守成规，没有根据实际情况和需要对现有制度及时更新，或制度的更新没有全面考虑到育人需求，没有充分发挥管理的民主性，导致制度停留在纸面，或制度不利于管理，或使制度于育人无效等状态。因此，学校管理制度应与时俱进，适应新时代德育工作的需求，及时更新，落实以人为本的理念，充分发挥学生的主体作用，实施民主管理，让学生成为制度制定的参与者，发挥学生的主人翁意识，让他律转变为自律。

5. 没有完善评价标准

当下，教育"唯分数论"的思想依然广泛存在于许多学校。这导致教育工作者将大部分精力用于提高分数或放在分数优秀的学生身上，对特殊学生的关注少、对他们投入的精力少。因为特殊学生的转化需要耗费的精力多，过程长，见效慢甚至很难衡量转化的成效，有的学校和教师不会选择做"吃力不讨好"的事情，故呈现出重共性轻差异的状态。

第二节　管理育人序列设计与实施

一、管理育人序列建构

管理育人是一个系统工程，它涉及学校管理工作的各个方面，旨在通过有效的管理实践活动促进学生的成长和发展。教育学家杜威的进步教育理论强调学生的主体地位和教师的引导作用，提倡教育过程中学生的主动性和创造性，以及学校和社会的民主参与和社会责任。这些原则可以应用于学校的管理育人中，以促进学生的全面发展，培养具有创新精神和实践能力的学生。管理育人的核心在于将教育理念融入学校管理过程中，使管理本身成为学生学习和成长的一部分。

基于杜威的进步教育理论，学校在管理育人上做了如下序列建构：一是完善管理制度，加强制度管理，夯实管理育人的基础；二是明确岗位责任，推进全员育人，抓好管理育人的关键；三是确立学生行为规范，促进学生自主管理，把握管理育人的重要抓手；四是关爱特殊群体，促进学生身心健康成长，实现管理育人的重要目标。序列建构的示意图如图1。

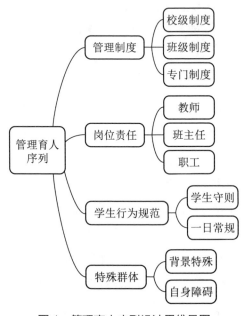

图1　管理育人序列设计思维导图

二、管理育人实施策略与案例解析

（一）完善管理制度

完善管理制度是现代学校管理的重要组成部分，是落实管理育人的必然要求。学校积极推进治理体系现代化，依法制定并完善各方面的管理制度，形成健全、规范、统一的制度体系。学校的管理制度大致可以分为三类：第一类是学校层面的管理制度，第二类是班级层面的管理制度，第三类是针对性的专门制度。学校的管理制度以促进每一个学生的发展为本，具有人文性和教育性，在运作过程中对学生产生潜移默化的道德影响。

1. 健全学校管理制度

学校积极推进治理体系现代化，着力提高管理水平，不断完善管理制度，依法制定并完善教学、科研、学生、人事、资产与财务、后勤、安全、对外合作等方面的管理制度，建立健全各种办事程序、内部机构组织规则、议事规则等，形成健全、规范、统一的制度体系。学校管理制度的制定始终坚持"自上而下"和"自下而上"相结合的原则，广泛听取教职工意见，对于重大制度的制定，学校会召开教职工代表大会进行审议。

根据上级有关规定和《长郡双语实验中学章程》，学校制定了《党委会议事规则》《集体研究决策议事规则》《行政干部工作安排和职责》等制度，规范了党委和行政工作的职权和议事流程，落实了民主集中制原则。学校编写《内部控制手册》，作为全校建立、执行、评价及维护内控与风险管理体系的指导和依据，对学校财物管理责权和流程进行了规范，保证学校经济活动合法合规，也保证了资产安全和财务信息的真实完整，提高教育服务的效率和效果。学校制定有关教育、教学、教研及教师评优晋级、工资待遇等制度，汇编成《教师发展手册》，为教师的职业发展提供了制度保障。

在管理制度中，学校尤其重视校规校纪对学生道德成长的引领作用，把校纪校规以及学生成长相关的制度汇编成《学生成长手册》印发给全体新生，并以此为蓝本积极开展新生入学教育。校规校纪的制定始终遵循以下原则：一是立足于学生，服务于学生的成长需要和社会发展需要；二是公平公正，维护学校全体师生的共同利益；三是充分考虑校规校纪本身的道德属性，也就是说校规校纪要符合相关法律法规和道德的基本要求。

学校还制定了详细完善的安全制度，签署"一岗双责"安全责任书，定期开展安全教育主题活动，联合派出所成立民警护学岗、动员青年教师成立教师护校队、组织家长志愿者建立家长护学岗，建立家校社协同护学、三位一体的安全新格局。

学校积极贯彻落实《中华人民共和国家庭教育促进法》和教育部等十三部门《关于健全学校家庭社会协同育人机制的意见》，切实加强家委会队伍建设，充分发挥家委会力量，完善并落实家委会制度，确保家委会真正成为学校发展的"催化剂"，家校联系的"润滑剂"，学生成长的"强心剂"。

2. 完善班管理级制度

班级管理制度建设包括班级制度的制定、执行与落实。班级制度的制定要能够保证绝大多数学生的参与，反映广大学生的利益要求并得到多数学生的认可。班级制度的指向是班级建设愿景，不仅要展现出制度的刚性，也要体现出管理的人性；它不应是冰冷的禁令，而应是温暖的引导。为此，班级制度的内容要以激励为主，惩戒为辅。班级制度的条文更多使用正面的、积极引导式的语句，避免使用消极的、生硬的、严厉冷酷的词语。班级制度的语言应严谨、具体，能够让学生按照班级制度时时对照自身的行动，便于执行。空泛、模糊的班级制度是无法执行的，也是毫无意义的。具体而言，班规制定要遵循以下原则：

（1）舆论先行，孕育班级公约

制定班级公约，既为规约人，更为解放人，是为了班集体中的每一位学生都能在有序的环境里享受自由行走的快乐，因此一定要舆论先行，教师要做通学生的思想工作，让学生积极主动参与班级民主建设，引导他们形成契约精神、规则意识。

（2）全员参与，制定班级公约

班级公约是每个学生都必须遵守的，因此一定要让全班一起参与，让学生在建议与讨论中充分表达不同意见。公约制定过程中，教师要以激励为主，多对积极的行为实施奖励，让更多学生能体验到被奖励的喜悦，引导他们树立正确的道德观。

（3）自主管理，践行班级公约

学生对班级公约重视程度的决定因素，应该是教师对班级公约的重视程度。班级公约制定了就必须执行，违反了就要接受惩罚。班级管理的最高境界是实现学生的自主管理、自我教育。教师要通过选举，引导学生组成一支认真负责、精明强干的班委会队伍。班委会成员必须恪尽职守、公正执法，对全班学生负责。让班级公约落到实处的是量化管理，每个班干部要对自己管辖范围内的各个项目进行量化考核，实时记录。同时，教师还要以学习小组为单位进行评比，以此激发学生的团队意识、竞争意识，提高学生的自我约束能力。

（4）与时俱进，完善班级公约

班级公约实施的过程中会遇到各种各样的问题，需要不断地修订。教师要鼓励学生针对公约提出一些意见和建议，并集思广益，优化完善公约，推动学生直接、持续地践行班级公约。当学生时时刻刻都能感受到班级管理与自己相关时，会更愿意履行班级公约中规定的义务，行使自己的权利来维护班级公约。

3. 制定专门制度

《中华人民共和国未成年人保护法》第三十五条规定："学校、幼儿园应当建立安全管理制度，对未成年人进行安全教育，完善安保设施、配备安保人员，保障未成年人在校、在园期间的人身和财产安全。"《未成年人学校保护规定》第四十一条要求："有条件的学校可以整合欺凌防治、纪律处分等组织、工作机制，组建学生保护委员会，统筹负责学生权益保护及相关制度建设。"学校根据有关法律法规，加强保护学生的专门制度建设，努力构建校园安全防护网。

长郡双语实验中学学生保护委员会章程

为进一步维护同学们的合法权益，促进同学们全面发展和健康成长，根据《中华人民共和国未成年人保护法》和《未成年人学校保护规定》，学校落实保护职责，特成立学生保护委员会。

第一章　总　则

第一条　学生保护委员会是在校长领导下、教育处指导下的重要组织，是落实学校保护职责，保护学生合法权益，保障学生健康安全的重要平台。

第二条　学生保护委员会的宗旨是整合社会资源，调动各方面的积极性，完善学校、家庭、社会三位一体的安全体系，营造良好的教育环境，促进学生健康成长和全面发展。

第三条　学生保护委员会的作用是通过整合安全、法治、健康教育和欺凌防治等组织和工作机制，统筹负责学生权益及相关制度建设，多方联动，推动家庭、学校、社会三位一体衔接配合，全方位保护学生合法权益，共同构筑校园安全网。

第二章　组织结构

第四条　学生保护委员会设主任1人（由校长担任），副主任2人（由分管德育的校领导和分管安全的校领导担任），办公室主任1人（由教育处主任担任），办公室副主任3—5人（教育处、团委和保卫科相关教师担任），安全和法治教育指导专家2人（外聘安全副校长和法治副校长担任）、心理健康教育指导专家2人（校内校外各1人）、家长代表和学生代表若干人。学校为外聘专家和家长代表颁发聘书。

第五条　学生保护委员会的家长代表，必须具备下列条件：

1.关心学校，关心学生的成长与发展，懂得一定的教育规律，知晓未成年人保护的相关法律和法规，能为学生保护工作献计献策。

2.具有比较丰富的家庭教育经验，并有较好的教育效果。

3.具备一定的心理学知识理论基础，有较强的沟通和表达能力，热心公益事业，无不良信用记录，能为学校德育工作提供有力支持。

第六条　学生保护委员会委员任期一般为3年，每学年适当改选，可连选连任。如果学生因毕业、转学等原因离校，相关学生和家长的委员身份自动取消。

第七条　学生保护委员会每学期至少召开1次会议，听取学生保护工作相关汇报，并就学生保护工作提出意见和建议。

第八条　学生保护委员会日常工作由教育处、团委和保卫科负责。

第三章　权利与义务

第九条　学生保护委员会享有以下权利：

1.学校为学生保护委员会的设置和工作开展提供必要的办公场所和办公条件。

2.学生保护委员会的工作经费在学校公用经费中列支。

3.学生保护委员会可就学生成长问题向学校提出意见和建议。

4.学校每学年要对推动学生保护工作成绩显著的相关人员予以表彰。

第十条　学生保护委员会应在学校的指导下履行以下义务：

1.定期召开学生保护委员会会议，就关系学生安全与发展的重要问题进行研究，为学生成长保驾护航。

2.树立以生命关怀为核心的教育理念，利用安全教育、心理健康教育、禁毒教育和预防艾滋病教育等专题教育，引导学生热爱生命、尊重生命；要有针对性地开展青春期教育、性教育，使学生了解生理健康知识，提高防范性侵害、性骚扰的自我保护意识和能力。

3.结合相关课程要求，根据学生的身心特点和成长需求开展以宪法教育为核心、以权利与义务教育为重点的法治教育，培养学生树立正确的权利观念，并开展针对性的预防犯罪教育。

4.对有不良行为的学生进行矫治和帮扶；对有严重不良行为的学生，应当配合有关部门进行管教；无力管教或者管教无效的，可以依法向教育行政部门提出申请，送专门学校接受专门教育。

5.学生保护委员会在做出与学生权益有关的决定前，应当告知学生及其家长，听取意见并酌情采纳。

6.联络学生会和仲裁申诉委员会指导和支持学生参与权益保护，对于情节轻微的学生纠纷，可以安排学生代表参与调解。

7.关心爱护学生，为身体或者心理受到伤害的学生提供相应的心理健康辅导、帮扶教育。

（案例来源：教育处、保卫科）

（二）明确岗位责任

任何岗位都是责任、权利与义务的综合体。只有明确自己的岗位职责，才能更加清晰地认识自己的工作定位和工作内容，更好地承担相应的责任。教师是学生成长过程中的引路人，不仅是知识的传播者，还承担着教育学生如何做人的任务。教师的职业特点决定了教师要不断提高自己的思想道德水平和业务水平。

1.明确学科教师的职责，实施全员育人导师制

立德树人是教师的神圣使命，是发展中国特色社会主义教育事业的核心所在，是培养德智体美劳全面发展的社会主义建设者和接班人的本质要求。为落实立德树人的根本任务和全员育人的思想，学校编写了《长郡双语实验中学全员导师制实施方案》，明确每个岗位教职工的育人责任，使全校教职工把对学生的道德引领自觉地贯彻到日常的教学、管理服务当中，从而改善学科教师只管教、不管导的状况。

在"全员育人"的背景下，每一位任课教师都是德育工作者，都是育人工作的"管理者"。

长郡双语实验中学全员导师制实施方案

为了进一步优化学校育人机制，提高育人质量，落实"三全育人"实施方案，将立德树人纳入学生成长全过程，更好地促进全员育人，形成长效育人机制，推进"品质教育"，学校特编写此方案。

一、实施目的

学校全体教师都参与育人，每一位教师都是学生的导师，每位教师通过课堂及课后交流关注学生，从德育、学习到生活的各个环节，自始至终都不放松对学生的教育和指导，以更好地贯彻全员育人、全过程育人、全方位育人的现代教育理念，更好地适应素质教育的要求和人才培养目标的转变。

二、实施措施

1. 提高教师育人水平，明确立德树人的根本任务

（1）立德树人，同向同行

新课标聚焦学生发展核心素养，落实立德树人根本任务。教科室牵头要大力推进教学改革，改进育人方式，落实育人目标：全面推进教师新课标的学习培训，深刻理解课程育人价值和课程改革要求；加强课程实施的管理与指导，明确各学科核心素养落实的实施路径，切实加强课程育人效果，提高学校育人质量。

（2）立德树人，从"心"开始

针对全体教师，教育处牵头以不同形式开展心育能力提升培训。针对班主任、副班主任、任课教师，教育处多措并举，强化心理健康教育的意识、知识与能力，加强全体教师对家庭教育的指导能力，促进家庭与学校协同育人。

2. 促进学科素养落地，抓住立德树人的主阵地

学科核心素养是学科育人价值的集中体现，是学生完成课程后应形成的正确价值观念、必备品格和关键能力。学科核心素养是党和国家人才培养总体要求与学科教学的具体对接，是立德树人的具体表现。

（1）各支部精备党员示范课，每月推出一堂校级示范课

示范课要坚持素养导向，明确教学内容和教学活动的素养要求，转变将知识、技能的获得等同于学生发展的目标取向，引领教师在教学实践及教学评价中从核心素养视角来促进和观察学生的全面发展。以课程内容结构化来引领教学实践变革，

凸显不同的知识技能在学科知识结构中的不同地位、承载的不同教育价值，教学实践以整体有序、多样、综合的方式来挖掘知识的育人价值。

（2）改进教学评价

学校要将核心素养的培育作为课堂教学评价的重要指标，不断深化课堂教学的育人功能。

3. 加强师生课后交流，贯穿立德树人的全过程

（1）采取定人、定时、定标的方法，面向全体

在各党支部的统一组织下，学校根据学生特点，建立班主任、副班主任、党员教师、思政教师、心理教师、普通任课教师，一对一或一对多的联系制度。教师与所联系的学生定期进行面对面交流，教师定期家访。原则上，各班摸排出的"四特学生"主要由班主任教师联系，其他学生根据班级情况由年级支部和年级组统筹安排。每学年实现所有学生实地家访全覆盖。

（2）建立联系交流台账，记录学生成长过程

教师要了解学生思想动态，捕捉学生的闪光点，发现不足，提出建议，因材施教，根据学生家庭情况，对家庭教育进行指导，争取家长对学校教育的支持。

教师"导师制"注重把"育"落实落细，通过专业指导和校本培训，不断提高教师的育人意识和育人能力，对推动学校发展、促进教师成长、提高学生素质起到积极的作用。全员育人，立德树人，为学生的终身成长奠基，为教育的高品质发展助力。

（案例来源：党政办公室）

2. 强化班主任工作职责，加强班主任队伍建设

班主任工作是落实"为谁培养人""培养什么样的人"这一育人使命的具体实践。一个班级建设得好不好，班主任是关键。班主任在学生成长发展中发挥着独特的、不可替代的作用。班主任工作的质量关系到良好校风的形成。抓好班主任队伍建设是学校在构建全员、全过程、全方位育人体系中的重要工作，也是落实立德树人根本任务的重要抓手。学校按照习近平总书记提出的"要坚持教育者先受教育，让教师更好担当起学生健康成长指导者和引路人的责任"的要求，加强班主任队伍建设，提升班主任德育素养，明确责任意识和使命意识，着力提升工作的

质量和效果。

（1）实施楼层长制度，赋能班主任成长

长郡双语实验中学有一个特殊的团队组织，叫"班主任楼层团队"，它按楼层划分，一个团队由同一楼层的四到五个班主任组成，再在这四到五个人中选出相对成熟的班主任担任楼层团队长。

如果说班主任是一个班的组织者、领导者和教育者，是一个班全体任课教师教学、教育工作的协调者，那么班主任团队长就是一个班主任团队的负责人，而楼层团队长是年级管理的智囊团、督导员，也是年级管理的传声筒、黏合剂，发挥着重要的领衔带动作用。

对于楼层团队长的培养，学校遵循"选聘、组培、考评"三步走，鼓励"自主特色发展"相结合的"3+X"培养模式。一是科学选聘。以自我推荐、楼层举荐、学校考察相结合的方式，选聘出经验丰富、管理组织能力强、具有团队精神的楼层团队长，并颁发聘任证书，赋予楼层团队长相应的职责权利。二是多元培养。学校搭建多样化平台，在德育理论培训中，在楼层班级组团参与体育节、艺术节等活动中，赋予楼层团队长充分锻炼和施展能力的舞台。三是评促进。学校在优秀德育工作者、青年岗位能手等荣誉评比中，对楼层团队长予以倾斜，在中层后备干部的培养与选拔中，对楼层团队长予以重点考虑。四是鼓励自主特色发展。每个楼层的团队由四到五名班主任组成，无形之中形成各楼层的管理风格，学校鼓励创新，尊重个性，赋予各楼层团队长充分的自主权，在楼层文化建设、活动开展、系列班会、主题活动中，发展团队特色。在一些大型的活动中，如体育节的入场式，学校以楼层为单位，安排同一楼层的几个班级为一个表演方阵。再如班会课比赛，同一楼层推出一位班主任为上课代表，另外几位班主任要负责帮助这位班主任代表磨课或者做一些辅助工作。团队内部一定是合作互助的，以便达到合作共赢的目的。

（2）开展德育研讨，提升班主任专业素养

第一，开展德育研讨会。每学期一次的德育研讨会，由学校牵头，以分年级、分主题、分阶段，全员参与的方式开展，充分体现了学校在全员育人方面的责任担当和在基础教育领域的示范引领。以2022年学校第十三届德育研讨会为例，以"双减'减法'落地 德育'加法'赋能"为主题，学校经过为期两个多月的、以年级为团队的前期研修，经过读书漂流、网络学习、组内研讨等形式的第一阶段的组内学习，再经过第二阶段的各年级组长和各学科行政干部聚焦研修主题的深入研讨，再到第三阶段的展示与汇报，旨在打造"科学育人"体系，助推班级形成有效管理机制，提升教师的德育理念与德育能力。

第二，开设德育论坛。每月一次的德育论坛，由学校教育处牵头，邀请校外教育专家、德育一线名师或校内班主任，就某一德育话题或德育研究，给全校德育教师队伍做交流或培训。如《特质学生特别关爱》专题论坛探究的就是班级中对特异体质学生的关爱和教育方法；又如《思想引领润物无声》专题论坛探究的是德育工作者自身的思想建设和教育理念等。每一次德育论坛，在提高德育工作者的思想认识水平、增强德育研究意识、助推德育深度发展方面，都发挥了正面、积极的引导作用。

第三，组织德育沙龙。每周一次的德育沙龙，由各年级组牵头，组内各班主任结合班级实际情况和自身优势，进行班级管理中的微分享。以 2019 级年级组为例，贺利兵老师从班级文化入手，进行了《培养班级精气神》微分享；蒋李明老师以学生早自习为切入点，分享了《切实提高学生自主效率》的经验；刘薇老师以班级常规细节为抓手，进行了《重复的行为中造就了我们——学习习惯培养》微讲座；钟辅君老师和李慧老师以"科学规划·智慧接班"为主题，分享中途接班的担当与智慧；黄文静老师以"能文善武，静而生慧"主题为突破，与班主任共同探讨如何助力学科发展，打造优秀班级教师团队……正是这样"一周一沙龙"，大到德育理念的交流共享，小到年级常规工作的细节，使每周一下午的"头脑风暴"式学习交流成为班主任在日常工作外的一大乐事，也成为他们专业成长的一大平台。

（3）创设德育平台，展示班主任风采

学校坚持以赛带训、以赛促建，搭建了班会竞赛、德育论文比赛、班主任风采大赛等成长和竞技平台，为促进班主任专业发展提供了多种机会。

第一，班会竞赛展示。每年 9 月伊始，学校就紧锣密鼓地进行分年级的班会评比，每一个班级、每一位班主任、每一个学生都是组织者和参与者。以 2021 年班级竞赛活动为例，班会竞赛主题紧贴学生热点问题和成长实际，七年级围绕"情绪管理"，八年级围绕"青春期情感"，九年级和国际部围绕"我的未来不是梦"展开。通过情境表演、小游戏、问题讨论、小组合作探究、抒写心语、观看视频、齐声朗诵、唱响未来等丰富多彩的活动，班会变得更加立体生动。在这个过程中，班主任收获了学生的评价、同事的帮助、专家的指导及自我的成长。每一次的班会竞赛，对每一位班主任来说，都是一次专业素养全方位的展示，是一次发现自身优势或不足的发现之旅，是一次加强专业、增进交流的成长之旅。

第二，德育论文展评。如果说班会竞赛是班主任主动沟通、润泽学生的有声之举，那么德育论文撰写则是推动班主任审视自我、反省管理育人的无声之为。学校通过布置班主任假期作业、鼓励班主任参与论文评比、鼓励班主任向杂志投稿等多种形式，鼓励班主任从亲身经历、班级管理典型事例、系统思考、文化建设、学生思想道德教育等多个角度结合自身班级教育实践，进行反思与探索，引导班主任遵循"实践、反思、再实践、再反思"螺旋上升式的成长路径，逐渐走向专业化，从而激发班主任深层次的教育理性与智慧。

第三，德育比赛交流。学校积极组织班主任参加班主任基本功展示交流活动。在全校范围内，学校面向全体班主任（包括副班主任）开展带班育人必备的基本知识、基本能力和基本素养的展示与考查。展示交流的内容以弘扬师德师风、展现专业素养、彰显人格魅力为重点，分为育人故事、带班育人方略和主题班会三个部分。刘薇老师和叶滔老师在全校海选中脱颖而出，代表学校获得了长沙市中小学班主任风采大赛特等奖。学校还积极组织班主任参加各类德育比赛，这有助于调动班主任的工作积极性，增强班主任工作的成就感和幸福感，也有助于促进班主任的专业自觉和自主发展，让教师在学习中提高、在实践中锻炼、在反思中成长，努力成为一名高素质专业化创新型的班主任，成为学生成长的引路人和学生喜爱的好教师。

今后，学校还将坚持"赛训一体、以赛促建"的原则，进一步创设班主任队伍成长的多元平台，争取实现人人有收获、班班有特色、全局有提升的局面。

（4）健全评价机制，激励班主任前行

第一，完善班级评价机制。班主任的首要职责是管理班级。为了推动班级的管理和建设，学校为班级量身打造规范、科学的评比制度，调动班主任工作的积极性。学校出台了一系列班级评比制度，如《长郡双语实验中学学生一日常规细则》《文明示范班级、文明进步班级评选实施方案》《年度优秀班集体评选办法》等，真正做到制度面前人人平等。年级层面的各项班级工作一日一总结，教育处层面的各项班级工作一周一评比，学校层面的各项班级工作一月一考核，各项结果及时公开，及时公示，有效地促进了班主任的班级管理工作科学化、规范化，助推学校行稳致远，助力学生全面发展。

第二，健全班主任评价机制。学校注重建立健全和完善班主任工作考核办法，编写《长郡双语实验中学校级优秀班主任评选办法》《长郡双语实验中学先进德育工作者评选办法》等，对班主任工作的成果进行客观的评价，并用好班主任工作的考核结果，将其作为教师评先评优、职称晋级的重要条件。此外，学校的各类考核评价都加大班主任岗位的权重，各类奖励性津贴设置班主任岗位系数……这一系列奖励政策，大大提升了班主任的待遇和地位，提升了班主任岗位的关注度和吸引力。同时，学校每年在教职工大会上隆重地表彰优秀班主任和优秀德育工作者，增强班主任工作的荣誉感、认同感和归属感，以此大兴尊师重教之风，强化教书育人意识，积极营造良好育人环境，全面提高人才培养质量。

激活班级管理的"楼层团队"

作为一所规模较大的初中，长沙市长郡双语实验中学每个年级有21或22个班，从2014年开始，学校在年级和班级两级管理单元之间设置了"楼层团队"这一中间组织形式，全校共有16个团队。

楼层团队管理模式是学校活力教育的重要环节，具有集体议事有弹性、软化管理激活力、师生进步可"镜映"的三大特点，能够解决学校因班级较多带来的管理难度大及信息反馈障碍等问题。这一模式在充分尊重班主任的基础上激发了他们的积极性和创新性，成为加强校园文化认同、激活学校管理的一种新路径。

一、集体议事有弹性

楼层团队是学校文化建设的"民间组织"，更具亲和力，像更大范围内的师徒结对，使集体议事具有弹性。楼层长为资深班主任，团队成员可以参考楼层长的带班方法，倾听其他班主任的意见和建议。大家在集体商量、分工合作中高质量完成年级任务，创新班级管理方法。

楼层团队管理模式的运行始于开学之初的军训，军训的方阵表演以班级为小单位、楼层团队为大单位，随后的日常教学则延续"楼层套班级"的组织形式，团队成员在学校各类活动中分工合作，于磨合中变得更默契。如体育节的开幕展演、艺术节的合唱比赛、读书节的图书漂流等环节，都离不开楼层团队的共同商议，"阳光体育大课间"这类日常活动也以楼层为单位进行，不同楼层组织不同的体育活动。

楼层团队成员可以集体商议并采纳一种更具兼容性的对各自班级进行管理的方案。笔者为一楼团队的楼层长，一楼团队集体借鉴了笔者班级的团队制管理，即在班内组织不同类别的学习小团队，每个团队自己设计组名、组徽、组歌和理念，形成"同组师徒，异组比拼"的团队学习氛围，各班班主任针对本班情况做出相应调整，形成各班的风格。此外，一楼的班级与班级之间还结对展开在学习、操行、体育、文艺等领域的竞争活动，既可以促进学生提升自我，又可以增强班级凝聚力，形成良好的争优氛围。

楼层团队为班主任提供了多维度合作的平台和空间，使班主任之间形成了互助关系，提高了工作效率，也创新了工作方法。

二、软化管理激活力

楼层团队管理最大的特点在于"软管理"，即充分尊重班主任的主体能动性。团队内不强制推行某一工作方法，班主任既可以选择接受团队的管理，也可以选择个性化的风格，还可以在两者之间寻找平衡点。

首先，楼层团队管理可以细化管理，当年级体量较大时，更小单位的楼层团队便于管理工作的开展。如早晚自习和午休纪律的巡查，均以楼层为基本单位展开，并安排同一楼层的科任教师轮流值班，既缩小了巡查范围，简化了人员安排，又提升了信息反馈的效率，调动了更多教师参与教育教学管理的积极性。

其次，楼层团队管理可以促进工作的协调沟通。面对学校模拟考试、家长沙龙、班会、体育活动等重大事项的落实，楼层团队长可以先开会商定总体框架，再同班主任沟通、协商，同楼层的各班级之间灵活借鉴相似的模式，在相近的时间各自推进。

再者，楼层团队管理催生了多样化的管理风格，使校园管理充满活力。在协同管理的基础上，不同楼层出现了不同风格的管理模式，在老中青师徒团队、文理互补队等管理模式的带动下，同一楼层的班主任形成了各具特色的带班风格，班级间产生了良性的互动，协作和竞争并存的氛围。

最后，楼层团队管理模式拓宽了教师的上升通道，激发了教师的工作活力。楼层团队长是校领导、年级组长与一线班主任之间的黏合剂和缓冲剂，优秀的楼层团队长能够创造性地完成学校事务和班级管理，处理好人际关系，充实学校干部队伍储备。

三、师生进步可"镜映"

在楼层团队管理模式下，教师和学生处于同一工作和学习空间，新手班主任可以尝试学生容易接纳的管理方法或效仿同楼层其他同事的管理方法，在集思广益中不断优化德育理念，形成有效的管理模式。新手班主任的焦虑情绪得到缓解，他们也在更密切的班级合作交流中有了更多的学习榜样。

镜映，即主动模仿，认同是创新性镜映的基本前提。受"镜映思维"影响，小团队内更容易实现有效管理模式的传播，人们更愿意向同侪镜映，主动向同辈的优秀者学习，而非接受来自上级的安排，这是激发班主任和学生活力的根本逻辑。

规模较大的学校师生多、事务多，教师间的沟通交流相对较少，学校往往通过讲座、交流会等"一对多"的形式推广某一班级管理模式，较难将成功模式的内在逻辑介绍完整，受众也较难进行有效的模仿与创新，传播效果不尽如人意。

楼层团队管理能够改善上述状况，避免模式落地后出现生搬硬套的情况。这一团队管理模式下的班主任是独立且联合的，他们在同一办公空间工作，拥有相似的工作节奏，更容易实现信息流通和心理认同，更容易接受某一种管理模式，并在商讨中生成创新思维、创新做法。对同一楼层的学生而言，他们也处于同一学习和活动空间中，同样容易实现思维和行为上的镜映。

以笔者所在的一楼团队为例，笔者曾在的1921班以"促进学生自主管理"为目标，形成了一系列班级管理制度，因理念的创新性和制度的有效性，其他班主任尤其是年轻班主任纷纷借鉴。

如笔者曾在班内开展"班会序列化"活动和"家长沙龙序列化"活动，将初中各阶段的班会和家长会设置成相应模块，将3年6个学期按照"习惯养成""技能发展""情感镜映""情绪管理""人格塑造""人生规划"等主题序列化，组织班会和家长沙龙，推进家校协同育人。在楼层团队管理模式的支撑下，一楼的4个班主任分工协作，共同开展"班会序列化"和"家长沙龙序列化"研究，在多年的德育实践中，这一管理方法得到了多重认证，并日趋完善。

（案例来源：刘薇）

3. 加强第三方员工培训，强化其育人责任意识

学校有一支特殊的育人队伍，那就是第三方员工，包括食堂员工、保安、保洁人员等。他们不直接从事教育教学活动，但是同样在学校发展中扮演着重要角色，在学校运行中发挥着不可或缺的作用。在全员育人的背景下，第三方员工同样是育人的重要力量。保安队伍是安全保障的重要力量，保洁人员是维护校园环境的重要力量，食堂员工是保障学生伙食的重要力量。与此同时，他们每天都跟学生打交道，一言一行都在影响着学生的成长与发展。

学校定期开展第三方员工业务培训，培训内容包括应急预案的确定与执行、消防知识、急救技能、环保、食品安全等，增强他们的安全意识、环保意识、育人意识和服务意识。学校邀请礼仪培训讲师开展礼仪培训，邀请特警队进行反恐防暴演练，邀请交警队开展交通事故应急演练，邀请消防大队开展消防应急演练，以更好地提升第三方员工的文明素养和专业技能，更好地维护校园秩序、保护师生安全。

保安员文明劝导为学校育人工作增光添彩

2023年11月24日上午9时许，一女子在长郡双语实验中学大门入口处逗留并拍视频，干扰学校正常的教育教学秩序，保安员刘高峰发现后上前劝阻。该女子不但不听劝阻，还录视频，并把视频发到网上。该视频经河南广播电视台乡村频道《乡村观察》官方抖音号发出，被《柳州日报》《郑州晚报》《南昌晚报》《都市现场》《抖安顺》等官方媒体和自媒体大量转发，引起新闻姐、主持人徐倩、往复斋等多位网络名人关注评论，迅速冲上热搜，形成了巨大的舆论影响，截至11月28日9时，该视频浏览量已达51.6亿次。视频中，保安员刘高峰一直微笑劝导，不卑不亢，在受到歧视性语言挑衅时，仍然微笑应对、有理有节，据理力争，赢得网友一致好评。该视频在单个抖音号最高获赞25.5万个，网友在评论区纷纷留言"情绪最稳定、逻辑最清晰的保安""学校就是学校，连保安都很有文化的样子，说的话又很有道理""终于为保安行业扳回一局"……当前，在社会群众对保安负面评价较多，在对保安行业认可度普遍不高的情况下，保安员刘高峰文明劝导的视频让网友围观点赞，为保安队、为学校、为保安行业争了光、添了彩。

这条保安员文明劝导的视频火爆全网，受到一致好评，充分体现了长郡双语实验中学加强第三方员工管理育人的成效。学校落实"人人都是德育工作者"的先进

理念，引导保安队伍与名校对标看齐，自觉履职尽责，证明了长郡双语实验中学的保安队伍是一支培训有素、业务过硬、敢于担当、善于作为的安保队伍。

学校给予保安员刘高峰嘉奖，并号召全体第三方员工以他为榜样，学习他理性克制、坚守底线的温和态度，学习他有理有节、巧妙回应的专业素养，学习他主动管理、恪尽职守的担当精神，以更严格的要求、更扎实的工作，坚决扛起守护责任，凝心聚力、踔厉奋发、守正创新，不断提升自己的服务能力和品质，为构建平安校园做出更大贡献。

（案例来源：保卫科）

（三）确立学生行为规范

1. 落实《中小学生守则》

教育部发布并实施《中小学生守则（2015年修订）》（以下简称《守则》）已有9年。学校在学习、践行、反思、重构中，对《守则》的9条内容有了更全面的认识。学校通过多种方式落实《守则》，把《守则》与学校的常规管理和学生活动紧密结合。比如设置"五星"奖学金落实《守则》，从德智体美劳五个维度设置"美德之星""智慧之星""体育之星""艺术之星""劳动之星"奖学金，尊重每个学生的个性特点，对学生的日常行为和成长予以肯定与引导，鼓励学生扬己所长，引导学生各美其美，美美与共。

"五星"奖学金的评选其实是个"追星"的过程，是不断向《守则》的9条内容靠近的过程。这样，你追我赶，不甘落后的创先争优风景就随处可见了。这种评选让学生行动有目标、努力有方向、人人争亮点，这个过程也是学生不断自我完善、自我进步、自我超越的蜕变过程，从而让激励能持续，鞭策有后劲。

"五星"奖学金的评选，不仅丰富了《守则》的价值取向，而且更容易让学生把《守则》内化于心、外化于行，让践行《守则》有了看得见、追得到的行为标准和目标，让《守则》能够真正落地。

2. 制定校本化日常行为规范

为了贯彻落实党的教育方针，全面落实立德树人根本任务，培养德智体美劳全面发展的社会主义建设者和接班人，积极培育和践行社会主义核心价值观，保障和规范学校和教师依法履行教育教学和教学管理的职责，保护学生的合法权益，促进学生健康成长和全面发展，学校将贯彻《守则》作为学校德育的有机组成部分，根据学生身心发展特点制定本校的学生日常行为规范。

学校编写了《长郡双语实验中学学生成长手册》，将《守则》内容具体化，使之具有可操作性，将其转化为学生日常生活中应遵守的具体行为要求，增强行为规范的针对性和时代性，明确了学生应当遵守的日常行为规范制度。

为了增强班级成员的集体荣誉感和责任心，激发班级成长活力，营造健康向上的教育氛围，学校还实施了班级常规考核评分制度。在该制度下，每班每周的基础分为100分，实行加减分制度，一周一公布，一月一评比，优胜班级被评为"常规管理文明班级"。学校还制定了其他管理措施，如公物管理制度、寄宿生管理制度、学生考勤制度、学生仲裁申诉制度等，通过这些规范和管理措施，培养学生良好的行为习惯和道德素质，促进学生的全面发展。

学生行为失范怎么办？学生仲裁申诉委员会说了算！

"印象太深了！一辈子都会记得。"在处理意见书上签下自己的姓名后，违纪学生小军（化名）对教师说。昨日，校园电视台记者从学校教育处了解到，本周起，该校施行学生违纪处分仲裁与申诉制度，学生违纪处分结果不再由校领导和教师决定，而是由学生说了算。该校学生违纪处分仲裁委员会首次启动了对违纪学生小军的处分仲裁和申诉程序，历时一个中午。

学校实行学生违纪处分仲裁与申诉制度后，八年级学生小军是第一个向仲裁委员会陈述自己的违纪事实和认识的违纪学生。他坦言："对我影响很大，以后再也不会犯这样的错了。"

小军从学校的图书馆拿走一本厚厚的《水浒传》，回家挖空书中间的书页，并把手机藏在里面带回学校，该行为被教师发现。经过教师和家长的配合教育，小军承认了错误。学生违纪处分仲裁委员会启动了对小军的处分仲裁和申诉程序。

现场一：11∶2赞成警告处分

12位学生代表在一名学生会干部的主持下，认真听取了小军对违纪事实的陈述，审阅了他对错误的认识（书面）。学生代表闭门集体讨论了对小军的处分等级和处理方式，经过归纳，最终形成了两种处理意见。学生代表对此进行举手表决，

13人表决结果为11∶2，通过了对小军的处理决定：大会公开点名批评；警告处分；为图书馆服务1个月。

现场二：当面宣读处理决定

这种崭新的处分制度在学校正式实施。学生违纪了是否受处分，或者将以什么样的形式处分等问题均不再由教师说了算，而是由民主选举产生的13名学生组成的仲裁委员会投票决定。仲裁委员会由1名学生干部、12名委员组成。学生会干部为会议主持人，参与表决。教育处教师负责指导，但不参与处分的表决。

学生代表通过举手表决达成处理决定后，向违纪学生当面宣读处理决定。如果违纪学生对仲裁委员会的处分结果不满，可以当场申诉并说明理由。若学生不认可仲裁委员会的处理决定，将由学校仲裁申诉委员会进行复议。若学生仍然不认可，可逐级向教育处、主管副校长、校长申诉。

现场三：违纪者自选处理方式

在得知仲裁委员会对自己的处理决定后，首个以此方式接受处分的学生小军对其中一项处理意见提出了异议。他希望不要点名批评，他愿意买三本同样的书来赔偿图书馆的损失。

仲裁委员会随即启动了申诉程序，学生代表对小军的要求进行了复议，大多数学生代表认为可以接受小军的请求，举手表决通过了对处理决定的修改。

"印象太深了！一辈子都会记得。以前受处分，有种有苦说不出的感觉。现在这样很好，我心服口服。我说过要做的事一定会做好。"接受处分的小军这样表示。

（案例来源：学生仲裁申诉委员会）

3. 引导学生加强自主管理

教育家苏霍姆林斯基认为只有能够激发学生进行自我教育的教育，才是真正的教育。为此，学校积极引导学生加强"自主管理"，实现"自主发展"。

自主管理是指学生自觉、主动、积极地开发自己的潜能，规范自己的言行，调控与完善自己的心理活动的过程。学生自主管理指向学生自主管理意识与自主管理能力的发展。这种管理模式以学生为中心，以自主管理、自我教育为目的，可以培养学生的管理能力和协调能力，为每个学生提供展示自己个性和才能的机会，实现事事有人做、人人有事做、人人参与管理、人人接受管理的自主管理机制。"授人以鱼不如授人以渔",教是为了不教,管是为了不管,管理育人的目标就在于引导学生进行自主管理。

学校通过自主执勤、主题班会、经典诵读、21 天习惯养成记、升旗仪式、"常规之星"评选、小组合作自评与互评等途径,将社会主义核心价值观渗透于学生日常自我教育之中,切实引导学生做好自主管理。例如,学校教育处牵头,编写了《学生自主执勤方案》,明确班级值周制度和规则。值周班级将学生分成若干小组,在值周领导和班主任的带领下,做好以下自主行为管理工作:督查文明礼仪,并严格要求自己,成为全校师生的表率;督查清洁卫生的打扫和保持,确保校园干净整洁;督查言行衣着,让每个学生都成为流动的校园名片;督查集会、出操秩序,确保校园活动整齐规范;做好值周总结,由学生干部在升旗仪式上进行总结,实现自我教育。每周一的朝会上,学校安排学生干部对上一周的自主执勤进行总结发言。学生干部结合一周的值周情况,对各班表现的优缺点进行汇报,号召同学发现问题,勇于改进,肩负责任,共建校园。值周班级学生直接参与学校的日常管理。班级轮流值周有助于建立学校自主管理的新生态,强化学生的责任意识,让学生爱校如家,不断成长。

责任在肩,担当于行——2201 班自主值勤纪实

前言

自主执勤是你成为郡园"小主人"的主场时刻,请你敢于担当。

自主执勤是你自我管理、自我教育、自我成长的难得经历,请你用心用情。

自主执勤是你展现文明有礼、活力向上的重要机会,请你勇于争先,为郡园的美丽贡献自己的力量!

第一篇章:一日之计在于晨

每日清晨,学校大门处,我们以挺拔的身姿、嘹亮的问候迎接每一位进校的教师和同学,我们检查同学的着装,确保每一位同学都身着校服。自行车停放处有我们的身影,我们确保每辆自行车都摆放整齐。

能站在校门口伴着朝阳迎接教师和同学,是我们的骄傲;能在井然有序的校园里与大家共同开启一天的新生活,让我们自豪!

第二篇章：课间岗

每到课间跑操时段，在教学楼，我们逐一检查每个教室，督促没有特殊情况的同学都参与运动；在操场上，在我们的严格督导和友善提醒之下，跑操有序地进行着。

生命在于运动。看着充满活力的跑操队伍，我们开心地笑了。执勤无小事，这些工作让我们自我责任感更强，在积累点滴管理经验过程中，我们充实且有成就感。

第三篇章：食堂检查

午餐时间，值勤的同学下课后快速抵达食堂各个执勤点。来不及吃饭，他们立马分工行动，开始组织同学们排队取餐，防止出现插队等不文明行为，督促同学用餐后送餐盘至回收处，并提醒同学不外带熟食。另外几名值勤队员负责清理餐后桌面，以便后来的同学在干净卫生的桌面上就餐。

午间食堂在短时间内聚集大量人员，进进出出，人来人往，有三五成群边走边聊的，有端着盛满食物的餐盘走来走去的，还有饥肠辘辘、一路小跑奔向窗口的……此时井然有序非常重要，没有秩序就会混乱不堪。自主值勤队员发扬舍我其谁的担当精神，直面各种违反规定的现象，勇于作为；对个别不遵守秩序的同学，我们敢于直言，善意指出他们的问题并督促改正。和谐美好的生活环境需要人人伸手维护，需要人人有担当，我们做到了。

第四篇章：午休岗

午间的教室是宁静的，有的同学在低头自习，有的同学酣然入睡，风儿寂静，鸟儿沉默。午休岗的队员轻手轻脚地在楼道里巡查，低声细语，交流执勤情况并随时做好记录。

图书馆阅览室那头，执勤队的队员正在整理书籍和清洁桌椅，为同学提供舒适整洁的阅读环境。

虽然执勤让我们无法午休，但在我们的共同努力下，同学们能利用短暂的午间安静自习或休憩片刻，保持充沛的精力以投入下午紧张的学习。这既是我们的职责，也是我们的衷心愿望。

"友爱"是一份闪着金光的善良，每位同学都是我们的朋友、我们的伙伴，我们愿意用友爱去呵护每一位同学。

第五篇章：晚间岗

伴随着落日余晖，晚霞挥洒着的金粉散落在校园。结束一天的课程后，我们晚间岗的执勤队员来到外教楼前的环保小屋，提醒同学做好垃圾分类，并登记各班垃圾分类情况。在我们的共同维护下，各班同学有序地排队，进行分类投放垃圾，没有出现插队等不文明行为。保护环境、爱护地球是全人类的使命，也是我们每一名长郡学子的责任，心系环保从日常点滴开始，落实到位，能以自己的行动为环保事业投入力量，我们很开心。

自主值勤是一段难忘的经历，它标志着我们具备了一定自律和他律的能力。在我们成长过程中，这样的经历总能带给我们很多感悟和启发。为了让这段经历成为记忆中的永恒，我们的幕后摄影团总是适时地用镜头记录下精彩的瞬间，我们的同学，我们的班主任，我们的热心家长，要么端着专业相机，要么拿着手机，把我们端庄的仪态、勇敢的担当、辛勤的汗水和胜利的微笑定格成了一帧帧画面。

感谢各位摄影师，感谢我们的成长记录者！多年以后，当我们翻看这些照片时，我们一定会被这个执勤周里努力的自己感动。

我们2201班为期一周的自主值勤完美收官，作为一个新生的团队，这是我们全体同学第一次通力协作完成学校交办的任务，收获必然满满。因此我们怀着激动的心情，用文字记录难忘的自主执勤周。除了每个人的家，校园是我们每日学习生活的重要场所，这么多教师和同学身处这个大家庭，怎样通过自我管理来营造温馨和谐的校园氛围，怎样通过自律和他律来维护校园的良好秩序，是我们每个人都应该认真思考的问题。我们通过自主值勤参与校园秩序的建设，这正是难得的社会实践，为我们积累了管理自我和为人处世的经验，帮助我们提升了素养和能力。

后记

谨以此文，记录我们2201班成长的美好时刻。在人生的征途上，少年时期是追光的年纪，在芸芸众生中，少年从来都是最闪耀的追光者。梁启超先生在《少年中国说》中对少年极尽赞美，又极尽期待，作为今日之少年，我们更应心向光明，做新时代最闪耀的追光者。

（案例来源：贺利兵）

（四）关爱特殊群体

在中小学生群体中，有几个特殊群体：特殊心理学生、特殊家庭学生、特殊行为学生、特异体质学生，简称"四特"。特殊群体学生面临着教育、生活、心理、情感、安全等诸多方面的问题，需要得到更多的关注和保护。而确保这些特殊群体学生健康成长，帮助他们在校园里找到幸福感和归属感，让他们得到一视同仁的待遇，是学校的职责所在，也是教育公平的要求。

学校在思想上高度重视和关爱"四特"学生，意识到特殊群体学生教育的重要性和迫切性，学校统一行动，聚合家庭教育、学校教育和社会教育的力量，致力于帮助每一个学生成为人格健全、心理品质良好、潜能充分发挥的人。

长郡双语实验中学关于加强"四特"学生关爱工作的实施方案

为加强特殊学生教育和管理，提高教育工作的针对性，及时做到人文关怀与心理疏导，促进学生健康成长，切实保护学生生命安全和维护学校稳定，学校特编写本方案。

一、关爱对象

特殊心理学生。确诊有抑郁症、焦虑症、情绪障碍等心理疾病的学生，或经过心理治疗，仍表现出较强消极情绪，在适应学校学习、人际交往等方面存在困难，甚至对他人学习、生活造成负面影响的学生。

特殊家庭学生。单亲家庭学生，家庭中只有一名抚养人的学生；留守儿童，父母因外出务工或其他原因，长期不在身边陪伴学习和生活的学生；家长患有特殊疾病或者家长存在家庭暴力行为的学生。

特殊行为学生：存在较严重的行为问题的学生；休学在家或辍学的学生；遭遇突发事件（家庭发生重大变故、受到自然或他人意外刺激）的学生。

特异体质学生。身患特殊疾病或者存在身体残疾的学生；生活中存在身体障碍、智力障碍等行为特征的学生。

二、关爱措施

开展家访。在对学生进行全面家访的基础上，教师对孤儿、单亲家庭、重组家庭、突发事件家庭的学生或存在严重心理问题、确诊心理疾病的学生等特殊群体主动进行定期家访（每学期至少1次），记录家庭特殊情况，建立访谈记录，班主任、心理教师、年级组及学校德育管理团队予以特别关注。

精准帮扶。对排查出的特殊学生，学校以班级为单位对特殊学生建立"一生一档"，实行动态跟踪管理，确定至少1位班主任或者任课教师（尤其是党员教师）包联1—2名特殊学生，负责做好关爱特殊群体的工作。针对特殊群体学生打造个性化的学习方案，提供针对性的辅导和学习资源。

朋辈互助。学校建立"一帮一"朋辈帮扶制度，选派共青团员、学生干部等与特殊群体学生结对，积极开展同伴辅导和互助，在学校、年级和班级各类活动设计中要为这些学生创设参与集体活动的条件和机会。

及时疏导。对于出现心理问题的学生，班主任和心理健康教师要及时疏导，进行心理干预，及时与家长取得联系，共同化解问题；对有严重心理问题的学生，教师要进行集中研判分析，做风险评估，如有必要须由家长带领就医。

重视激励。学校运用"校园六星"、红领巾奖章争章、期中期末评优评先等各类正向激励，让"四特"学生看见自己的价值和进步，从而不断完善自我，保持乐观积极的心态。

加强保障。学校加强生活保障，包括食宿和医疗等方面的支持，在确保安全的前提下，为特殊学生提供生活照顾和照护。学校加强安全保障，充分利用智慧安防系统加强物防、技防工作。

三、工作要求

高度重视。在常态化管理的前提下，学校还要重视考试前后，以及六月份考试月等学生心理压力较大的时段的管理，各处室、年级、班级要高度重视学生心理健康，注意优化教育教学的方式和方法，确保因材施教，让特殊群体学生得到关爱。

务求实效。各处室、年级、班级要做好特殊群体学生个人隐私的保护和保密工作，密切关注特殊学生的思想和行为动态，不断总结、分析存在的问题，提出帮扶措施，持续跟进落实特殊群体学生排查和关爱工作。

加强学习。学校利用线上线下相结合的方式组织开展各类心理健康教育讲座，倡导教师积极学习心理健康教育知识，全面落实"全员育人""全员育心"的基本要求，切实加强对特殊群体学生的关爱，为学生的健康成长保驾护航。

（案例来源：教育处）

第三节　管理育人序列经验总结

　　思想是行动的指南，管理理念决定管理模式，也决定育人成效。长郡双语实验中学秉承"朴实沉毅"的校训，探索开发学校德育工作序列化实践研究，立足以人为本，聚焦立德树人，构建管理育人序列，开展研究项目，落实实践研究，注重反思优化，总结研究成果，让德育工作取得新成效。

一、立足长远发展，遵循教育规律

　　十年树木，百年树人。教育不是工业，不能一蹴而就，无法追求立竿见影的效果。教育更像农业，成效的显现具有滞后性，需要长时间才能得到验证。因此，教育需要立足长远，不能只顾眼前，更不能急功近利，需要遵循人的发展规律。人的发展有阶段性，学习有关键期，个体有差异性，掌握这些规律，学校便不会在具体问题中失了方寸，不会在面对问题时如临大敌，也不会在教育过程中急功近利，从而做到用平和的心态应对教育工作中的各种具体问题，陪护学生健康成长。

　　在教育工作中，学校应该树立长远的目标，注重培养学生的终身发展能力。我们要明确每个阶段的教育任务和目标，合理规划学生的学习和成长路径。同时，我们要重视学生的个体差异，尊重每个学生的发展特点和潜力，为他们提供个性化的教育和关怀。在教育实践中，我们要善于抓住关键时期，充分利用学生发展的黄金时机。我们还要根据学生的认知、情感和行为特点，灵活运用适合的教育方法和手段，激发他们的学习热情和潜能，培养他们的创造力和批判思维能力。同时，我们也要关注学生的身心健康，注重培养他们的良好生活习惯和心理素质，为他们的健康成长提供良好的环境和支持。

二、优化管理制度，保障育人成效

　　在管理育人中，制定科学的管理制度是学校管理育人的基础和核心。学校应以国家和地方的相关法规和政策为依托和前提，制定出适合校情和学情的管理制度。

　　首先，我们需要深入解读教育政策，理解其中的精神和目标。教育政策是国家对教育发展的总体要求和指导方针，我们要全面理解其内涵和要求，确保我们的管理育人工作与教育政策保持一致。其次，我们要根据学校的实际情况和特点，制定适合的管理制度。学校管理制度是管理育人工作的基本准则和规范，它应当与教育政策契合，又能够切实适应学校的具体情况。在制定管理制度时，我们要充分了解学校的办学目标、办学定位和育人特点，结合学生的特点和需求，确保制度的可行性和有效性。同时，我们要加强对管理制度的宣传和培训，确保教职员工都能够理解和遵守制度的要求。最后，我们要建立健全监督评估机制，及时发现制度执行中的问题和不足，并采取有效的措施进行改进和完善。

总之，优化管理制度是学校管理育人工作的重要环节。只有把握教育政策的精神和方向，制定出适合学校的管理制度，学校才能够更好地引导管理育人工作，提高教育质量和育人效果。

三、落实以人为本，关注师生成长

教师是管理育人的引导者和参与者，学生是管理育人的主体，学校要全面贯彻落实以人为本的理念，培养德智体美劳全面发展的学生，打造业务精湛、师德高尚的教师队伍。教师个人修养、业务素养和师德水平的提升，能确保良好的育人环境。教师在管理育人中，既是管理者，又是被管理者，学校要落实以人为本的理念，促进师生共同发展，保障学校管理育人效果。

首先，教师是学校管理育人工作的重要力量。他们是学生的引导者和榜样，需要具备扎实的业务知识和高尚的师德。因此，学校要重视教师个人修养和专业素养的提升，通过持续的教师培训、交流和研讨，提升教师的教学水平和专业能力。同时，学校要加强师德建设，倡导教师以身作则，注重道德修养，为学生树立良好的榜样。其次，学生是学校管理育人的核心。学校要以人为本，关注学生的个体差异和需求，通过制定个性化的教育方案和关怀措施，促进学生全面发展。学校要注重培养学生的品德修养、学术能力和身心健康，营造积极向上的学习氛围和良好的校园文化。同时，学校要积极倾听学生的声音，鼓励他们参与学校管理，培养他们的自主意识和责任感。最后，学校要强化师生共同发展的理念。教师和学生是相互影响、相互成长的关系。学校要建立良好的师生关系，鼓励教师和学生之间的互动与合作，促进个体的共同成长和进步。学校还可以开展促进师生互动的活动，如学术讲座、学生社团等，为师生提供更多的交流和合作机会，促进他们的共同成长。

总之，落实以人为本，聚焦师生共长是学校管理育人工作的重要方向。通过加强教师队伍建设，关注学生全面发展，以及促进师生共同发展，学校能够创造积极向上的育人环境，为学生提供更好的教育和成长机会。

第七章
协同育人序列

　　协同育人通常指的是家校协同育人，它对学生成长的重要性日益显现。美国学者爱泼斯坦提出的"交叠影响域理论"指出，学生的学业表现和个体生长不单单只是学校在起作用，更多的是家庭、社区和学校共同作用。[①] 将家庭作为学校德育工作的重要组成部分，合理地引导家长对孩子进行家庭教育，并且能够有效地配合学校的教育和德育，成为当代教育的一个重要难题。一方面，学校需要作为教育专业机构进行设计和指导，另一方面，又需要作为具体的实践者积极地参与和配合。所以，学校是协同育人过程中的支柱力量，更是提升家庭教育质量的关键机构，学校的协同育人实施策略具有重要作用，因而有必要全面梳理其基本内涵和具体实践中遇到的基本问题与解决方案。

第一节　协同育人的概念及归因

　　家庭教育是塑造个体性格和价值观的基石，它不仅关乎学生的健康成长，也影响着社会的稳定和发展。随着社会的进步和教育理念的更新，家校协同育人逐渐成为教育体系中不可或缺的一部分。家校协同育人的客体虽然是清晰的，但主体往往含混不清。这种情况主要是因为不同的机构会参与协同育人的活动，比如政府会在这个过程中扮演政策设计、宣传推动、宏观调控的角色，社会公益机构也会积极地参与协同育人的活动，而学校在所有的推动力量中具有举足轻重的地位。这是因为

---

① ［美］乔伊斯·L．，爱泼斯坦，等．大教育：学校、家庭与社区合作体系［M］.曹骏骥，
　　译．哈尔滨：黑龙江教育出版社，2016：4–18.

学校本身是学生、家长、教师等诸多因素汇集的地方，英国教育学家斯宾塞也认为学校的作用是让学生"为生活的各个方面做一种完满的准备"①，因此，学校应该发挥对家庭教育的指导作用。

一、学校在协同育人中的角色与价值

一个有效运行的协同育人体系事实上包含了诸多对个体、社区、学校、社会、国家有益的价值方面，小则让家长在面对青春期孩子的各种非理性行为时，更有效地提供情绪价值；大则让家长以正确的价值观塑造的方法为国家和社会培养更全面的人才。更具体地看，学校的家校协同育人体系的价值可以从以下几个部分来建构。

（一）提升教育能力的全面系统

学校的协同育人对家长的提升可以说是多方面的。首先，学校从教育理论的角度培养家长新型的教育观，这也能够更好地促进家长在教育方面与学校达成一致。其次，学校可以从心理学、教育学等多个方面给家长以行为管理、情绪调节等方面的支持和指导。最后，学校可以在时间规划、营养膳食等日常行为的培养方面给家长以系统指导。

（二）促进家校沟通的双重平台

学校的家庭教育体系为家长和教师提供了交流的平台。这个平台包含了两个方面。一方面，它是现实意义上的交流平台，即在家长学校期间，家长可以与教师就某些教育话题展开深入的沟通和交流，以面对面交流为基础，家庭的问题会得到有效的传达，并且也会及时引起学校方面的注意。这样学校就能及时告知家长该学生可能出现的心理问题并就该问题组织家长和教师探讨研究，这有利于将问题消灭在萌芽的状态。另一方面，它是观念意义上的交流平台，学校的协同育人本身具有传播主流教育观念、新型教育技巧等功能，所以一旦家长接受了与学校一致的观念，这个平台就能起到更有效地增进双方的理解和信任的目的。家长能更准确地把握学校教育的方针和要求，教师也能更深入地了解学生的家庭背景，从而实现更有效的

---

① ［英］赫伯特·斯宾塞.教育论：智育、德育和体育［M］.王占魁，译.北京：中国轻工业出版社，2016：12.

教育合作。

（三）整合教育资源的有效机制

学校的协同育人全方位地整合了家庭和学校的教育资源，为家长提供了丰富的学习材料和活动机会。家长可以通过参与家长学校的活动，加强与学校、孩子以及其他家长之间的交流。在分享成功家长经验、学习他人成功教育方法的基础之上，每个家长都可以在家长学校中拓宽视野，提升自我，为孩子树立良好的榜样。

（四）培养良好家风的重要手段

良好家风的培养是习近平总书记在讲话中重点强调的内容，一个好的家风有利于社会的健康发展，也有利于国家的繁盛和强大。所以，学校的协同育人积极承担起这一职责，在强调家庭文化建设的同时，倡导家长以身作则，营造积极向上的家庭氛围，为孩子树立榜样，为家庭构建良好的家庭氛围。长郡双语实验中学就曾开展"传承好家风、培养好孩子"的家长学校活动。良好的家风对孩子的影响是深远的，有助于孩子形成正确的价值观和人生观，也有利于学校、社会和国家的精神文明建设。

学校在协同育人中的价值在于它为家庭教育提供了专业的指导和支持，促进了家校合作，丰富了教育资源，培养了学生的综合素质。学校提供的协同育人是现代教育体系中不可或缺的一部分，它对促进学生健康成长，提升家庭教育质量具有重要意义。通过学校相关的协同育人体系的建设，我们可以看到，教育不仅仅是学校的事情，更是家庭、社会共同参与的事业。只有家庭、社会和学校形成合力，才能为学生的全面发展提供最有力的支持。家长学校，正是这一合力的有效体现，其价值值得我们每一个人去认识和重视。但是，在具体的操作过程中，学校该如何扮演这个角色，如何将自己的角色定位区分于政府、社区、企业、营利性的教育机构，这也是非常需要思考的内容。

二、学校在协同育人中存在的问题与原因

学校在协同育人中的作用是举足轻重的。在既有的实践中，许多学校都以家长学校的方式来加强学校在家庭教育中的指导作用。就家庭教育体系而言，虽然学校无论是在基本出发点，还是在设计的基本思想、理念、社会价值和功能，以及专业程度等诸多方面都有极为明显的价值和优势，但是在学校层面的落实中，往往会

受到学校的管理和宣传、家长的配合和参与等诸多方面的现实挑战。那么，学校在协同育人方面到底存在哪些问题呢？我们可以从以下几个方面来探讨。

（一）学校进行协同育人的主要问题

在具体实践的过程中，学校在协同育人方面的运行并非一帆风顺，其面临的主要问题可以从以下几个方面来总结。

1. 资源和途径不足

学校平台在设计协同育人体系的过程中要承担教育理念、教育方法、氛围营造等多方面内容，而每一个方面都需要相应的专家。虽然在教育方面，学校教师掌握着极为丰富的实践经验，但是在教育理念和心理理念的传播，以及在情绪和智力的培养等诸多方面，还需要社会的积极参与。学校不仅需要有理论背景且有实践经验的教育专家，也需要各个行业的专家。如果学校缺乏这些专家，仅仅利用学校师资，协同育人就可能产生浅层化的问题，所以家长学校面临的首要问题是资源和途径不足，难以满足家庭教育的多样化需求。

2. 家校协同配合不够

学校作为指导家长提高家庭教育质量、促进家校合作的重要平台，其有效运作依赖于家长的高度参与，如果家长参与的意识不强，那么即便学校具有极好的师资和教育资源，也会面对巧妇难为无米之炊的局面。然而，现实中，大部分家长都在社会生活中有着自己的角色和责任，无法全情地投入孩子的教育，所以协同育人必然面临着家长参与度低的问题，而且这是普遍存在的。这不仅影响了学校在协同育人中功能的发挥，而且从本质上来说，正是因为家长在家庭教育中的缺席制约了家庭教育质量的提升。即便在被告知这一情况之后，家长也无法摆脱自身的社会角色，积极地参与协同育人，这正是学校承担协同育人职能时需要重点考虑的内容。

3. 信念差异与接受问题

学校作为教育的实施主体，在与家长互动和交流的过程中，其基本功能之一就是帮助家长树立正确的教育理念，比如由过分重"分"向育心和重"能"转变。往往带有这种认识偏差且最需要接受家长学校教育的家长在面对来自学校、班主任、教师的指导时，会因缺乏自我觉察、忽视活动价值等因素而缺席。这就导致最需要改变观念的家长在实践过程中避开或错过了来自学校的家庭指导机制，从而导致学校体制建设的初衷未能实现。如何引导家长接受并转变相应的教育观念，对学校本

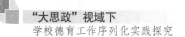

身也是任重而道远。

4. 边界模糊与过度干预

所谓家校协同育人的边界，是指学校的协同育人工作具有一定的范围和特定的目标。① 在家校协同育人过程中，学校教师尤其是班主任会深入了解学生的家庭生活情况，作为教育者，他们在很大程度上会受到相应的干扰，从而难以避免地存在过度干预学生家庭生活的情况。这也是在协同育人过程中需要注意的一个重要问题。

（二）学校协同育人存在问题的原因分析

基于以上的问题，我们可以总结出主要原因。

1. 缺乏认识

许多家长对学校组织的协同育人工作的重要性缺乏足够的认识，也许有些家长明白按时参加家长会以了解孩子的基本状况的重要性，但是这是远远不够的。很多家长尚且不清楚参与诸如家长学校活动、年级家长讲坛活动能为自己和孩子带来的益处。

2. 时间与精力限制

当今中国社会处于一个加速的状态，表现为相对于以前而言现代生活节奏要快很多，对于每一个家长而言，工作压力和生存压力本身比较大，又加上许多家庭多为双职工家庭的形态，许多家长难以在工作和家庭之间取得平衡，也难以抽出时间参与学校组织的相关指导和交流活动。

3. 信息不畅

学校与家长之间的信息沟通不畅，导致家长对学校诸多活动的时间、地点、内容等信息了解不足。由于学校的各类活动并非强制参加，在活动宣传之初，这些信息就可能被家长忽略。

4. 专业化程度不足与活动形式单一

学校的家庭指导作为家庭教育的重要补充，其专业化程度直接关系到家庭教育的质量和效果。然而，当前学校的协同育人在专业化方面存在诸多不足，亟须引起关注和改进。比如家长学校活动形式单一，对于大多数家长而言缺乏吸引力，难以

---

① 王东.论学校家庭教育指导工作的边界及其启示［J］.中国教育学刊，2023（1）：47—51.

激发家长的参与热情。

5. 缺乏激励机制

虽然说孩子的成长是一个对家长非常有用的激励，但这不是短期内可以实现的，需要长期培养。因此，实施效果难以立竿见影的家校协同育人可以说缺乏有效的激励机制，家长参与学校组织活动时缺乏足够的动力。

提高家长参与度是学校开展协同育人工作的重要内容。家长只有充分参与，家长学校才能真正发挥作用，促进家庭教育质量的提升。学校、家庭、社会等多方应共同努力，采取有效措施，提高家长的参与度，推动家长学校工作的开展，为学生的健康成长创造良好的家庭和社会环境。

第二节　协同育人序列设计与实施

长郡双语实验中学在长期的协同育人实践中逐渐形成了具有自身鲜明特色的策略，并且在长期的实践中验证了这一措施的有效性。一方面体现在它能有效地应对学校在承担协同育人任务时面临的诸多问题，另一方面体现在它能很好地彰显学校在协同育人中的特色，以达到区别于政府和其他社会力量的作用。具体而言，学校的协同育人序列被体系化为逐层推进的有序策略，即"四位一体"协同育人路径，分别从学校层级、年级层级、班级层级和个人层级四个层面入手，以确保不同的指导内容、以不同的形式在家长中起作用。而且学校设计的家长活动会根据学生学情的不同而进行明确的、针对性的设计，活动类型多样。

长郡双语实验中学实施的协同育人序列由两大类型组成，一个是纵向序列，一个是横向序列。所谓纵向序列指的是由学校层面的"家长学校"、年级层面的"家长团辅"、班级层面的"家长沙龙"和教师个体层面的"个人指导"构成的"四位一体"纵向架构，以及分年级的纵向主题活动（如图1）。横向序列指的是每个纵向序列单位的次级模块及相关活动（如表1），家长学校由三个大模块构成，分别对应三个年级，家长团辅由六个模块构成，分设具体的内容，分为线上、线下两种模式，家长沙龙则根据每个学期形成一个模块，最后，个人指导作为补充。

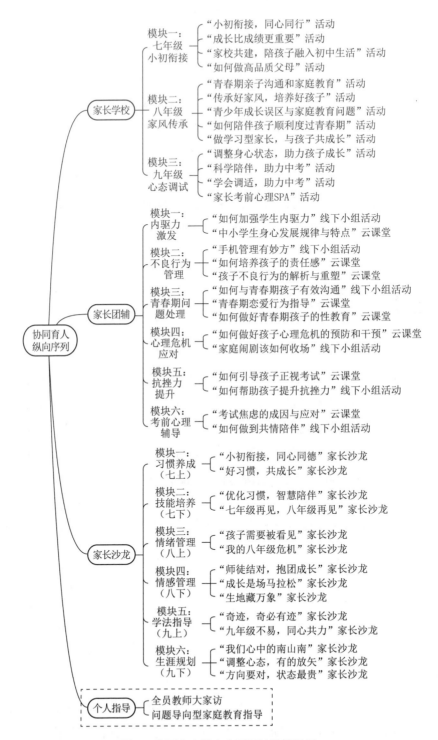

图1 协同育人纵向序列设计思维导图

表1　协同育人活动横向序列

横向系列	七年级		八年级		九年级	
家长学校	模块一：小初衔接		模块二：传承家风		模块三：心态调适	
家长团辅	模块一： 内驱力激发	模块二： 不良行为 管理	模块三： 青春期问题 处理	模块四： 心理危机 应对	模块五： 抗挫力 提升	模块六： 考前心理 辅导
家长沙龙	模块一： 习惯养成 （七上）	模块二： 技能培养 （七下）	模块三： 情绪管理 （八上）	模块四： 情感管理 （八下）	模块五： 学法指导 （九上）	模块六： 生涯规划 （九下）
个人指导	全员教师大家访 问题导向型家庭教育指导					

一、学校层面：家长学校

（一）家长学校的内涵和特点

家长学校作为一种特殊且非正式的教育机构，其核心目标包括：提升家长的教育能力，更新家长的教育理念，改善家长与学生之间的教育关系，促进家庭教育与学校教育的有效衔接。在探讨家长学校时，我们需要从其定义、目的和特点等多个维度进行深入分析。

首先，从其定义来看，家长学校是一种旨在教育和支持家长，帮助他们更好地履行家庭教育职责的教育机构或项目，这是目前学校提供的协同育人的最常见做法。但是，关于如何开展家长学校，每个学校的做法并不一致。长郡双语实验中学在实际的序列操作中，将家长学校看作一个最高层级的协同育人的措施，主要开展的是从学校层面邀请各方面的专家对学生家长就该如何提升家庭教育的方方面面进行指导的活动。为了保证专业性，学校邀请的都是各个领域的专家，比如教育专家、心理学专家、医学专家、法律专家。所以，从某种意义上来说，学校的家长学校策略是将社会上最优质的教育资源与学校的协同育人工作衔接。在具体的操作过程中，借助集团校的品牌效应，学校也会邀请集团内的名师来校进行相关的学习和升学指导。

其次，家长学校的目的分为两个层面，从其直接目的来看，家长学校是为了促进家长教育理念和方法的改进，而其深层目的则是让学生在更为适宜的环境中得到更好的家庭教育。家长学校的行为主体是学生所在的学校，这样做更有利于家长了解并和教师交流学生的各方面情况，家长学校的直接教育对象是学生的家长，其目的是通过提供教育资源、培训和支持，增强家长的教育能力，提高家庭教育的质量。家长学校最终的教育对象仍然是尚未成年、缺乏独立自主能力的学生。

最后，家长学校的特点也包含多个方面。第一，分享信息是家长学校的主要内容。家长一般受限于工作和社会环境，无法及时获得有关教育趋势、教育相关法律法规、教育政策、学习方法和儿童心理健康等方面的信息，所以，家长学校的一个重要任务就是传播相关的教育信息，而且家长学校要为家长提供最高质量、最权威的教育信息。第二，技能培养是家长学校传授的核心内容。家长可以通过家长学校学习如何更有效地与孩子沟通、如何辅导孩子的作业、如何鼓励孩子阅读等实用技能。第三，家长学校是相互支持和资源共享平台。家长学校作为教育机构的一部分，也可以为家长提供相互交流、学习的支持平台，帮助他们在相互交流和共同成长中应对教育中的挑战。第四，家长学校本质上是家校合作机制的重要组成部分，家长学校强调家校之间的合作，鼓励家长参与学生的学校生活和决策过程。第五，从最深的层次上来看，家长学校是文化和价值观的传播平台，家长学校涉及的所有内容都可以被归结为一种更符合主流的社会价值和文化，在家长学校中得以有效传播。因为对学生的教育必然会涉及道德、法律、心理、社会等诸多方面，那么，要对学生进行正确的价值观引导就必然要求对家长进行正确的价值观引导。

（二）家长学校实施的原则和策略

长郡双语实验中学在长期的"家长学校"实践中建立了完整的序列体系，从宏观的架构入手，充分调动学校在协同育人方面的优势，积极调配资源，邀请各个领域的专家和本校专家，针对学生在校的具体情况，有针对性地给家长提供全方位的指导（如表2）。

表2 家长学校课题序列

家长学校	课题	主讲嘉宾
模块一： 小初衔接	第一期：小初衔接，同心同行	学校教科室副主任：黄湘峰
	第二期：提升自我，与孩子共成长	心理咨询师：谭华
	第三期：青少年成长误区与家庭教育问题	湖南省妇联家庭教育宣讲团团长、湖南省总工会讲师团成员：蒋维
	第四期：隔辈亲，智慧爱	长沙市关工委副主任：刘耀杰
	第五期：优化情绪，智慧陪伴	长沙市教育局关工委主任、张晓阳家庭教育名师工作室首席名师：张晓阳
模块二： 传承家风	第一期：传承好家风，培养好孩子	长沙市家庭教育学会副会长、教育学博士：商南花
	第二期：家风故事代代传·文明风尚时时新	"家风故事代代传"征文比赛获奖家长
	第三期：做智慧家长，育活力少年	长沙市岳麓区咸嘉湖街道荷叶塘社区"成长不烦恼工作室"志愿者：李惠英
	第四期：亲子沟通与家庭教育	应用心理学博士、副教授、中国心理学会注册心理师、湖南工商大学心理健康教育中心主任：戴吉
	第五期：生命"缘"·与青春对话	长沙市教育局关工委主任、张晓阳家庭教育名师工作室首席名师：张晓阳
模块三： 心态调适	第一期：调整身心状态，助力孩子中考	世界中医药联合会身心医学专业委员会常务理事：肖长江
	第二期：家长考前心理SPA	中南大学湘雅医学院心理中心教授：吴大兴
	第三期：陪伴孩子度过关键期	中国教育学会家庭教育专业委员会理事、中国青少年研究中心高级研究员：刘心
	第四期：如何陪伴孩子顺利度过青春期	长沙市教育局关工委副主任、张晓阳家庭教育名师工作室首席名师：张晓阳
	第五期：综合素质评价专题培训会	学校教育处主任：罗蓬勃

就具体的实施而言，家长学校包含以下三个模块：

第一模块主要为七年级的学生家长设计。这一阶段的主旨在于让新入校的学生和家长了解学校文化，以及统一家校育人目标，为学生的小初衔接、良好习惯培养打下基础。所以，长郡双语实验中学会根据七年级的学情组织开展"小初衔接，同心同行""成长比成绩更重要""家校共建，陪孩子融入初中生活""如何做高品质父母"等家长学校主题活动，通过专家讲座为家长提供全方位的理念指导。

第二模块主要围绕八年级的学生家长展开。这一阶段的学生是刚刚进入青春期的少男少女，家长学校的主题活动则主要围绕如何与青春期的学生有效沟通、如何加强学生时间管理、如何帮学生克服对手机和网络的依赖等问题展开。所以，长郡双语实验中学结合八年级学生的特点和家长的需求组织开展了"青春期亲子沟通和家庭教育""传承好家风，培养好孩子""青少年成长误区与家庭教育问题""如何陪伴孩子顺利度过青春期""做学习型家长，与孩子共成长"等主题活动。

第三模块主要针对九年级的学生家长展开。这一阶段的学生马上面临重要的考试，所以如何科学设定目标、持续激发学生的学习动力，以及如何陪伴学生并帮助其顺利度过心理危机则成为这一阶段学生家长的主要关注点。因此，长郡双语实验中学根据九年级学生的身心特点组织开展了"调整身心状态，助力孩子成长""科学陪伴，助力中考""学会调适，助力中考""家长考前心理 SPA"等一系列主题活动。

（三）案例解析："与青春对话，为心灵导航"家长学校

"与青春对话，为心灵导航"是长郡双语实验中学开展的以家风建设为旨归的家长学校序列中的一个案例。由前文叙述可知，家长学校在"四位一体"的协同育人序列中的主要任务是邀请专家为家长分享相关内容，借助专家的专业知识为家长普及教育学、心理学、法律等方面的知识，从而推动学校协同育人工作的开展。

1. 活动背景

为了深入贯彻习近平总书记关于重视家庭家教家风建设的重要论述，落实《中华人民共和国家庭教育促进法》的有关要求，形成家校协同共育的良好氛围，2023年 11 月 10 日下午，长郡双语实验中学举办了一场以"与青春对话，为心灵导航"为主题的家长学校活动。这一场活动在协同育人序列中，属于家长学校的八年级专场。为了能够更好地传播学校的协同育人序列，在线下开展家长学校活动的同时，长郡双语教育集团成员校的家长还可以通过线上方式参与活动。

这次家长学校活动针对的是八年级的学生家长，这一阶段的学生进入青春期不久，身体和心理方面发生较大变化，他们开始审视父母给予的爱，开始质疑父母，甚至开始挑战父母的权威与经验，亲子之间的碰撞明显增多。虽然说八年级的学生

第七章
协同育人序列

正处在"身心剧变"的关键时期，但学生也正是在这一剧变中从依赖走向独立。独立意味着学生不会再将所有的事情与家长分享，那么一旦出现青春期问题，家长会觉得孩子的心理感受难以捉摸。所以在整个中学阶段，青春期的各种变化都是备受家长关注的内容。家长如果想要更好地掌握青春期学生的心理特征，就不能采用原来小学阶段的亲子模式，而需要学习更智慧、更高效的沟通和表达方式，让学生在愿意接纳意见的氛围中接受来自家长的帮助。只有当青春期的学生愿意接纳家长，家长才能更有效地助力学生健康成长和全面发展。家长只有充分接受科学的家庭教育指导，转变教育理念，他们的帮助才会与学校的教育以及心理辅导形成合力，协同实现家校共育的双赢。

2. 活动过程

（1）活动主讲人

戴吉，心理学博士，湖南工商大学心理健康教育中心主任，副教授，中国心理学会注册督导师，中国心理卫生协会大学生心理咨询专业委员会委员、中国心理卫生协会家庭治疗学组委员、中国社会心理学会婚姻与家庭心理学专委会委员，湖南省中小学心理健康工作指导团队成员。

（2）活动经过

家长在参加家长学校活动的前期访谈中曾经明确表示，更想听到具有实践性的讲座，让他们能够更好地将教育和心理理论运用到实践中。所以，长郡双语实验中学在开设家长学校的过程中，特别倾向于让专家进行偏向经验的传授而不是理论的宣讲。所以戴吉教授在讲授过程中，更加注重将理论结合实践，以案例分享的形式给学生家长讲解青春期学生的主要特点。戴吉教授向家长解读了青春期理论，介绍了处理情绪、理解情绪和管理情绪的方法，并向家长剖析了父母和孩子的焦虑、行为、关系，介绍父母变"控制"为合作、孩子变"对抗"为合作的方法。在沟通方面，戴教授从听、说、换位思考等方面为家长传授了妙招，揭示家庭沟通的秘诀，让现场家长直言受益匪浅。

3. 家长反馈

参与了这次家长学校活动之后，家长对这个话题展开了热烈的讨论，并产生了强烈的反响。学校在进行家长学校的活动时，特别注意搜集和整理家长的反馈，这样更有利于分析和总结家长学校活动的授课和指导效果。

家长 A 表示："在日常沟通过程中，我觉得说得太多孩子会有逆反心理，说得太少孩子又记不住，每天唠唠叨叨让孩子烦，自己也烦。我一直非常苦恼，到底该怎样和孩子沟通。今天听了戴教授的讲座，心里豁然开朗，受益匪浅。我会按照戴教授的方法去行动，改变沟通方式，努力不指责、不唠叨、不吵架，双向沟通、好好说话。正如戴吉教授所言，沟通好了，对孩子的成长和学习都是大好事！感谢学校的用心！"

家长 B 表示："俗话说'说出去的话泼出去的水'，每个人说话的时候，总是受到自己内心状态的影响。教育孩子的过程中我常会感到急躁、愤怒，甚至在情绪激动时大声咆哮，并且说出一些未经深入思考的话。每次这样的情绪爆发后，我都非常后悔，不经意间把对孩子的教育变成了自己的情绪宣泄。作为家长，我也要多学习。听戴教授这样的专家讲座，我获益良多。"

家长 C 表示："今天我更加感受到学校对学生的重视、关心和爱护。通过讲座，我认识到良好的亲子关系、家庭氛围、沟通方式是家庭教育成功的基础和前提，它们直接影响着家庭教育的效果。放下身段，蹲下身来，倾听孩子的心声，尊重孩子的人格，做孩子的朋友，家长才能做到真正有效的陪伴。"

家长 D 表示："讲座中提到的一句话让我印象非常深刻，那就是'没有良好的亲子关系，就没有良好的教育'，家庭教育氛围对孩子的至关重要。父母的言行、习惯等因素都会影响孩子，因此，作为家长，我们应多学习，不断更新和增长知识，尊老爱幼，和孩子和谐相处，不在孩子面前争吵，成为孩子的表率，这样对孩子也会起到潜移默化的作用。"

（案例来源：教育处）

二、年级层面：家长团辅

（一）家长团辅的内涵和特点

在具体的实践过程中，长郡双语实验中学并不只是在学校层面建立家长学校的基本制度，还在校内建立起了以年级为单位的家长团辅。这一部分协同育人的重点主要在学生心理相关问题的处理和应对方面。

家长团辅就是家长团队辅导的简称，在长郡双语实验中学的实践中，学校主要采用以年级为单位的家长家校打造协同育人体系。如果说家长学校主要是借助校内外专家的力量，为全校范围内的家长提供全方位的宏观教育理念和心理学观念上的培养，那么家长团辅则是以年级为单位进行的更加有针对性的辅导，古德莱得（John I. Goodlad）认为，培养公民的学校教育和培养个性的家庭教育应当有机结合①，一个年级的学生大致面临相同年龄阶段的问题，所以，以年级为单位的家长团辅在尊重学生个性的基础上可以开展有针对性的共性研究。在所有的这类共性问题中，最为常见也最为重要的就是对学生心理的关心和塑造，因此，家长团辅是主要依靠学校既有的心理学专业团队打造的家庭指导序列。

（二）家长团辅实施的策略

长郡双语实验中学实施的家长团辅将"家长云课堂"线上辅导和"家长小组"线下辅导结合，具体包含以下六个模块（如表3）。

表3　家长团辅指导序列

家长团辅	纵向序列					
	七年级		八年级		九年级	
序列主题	模块一：内驱力激发	模块二：不良行为管理	模块三：青春期问题处理	模块四：心理危机应对	模块五：抗挫力提升	模块六：考前心理辅导
家长云课堂	中小学身心发展规律与特点	如何培养孩子的责任感，孩子不良行为的解析与重塑	青春期恋爱行为引导，如何做好青春期孩子的性教育	如何做好孩子心理危机的预防和干预	如何引导孩子正视考试	考试焦虑的成因与应对
线下家长小组活动	如何让孩子遵守约定，如何激发孩子的内驱力	手机到底给不给，手机管理有妙方	母与子、谁先迈出第一步，如何与青春期孩子有效沟通	家庭闹剧该如何收场	如何帮助孩子提升抗挫力	如何做到共情陪伴

模块一是内驱力激发。中学生正处于自我成长的关键期，培养内驱力，对他们至关重要。内驱力是内心深处的动力，激发学生追求目标，克服困难。具备强大内驱力的中学生能够自主学习，主动探索，不依赖外界奖励或受限于外界压力。这种

---

① ［美］古德莱得.一个称作学校的地方（修订版）[M].苏智欣，胡玲，等，译.上海：华东师范大学出版社，2014：38.

力量使他们在学业、人际关系乃至未来的职业发展中，都能够展现出色的自我管理与决策能力。因此，学校和家庭应共同努力，通过多样化的教育方法和积极的心理引导，帮助中学生激发并强化内驱力，为他们的全面发展奠定坚实的基础。但是，学生往往难以形成有效的内驱力，这主要因为学校采取较为平等的模式对待学生，无法最大限度地激发学生的内驱力，所以在这一点上只能更多地依靠家长的细心观察和有效的引导，以此激发学生的学习内驱力。所以长郡双语实验中学开学的第一次家长团辅就以"如何激发学生的内驱力"为主题，从一开始就引导家长从身边的观察和培养入手寻找和激发学生学习的内驱力。

模块二是不良行为管理。学生进入初中学段之后，独立意识增强、自理能力提高，有更多的时间独处，有更多的机会接触到电子产品。一方面，随着年龄的增长，家长也确实给予了孩子更多的信任；但另一方面，不加节制的"放权"往往与自控能力缺乏、"信息节食"不到位交织，给孩子带来一些成长的烦恼，其中一个重要的表现就是电子产品的沉溺。同时，又因为信息的不畅通，家长也不知道孩子在校内是否需要大量使用电子设备来学习。所以，长郡双语实验中学开设了以"手机管理有妙方"为主题的家长团辅。首先，传递理念原则，强调在电子产品的使用上要采用适度原则，这就意味着家长不可以随时随地地给孩子提供电子设备，应尽到对孩子电子设备的监管及引导义务。其次，提供有效策略，即家长应采取有效的策略引导孩子正确且合理地使用电子设备。关于具体的引导方式，团辅专家会邀请成功的家长以及专业的心理辅导教师讲解具体的案例，帮助家长在电子设备的使用意识和具体策略上获得更为清晰的认识，方便家长更有效地引导孩子合理地使用电子设备。除了电子产品的使用，初中学段的学生还会存在其他方面的不良行为表现，如"拖延""缺乏责任意识""不遵守纪律""相对自我、缺乏合作意识"等，这也属于"不良行为管理"的序列主题。长郡双语实验中学通过对初中生常见的不良行为的梳理，设计出一系列有针对性的家长团辅活动，如"如何培养孩子的责任感""孩子不良行为的解析与重塑"等来引导家长以正确的方式应对孩子的不良行为。

模块三是青春期问题处理。青春期是一个人成长的关键时期，而初中学段可以说是青春期问题的突出表现时期。因此，心理问题的辅导应以青春期问题的认识和处理为重点。故在协同育人序列中，家长团辅活动将青春期问题的应对作为重要模块。这个模块包含了三个主要方面：

首先，家长该如何与青春期的孩子沟通。正值青春期的孩子非常敏感，且处于独立的萌芽状态，他们更愿意借助自己和同伴的力量来处理心中的问题，而不是像从前一样求助于家长。家长在这一过程中会出现较大的心理落差，因而，引导家长如何认识这一现状并且培养家长与青春期孩子的沟通技巧就成为活动的应有之义。

其次，青春萌动、对异性产生好感该如何认识和处理，这也是特定的年龄段将要面对的重要问题。步入青春期，一股从未有过的心潮悄然涌动，孩子甚至在心中开始萌发一些对异性朦胧的情感，但又缺乏合适的了解、沟通的渠道，加上学业压力非常大，所以孩子往往会压抑住自己内心的真实想法，产生暴躁、不耐烦等让家长摸不着头脑的情绪，这就需要让家长及时习得相应的情绪表现，在遇到类似情况时可以事先做出判断并且与学校保持畅通的信息交流，这样更加有利于对孩子进行正确的引导。

最后，如何进行青春期性教育，是一个更为重要且更为棘手的问题。伴随着第二性征的逐渐凸显，初中生已经开始面对身体的巨大变化和随之而来对于性的兴趣。迫于文化习惯，孩子一般较难就相关问题向家长进行询问，因此，这也需要家长能够更加敏锐地捕捉到孩子的情绪并且给予及时的反馈和帮助，这样才能配合学校的性教育，并且能够更有效地引导孩子塑造更正确和健康的性观念。关于这些问题，长郡双语实验中学逐渐形成了行之有效的家长团辅序列活动，组织"如何与青春期孩子有效沟通""青春期恋爱行为引导""如何做好青春期孩子的性教育"等活动，这些活动在引导家长树立正确的家庭教育理念上产生了非常重要且显著的效果。

模块四是心理危机应对。当学生年龄增长，且学习压力越来越大，借助前期的良好引导，学生自身则会慢慢化解心中的情绪，形成健康的心理，能够承受学业和生活中的压力。但是，有些学生在早期未能及时有效地建立强大的内心，所以在遇到骤增的学业压力和难以及时化解的青春期问题时，他们就可能产生心理危机。此时，专业的心理咨询专家的干预尤为重要。但是在此之前，家长应当有正确的心理危机干预意识，不能回避问题、讳疾忌医。因此，在家长团辅的序列活动中，对心理危机干预策略的辅导是保护学生身心安全的一道重要屏障。长郡双语实验中学在长期的实践中摸索出了这一模块的具体操作流程，即引导家长与孩子进入正确的相处模式，不以指令或命令的方式教育孩子，而是以共情的方式去理解孩子。只有这样的陪伴才是真正的陪伴，带有指令和说教性质的陪伴最终只能适得其反。所以长郡双语实验中学开设了"如何做到共情陪伴"的家长团辅活动，这一活动在于引导家长以平等、共情的姿态去理解孩子的挫折、失败、自卑、厌学等诸多自己难以面对和消化的消极情绪。但是，如果孩子已经出现了相对明显的消极情绪，家长应当及时运用团辅活动的"如何做好孩子心理危机的预防和干预"对孩子的情况做出判断，并且及时到专业机构进行测评和心理干预，这样才能在萌芽状态解决问题，避免激化矛盾。

模块五和模块六针对考试心态的调适。进入九年级，学生要迎接升学的挑战，面临着未来的不确定性和学习的压力，这时候"如何引导孩子正视考试"就是具有针对性的协同育人活动。这将有利于家长更有针对性地帮助孩子迎接接下来的备考，尽量缓解由考试带来的紧张和焦虑情绪。与此同时，这也是在缓解家长自身的紧张和焦虑情绪，而且这种紧张和焦虑情绪往往会在家庭成员之间传递，这也意味着家长接受的引导也会在很大程度上缓解自身的压力和紧张，间接地创造良好的家庭氛围，给孩子提供更有利的助力。

需要指出的是，以上的序列模块是学校从诸多的实践中总结出的内容，但是所有的序列都必须留有足够的变动空间，所以该序列的构建也并非一成不变，而会伴随着每一届学生面临的问题和性质的不同发生改变，所以，学校在构建序列时会考虑一些临时和突发的状况，作为已经成型的序列的及时和有效的补充。

（三）案例解析："'爱'的信号"家长云课堂

家长团辅是以年级为单位进行的更加有针对性的辅导。在该案例中，长郡双语实验中学心理成长辅导中心何孟苹老师就针对青少年"恋爱"情况给家长提供家庭指导策略。

1. 案例背景

为了有针对性地提供协同育人的策略，帮助家长树立科学的家庭教育观念，形成家校协同育人合力，长郡双语实验中学心理成长辅导中心开发了家庭教育系列微课（如表4）。其中"青春期恋爱行为引导"成了超半数家长关注并期待的话题。经过调查研究，教师发现，随着社会的发展、观念的开放以及物质生活水平的提高，中学生早恋现象已具有一定的普遍性，并逐渐向低龄化和公开化发展，这一现象也越来越多地引起了社会各方面的关注。大多数家长谈早恋色变，将其视为洪水猛兽，发现孩子出现恋爱信号便无法理智客观地应对，甚至可能采取过激的措施，导致亲子关系僵化。对此现象，部分家长感到力不从心，束手无策。对于青春期孩子而言，家庭是最有效的教育环境，家长需要理解中学阶段孩子恋爱现象产生的原因，找到科学有效的应对策略，引导孩子正确对待早恋心理，正确应对早恋行为，维系家庭和谐，使孩子端正心态，促进他们身心健康发展。案例围绕中学生的早恋现象，分析现象背后的原因，帮助家长梳理面对孩子恋爱情况时的情绪感受，找出对策。

表4　长郡双语实验中学协同育人系列微课需求调查

序号	选项	小计	比例
1	C.如何激发孩子的内驱力	1705	85.89%
2	D.如何与青春期孩子有效沟通	1503	75.72%
3	B.如何培养孩子的责任感	1353	68.16%
4	J.手机管理有妙方	1100	55.42%
5	A.如何做到共情陪伴（如，孩子遇到挫折，如何引导孩子重塑自信）（如，孩子嘴上说"不想上学了"，家长怎么回应）	1083	54.56%
6	O.青春期恋爱行为引导	1061	53.45%
7	G.如何做好青春期孩子的性教育	923	46.50%
8	N.如何做好孩子心理危机的预防与干预	913	45.99%
9	H.如何引导孩子正视考试（既包括家长，又包括孩子）	805	40.55%
10	E.孩子不良行为的解析与重塑（如拖延、破坏集体规则等）	767	38.64%

2. 授课过程

何老师以美美（化名）的故事引入课题，分析了早恋出现在青少年生活中的现象和原因，并为家长提炼出应对孩子早恋信号的"三二一"策略。

（1）三：三把钥匙

①接纳

心理学家埃里克森曾指出："青春期的恋爱，对于青少年的自我理解和身份认同有着重要贡献。"家长应接纳孩子青春期的正常身心发展，看到这种情感对孩子心理成长的重要意义。

②尊重

当孩子感受到自己被尊重、与他人处于平等的位置时，他才会将自己看成一个拥有完整人格的个体。父母对孩子情感的尊重与理解，无疑是对孩子情感发展的最大支持。

③信任

父母要在青春期孩子心里种下一颗信任的种子，相信孩子有处理问题的能力，也让孩子相信父母是可倾诉和可依靠的。父母要让孩子相信，他们出现了困惑、遇到了困难时，父母永远会和他们一起面对。

（2）二：两个桥梁

与孩子建立"青春期恋爱话题"的沟通桥梁，父母可以使用两种方式：无声的书信和有声的谈心。无声的书信有助于父母梳理自己的情绪感受，同时对孩子而言，一封来自父母的情感浓厚的书信对他的意义重大。有声的谈心，一定是建立在平等、尊重的基础上，父母和孩子坐下来好好聊聊这个话题，一起探讨关于恋爱的看法。不管使用哪一种方式，父母都要告诉孩子：我理解你的感受，作为成年人，我想告诉你恋爱和婚姻意味着什么，需要具备怎样的能力，需要承担哪些责任，在这个阶段什么样的情感是积极的、正向的，什么样的做法是被支持和鼓励的，以及怎样提升自己、完善自己。

（3）一：一起成长

最后，在孩子的整个青春期，父母大大方方地和他们谈论这个话题，直面性教育，给予他们科学合理的指导，让他们尊重和敬畏生命，和孩子一起成长。

何老师利用"家长云课堂"帮助父母分析孩子青春期的恋爱信号，引导父母做好课题分离，将自己的情绪与孩子的行为分开，从而转变观念，做好科学疏导，与孩子一起成长。

3. 案例评析

家庭教育是一个孩子的教育基础，具有先天的影响力，如同工程队盖楼房一样，家庭教育是打地基，学校教育便是在地基上盖楼，学校教育和家庭教育对孩子的成长都起到至关重要的作用，二者的衔接与合作可以共同为孩子创造一个适宜成长的环境。何老师的这堂"'爱'的信号"是"家长云课堂"的第七期微课，主要目标是引导家长直面青春期孩子的早恋信号，使家长更了解青春期孩子的身心发展特点，懂得正视自己的情绪感受和孩子的行为，学习更合理、更有效的疏导青春期孩子情感需求的方式。

每个家庭都是复杂且独特的，父母的理解能力、受教育程度、教育理念和孩子的相处关系等各方面都有差别，从某种程度上来说，这节微课提供的只是理论指导和观念指引，每个父母在对孩子的教育过程中，产生的效果是因人而异的。在不同的家庭教育场景中，父母要结合现实处境应对。如何设计更加有针对性的协同育人序列，指导不同性别、不同个性、不同家庭模式的家长更好地引导青春期孩子的成长，是长郡双语实验中学心理成长辅导中心的"家长云课堂"团队正在努力的方向。

（案例来源：心理成长辅导中心）

三、班级层面：家长沙龙

（一）家长沙龙的内涵和特点

家长沙龙在长郡双语实验中学的整个协同育人体系中是最微观的指导单位，即班级单位。班级是学校整个指导体系中与学生和家长接触最紧密的一个环节，主要体现在序列的班会活动。这些活动家长可以独自参加，也可以和孩子共同参加，家长在班会活动中将得到班主任具体可行的建议。

（二）家长沙龙实施的策略

在长郡双语实验中学的实践中，学校配合家长沙龙将初中三个年级的班会活动变成了一个序列的活动，家长沙龙由以下六个模块组成（如表5）。

表 5　家长沙龙序列

纵向序列	沙龙主题
习惯养成 （七上）	"小初衔接，同心同德"家长沙龙——初中生行为规范与日常生活指导
	"好习惯，共成长"家长沙龙——家校协同进行"21天习惯认证积分"活动
技能培养 （七下）	"优化习惯，智慧陪伴"家长沙龙——以"优秀家长"为示范引领，研究"智慧陪伴"的真意
	"七年级再见，八年级再见"家长沙龙——家长读书分享会，布置假期任务
情绪管理 （八上）	"孩子需要被看见"家长沙龙——以"高质量陪伴"为研讨对象，共读《正面管教》
	"我的八年级危机"家长沙龙——录制男女生《我的八年级危机》视频，分家长团队进行研讨，如何正面青春期
情感管理 （八下）	"师徒结对，抱团成长"家长沙龙——分团队组织家长沙龙，进行团建活动
	"成长是场马拉松"家长沙龙——《你想成为怎样的人》亲子阅读分享会
	"生地藏万象"家长沙龙——生物和地理会考指导
学法指导 （九上）	"奇迹，奇必有迹"家长沙龙——分析中考改革形势，强调"学习过程"
	"九年级不易，同心共力"家长沙龙——分团队每月学习总结，分享《成长的足迹》
生涯规划 （九下）	"我们心中的南山南"家长沙龙——目标高中分享会
	"调整心态，有的放矢"家长沙龙——段考后各科总结与学习指导
	"方向要对，状态最贵"家长沙龙——中考考前指导

第一模块对应七年级上学期。家长沙龙的核心要点是"习惯养成"，学校安排的是"小初衔接，同心同德"以及"好习惯，共成长"家长沙龙，这两场沙龙的主要目标就是告诉家长在小学升至初中时习惯培养的重要性。因为，学生从小学进入初中，一般会经历小初衔接的适应和磨合的过程。这主要体现为原本仅有的三门课程突然增加到七门，传统的学习习惯也许可以给他们带来不错的学习效果，但是面对新的学习任务和学习强度时，旧的习惯将不再适用。因此，对于原本在小学阶段有着良好学习习惯的学生，必须优化既有的学习习惯使之更好地适应七年级乃至整个初中阶段的学习和生活，不但要提升效率还得提升心理抗压能力，学会整体规划时间，等等。对于小学阶段仍然没能建立起良好的学习习惯的学生，家长则需要重点引导其建立良好的学习习惯和心理习惯，在面对高强度的学习时能够快速实现调整和转向。在具体的实践过程中，这些习惯的建立表现为一些细节上的塑造，比如以"时间本"的形式规划第二天的学习和生活，这样具体的措施可以让家长有的放矢地进行指导。班主任给出的建议，一般源自长久以来的经验积累，所以，家长

沙龙可以直接复制和模仿既有的策略，使其贴合孩子的需要。

第二模块对应七年级下学期。虽然延续了七年级上学期的家长指导策略，但是这时候家长内部的差异逐渐显现，即有一部分家长有效地帮助孩子建立了新的习惯，使他们很好地适应了初中的学习，但有一部分家长仍然不知所措。虽然班主任给出了具体的指导意见，但是这些意见往往过于粗疏且缺少针对性。为了弥补这一缺憾，这一学期的家长沙龙将主要任务锚定在成功帮孩子建立新习惯、发挥学生的引领示范作用上，邀请在帮助孩子重塑新习惯方面十分到位的学生家长来与其他家长分享自己的成功案例。由于这是从家长自身出发来陈述自己重塑孩子习惯时的行为，更有利于其他家长对照自己的行为，从中吸取经验和教训，推进初中生习惯的塑造。

第三模块对应八年级上学期。随着八年级的到来，大部分的学生已经基本调整好了心态，完成了由小学生到中学生的转变，无论是在生理还是心理上，他们都已经变得更加成熟。随之而来的问题就是他们开始独自面对大量的情绪和情感问题，而随着年龄的增长，学生与家长的沟通会存在一些不顺畅甚至暂时拒绝沟通的状况，这样，学生的情绪无法得到释放、情感无法得到抚慰，将影响学生的学习和生活，从而给家长带来更大的焦虑。所以，八年级上学期的家长沙龙就聚焦于学生的情绪管理和情感疏导。在家长沙龙中，班主任会组织家长进行研讨交流，可以让家长发现各自家庭里孩子的行为举止和难以沟通的心理现状都不是特例，而是特定年龄阶段的学生特有的状态，而且很普遍。那么，班主任就可以从两个方面来引导家长对孩子进行正确且有效的引导。所以，"孩子需要被看见"的家长沙龙事实上就是在让家长重新审视孩子的"无理取闹"，深入理解其行为举止，以便更行之有效地对孩子进行引导，家长还可以通过让孩子更多地与同辈进行社交活动来缓解自身的危机，即通过同辈的镜映行为来为孩子创造排解情绪和疏导感情的机会。

第四模块对应八年级下学期。八年级下学期的任务分为两个板块。第一个板块是为了承接上一学期的任务，即继续关注学生的情绪和心理健康。但是，由于初中的学习生活已经过半，学生已经适应了以团为单位开展各种社会实践和学习活动，因此团内的各位成员相互结成了较为亲密的关系。这在很大程度上也为家长的相互学习和经验交流创造了契机。因此，八年级的"师徒结对，抱团成长"实际上是将原本自发的镜映行为变成更为细致的、可引导的、相互学习的行为，从而让家长模仿和学习的对象变得更明确。家长在调节孩子心理时也能更加有针对性，甚至可以利用团内同学的友谊为孩子的情绪调节和情感规训提供行之有效的措施。八年级下学期的另一个板块则与初中三年的第一次重大考试，也就是生物和地理会考相关。由于原本的学业压力在八年级下学期突然提升了一个档次，学生在适应的过程中必然会经受巨大的考验，这一考验显然需要家长介入和疏导，所以，八年级下学期的第二个家长沙龙板块就明显地指向了升学的第一站，即生物和地理会考。家长需要尽最大的努力给学生提供精神和其他生活方面的支持，并且要尽量让学生理解在面对巨大的心理压力时产生的各种糟糕的问题。

第五模块对应九年级上学期。随着年级和班级的整体氛围逐渐聚焦于中考，这段时间学生和家长最关注的问题就是如何合理地规划和安排，为学生的学习成长赋能。所以九年级上学期的家长沙龙就非常有针对性地为家长讲解中考的基本趋势和政策，让家长在给孩子提供的指导中能够有的放矢，且能高度配合学校的教育工作，以最大程度地释放孩子的潜能。与八年级类似，九年级上学期的家长沙龙仍然强调团队作战，但是这时候重心已经从德育转向备考，也就是以团队为单位进行学习，那么家长也可以以团队为单位交流中考的备考经验。

第六模块对应九年级下学期。此时的学生和学校已经整体进入全面备考状态，这也是整个初中学段学生心理压力最大的时候。这时候对学校而言，所有的工作重心已经不仅仅是教学和有条不紊地准备中考，还有一个更为重要的任务——帮助学生和家长调适心理，以积极的心态迎接挑战。所以，在这一阶段的家长沙龙中，所有的重点都放在心态的调整上。这既包括学生心态的调整，也包括与之相伴的家长心态的调整。在这一阶段，一次考试的成绩会很大地影响学生和家长的情绪，家长沙龙的一个主要目的就是通过更多的事实和案例告诉家长抓大放小，让他们明白所有大的方向才是需要关注的。也就是说，一次考试的失败不具有决定性的意义，持久和有效地针对中考进行准备才是正确的备考思路。在这一过程中，家长沙龙还可以充分利用优秀的学生和家长的学习经验，让更多的家长稳扎稳打地帮助学生增强自己的弱项，巩固自己的强项，以便在最后的冲刺阶段取得更好的成绩。

总而言之，长郡双语实验中学的家长沙龙建立在序列实施的基础之上，并且在长期的实践中取得了出色的效果，家长不但得到了更有针对性的指导，而且还缓解了学生在成长过程中给家长带来的焦虑，避免了可能造成的家庭冲突。这就是具体层面的协同育人活动，不但能够有效地衔接家庭和学校，也在学生、教师和家长之间建立了有效的沟通和交流的渠道。一旦渠道畅通，那么围绕学生产生的各方面信息都会促成更有效的回馈机制。当四个层级的协同育人体系建立起来，那么，无论是宏观层面的教育理论、法律政策的传播，中观层面的心理辅导，还是微观层面的教育行动技巧指导，都是家长教育中必不可少的部分，并且它们的相互配合以及协同作用将会更有利于家校冲突的缓解，促进家庭和学校在学生培养方面的协同一致，从而将学生的潜能发挥到最大的程度，并且给学生创造一个更美好的教育氛围。

（三）案例解析：家长讲坛序列活动与主题选择

家长讲坛序列活动是以班级为单位开展的家校共育活动的一部分，整个活动的实施和开展最需要仔细斟酌的因素是讲授者本身的身份、职业、阅历和知识结构（如表6）。因此，在开展家长讲坛序列活动时，如何选择合适的家长以及合适的主题就显得尤为重要。学校必须根据各个班级的实际情况选择合适的家长，通常有演讲、授课经验，或个人魅力较强、表达流畅的家长更容易被发掘为家长讲坛的授课教师。班主任在实践过程中应更重视对主题的选择与把控，形成序列活动设计。长郡双语实验中学刘薇老师在班级开展家长讲坛时便采用了序列活动设计的模式（以往开展的家长讲坛序列活动见下表）。根据刘薇老师的实践经验，家长讲坛序列活动的主题选择遵循两个基本的原则，它们分别是"家长把麦"和"班主任把关"。

表6　家长讲坛序列活动

家长讲坛	家长职业	讲坛主题	讲坛地点
第1期	检察院检察官	《未成年人保护法》	2222班教室
第2期	公务员	"信念、学习、奋斗"	2222班教室
第3期	无业，博士在读	"朴实沉毅，做解决'卡脖子'问题的核心栋梁"	2222班教室
第4期	高二学生	"成为星星，不止奇迹"	科技楼327教室
第5期	退休教师	"待到艳阳日，摘我园中蔬"	生态植物园
第6期	博士生导师	"风雨兼程三十年，与中国高速铁路共辉煌"	2222班教室
第7期	儿童医院医生	班级篮球赛	校篮球场
第8期	数学奥赛教练	"探索数学奥秘"	2222班教室
第9期	记者	"用文字讲好新闻故事"	科技楼327教室
第10期	家庭教育指导师	"迎接青春期"性教育主题讲座	2222班教室
第11期	中学体育教师	"未雨绸缪早锻炼，厉兵秣马备体考"	2222班教室

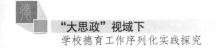

1. "家长把麦"

"家长把麦"指的是家长讲坛序列活动的主讲人是家长，家长可以自由地提出主题。家长在选择主题时，通常会结合自身的职业身份来开展相关的活动，或更灵活地挑选出自己感兴趣、更擅长、更有启发性的内容来讲授，这样往往会起到更好的课堂效果。

结合家长的职业特性来看，这仍然是确定授课主题的最主要因素。

例如，刘老师的 2222 班第 9 期的家长论坛邀请的家长是记者，新闻科班出身的她主讲的题目是"用文字讲好新闻故事"，这样的授课主题显然能将文字工作者的一线工作经验传授给学生，让学生得到更多贴合实际的语文学习经验，也能够通过更加具体的事例帮助学生理解语文学习在未来工作中的作用。事实上，家长讲坛序列活动的主题并非一定要与学科课程息息相关，开阔视野本身也意味着知识面的拓宽。例如，2222 班第 6 期的家长讲坛题目为"风雨兼程三十年，与中国高速铁路共辉煌"，这位家长作为高校的科研人员，也是中国高铁建设的实际参与者，负责设计和研发高铁运行中的相关安全工程。他通过自身的实践经历向学生讲授中国高铁在过去三十年中如何经历变迁并最终取得如今的辉煌成就的历程。虽然七年级学生在如此小的年纪暂时不能理解高铁工程的技术，但是通过家长亲身经历的讲述，他们至少在心中埋下了一颗种子，种子里既包含了对国家和民族科技发展的骄傲，也包含了对未来职业发展的潜在愿望。虽然学生可以在互联网和电视上看到各样行业的榜样，并且被他们的事迹感动，但是近距离接触身边的普通从业者和一线工作人员，可以更好地激发他们对国家、民族和社会事业的认同感。

虽然有许多家长结合自身职业在家长讲坛进行了分享，但是班主任不能想当然地以为家长就应该以此为切入点来开展活动。所以在与家长协调沟通的过程中，班主任应当充分调动家长的积极性和主观能动性。例如，2222 班第 7 期的家长讲坛就别开生面，其主题是"班级篮球赛"，而且开展的地点就是学校的篮球场。有意思的是，这个家长讲坛的主讲人并非体育行业的从业者，而是省内著名儿童医院的医生，按道理他可以分享自己的职业生涯经历，帮助学生树立对医生职业的更立体的认识。但是，刘老师在设计过程中认为，这位家长的孩子从小被他作为专业的篮球运动员培养，他认为孩子在初中阶段就应该在学习之余将主要的时间花在运动上，所以他的理念就是体育运动应该成为人的一生中的一个持久的爱好，每个人都应该将少年时对运动的痴迷和热情保持下去。刘老师想，不如以此为主题，请他来讲一讲竞技体育相关的内容，而且学生应该也会非常喜欢这个主题。在之后的体育节篮球赛中，学生一致请求刘老师出面，邀请这位有着很好的"学生认同度"的家长作为班级篮球队的教练，指导篮球训练。2222班组成了一支18人的篮球队，且篮球队在他的带领下获得了全校篮球赛的冠军。刘老师认为，从某种角度来说，正是因为这位家长的非运动员身份，在讲授这个题目的时候才更加具有吸引力和说服力。这正是让家长从兴趣与理念而从非职业出发设计家长讲坛主题的一次有益尝试。

不难看出，家长讲坛的主题应当由家长自由地选择，须为家长自己感兴趣且能胜任的主题。虽然职业是一个比较重要的考量要素，但不是唯一的。只有这样才能让整个家长讲坛的主题更丰富和多元，也更能吸引学生的目光。

2. "班主任把关"

刘老师在长期开展家长讲坛的实践活动中发现，在家长讲坛的实施过程中存在着一个基本的悖论：一方面，家长讲坛的最大魅力在于家长丰富多彩的职业属性，这也是大多数家长选择职业作为家长讲坛主题切入点的一个普遍原因；另一方面，由于大多数家长并非教育从业者，所以其主题选择又必须兼顾中学生的知识储备和阅历等。一些长期在某一领域内深耕的家长，对于初中生认知能力的了解往往来自自己的孩子，而这却并不能反映班级的普遍状况。在这样的前提下，作为最了解班级学情的班主任，他们的把关就显得尤为重要，他们给家长提供选择的主题，另外还要讲授技巧上的一些基本引导。除此之外，班主任还得避免家长讲坛主题过于同质化，兼顾家校共育的各个维度，因此"班主任把关"还意味着班主任需要根据班级状况主动地设计一些活动。根据刘老师开展的活动经验总结，班主任的任务包含了三个维度。

第一个维度是进行同质化主题限制。如上所述，家长比较喜欢结合自身的奋斗经历、求学经历来讲述巨大社会变迁中的个人能动性，并以此作为对学生人生观价值观的引导。比如，2222班第2期家长讲坛的主题是"信念、学习、奋斗"，就是一位公务员结合自身经历，向学生讲述如何通过不懈的拼搏和努力，从小事做起，脚踏实地地解决一个又一个问题，最终因为出色的工作表现被组织提拔的故事。这期家长讲坛本身的确起到了很好的效果，给了学生极好的关于人生奋斗的演绎。但是,由于这是开学后的第2期,后续家长再想要讲类似的主题,班主任就不得不引导家长做出一些变化。所以,刘老师在与后来的家长进行交流的时候,便将有些家长的个人奋斗史与家国情怀进行了非常有益的结合,这样就以以小见大的方式,从家长的个人奋斗看到了国家的崛起。例如,第3期的家长讲坛主题是"朴实沉毅,做解决'卡脖子'问题的核心栋梁",这位家长曾经是中国军用芯片研发的直接参与者,如今是民用芯片的研发人员,他在过去的几十年中深度参与了中国芯片的崛起之路,对"卡脖子"问题有着自己亲身的感悟。通过这种转换,我们更容易从个人奋斗中看到家国情怀,是思想政治教育的好素材。

第二个维度是考虑学情,兼顾学生的平均水平。2222班的家长中不乏专业的教育从业者,如数学奥赛教练。按道理来说,由这位家长讲授一些数学学习的方法也是可以的,但是,这类家长长期接触的都是理科学习能力最顶尖的高中生,他们对知识的理解和吸收能力远超平均水平,更不用说本次的讲授对象是初中阶段的学生。因此,刘老师认为,请这位家长来讲授数学学科的学习内容是不合适的,他无法把握普通的初中学生在数学学习上的主要问题。所以,刘老师邀请家长的时候与他商议主题,最后定为探索数学奥秘。虽然这次讲座中,他讲解了许多竞赛生学习数学的例子,但更重要的是围绕数学本身的美展开讲述,并不以传授数学方法为主要内容而是重在激发学生对数学的兴趣。他强调数学竞赛本身并不重要,重要的是学生能够对数学保持持之以恒的热爱,这种热爱既体现在这位家长身上,也体现在他的学生身上,更体现在他的孩子身上,这场家长讲坛在班级形成了积极的引导效应。

第三个维度则是进行差异化主题的设计。在刘老师家长讲坛的序列设计中,刘老师比较为难的一点在于"普法""体育""劳动"等相关主题缺乏合适的家长讲授。好在有家长主动承担了体育的相关主题,如第1期的《未成年人保护法》、第7期的"班级篮球赛"和第11期的"未雨绸缪早锻炼,厉兵秣马备体考",但是劳动主题一直缺乏合适的人选。通过与家长的日常沟通,刘老师得知2222班某位同学的奶奶长期打理着自己家的菜园子,而学校的每个班级都在校园生态植物园认领了一块"班级菜地"。因此,她邀请这位奶奶来到班上给学生讲授最基本的种菜技巧,这就是第5期的家长讲坛主题"待到艳阳日,摘我园中蔬"。这样不但丰富了学生对劳动自身乐趣的理解，还增进了学生的劳动积极性。这位奶奶在家长讲坛之后，每个月定期地到学校带领学生去菜地进行实践操作，可以说是手把手地教学生如何进行劳作，并且以十分生活化的方式教学生认识植物在生长中的诸多特性。

刘老师认为，这正是序列活动的意义所在。只有在一个序列中，一个班主任才能敏锐地意识到什么是没有被重视的内容，并且想办法对之进行补充。每一次活动的实施，具体应对的情景是千变万化的，所以每位班主任在家校共育过程中真正需要做的是因地制宜，这也就意味着班主任将自身的主观设计建立在客观的教育资源之上，既充分尊重家长的主观能动性，又紧密结合学校教育的需要，真正实现家庭之间的教育资源共享，为家校共育提供切实可行的实践路径。

（案例来源：刘薇）

四、个体层面：个人指导

（一）个人指导的内涵和特点

即便协同育人序列已经涵盖学校、年级和班级层面，但是学生家长的问题仍然不可能得到充分的了解和针对性的支持，因此，作为以上三种类型的补充，长郡双语实验中学还会针对个别学生的家长进行个人指导。这种指导的一般施行主体是班主任，而且是针对一个家庭的一对一指导，具体的实施形式为"全员教师大家访"和"问题导向型家庭教育指导"，在全体教师的不懈努力下，全员教师大家访也呈现"全面铺开，重点突破，过程跟踪，序列导向"的特点。

之所以这样做是因为具有以下的优点：首先，这样可以建立良好的沟通机制，一般家长可能会积极参与学校各个级别的活动，但是考虑到家庭的差异以及对个体的尊重，必须兼顾有些家长更喜欢一对一的方式来交流孩子的相关情况。所以，在定期的家长会之外，班主任还可以利用电话、短信、微信、QQ等工具保持与家长的日常联系，及时沟通学生的学习和生活情况。其次，这样给出的指导意见会更加具有针对性，从学校层面到年级层面，再到班级层面，是逐渐聚焦到个体的过程，而且也是针对性逐渐增强的过程。范围更大的序列活动针对的受众群体也更大，但是总会有少数学生属于统计范畴之外的特异体质，需要给予更多的关心和关注，其家长也需要更多的耐心沟通。最后，私人化的交流环境更有利于家长表达更多关于学生的相关内容，对家长的现场观察也更有利于班主任了解学生在家庭生活中的相关情况。

（二）个人指导的实施策略

个人指导是具有针对性的指导，只包含两个基本的组成部分，不构成一个明显的模块化体系：第一个是全员教师大家访，即由班主任和任课老师组成的交流团队前往学生家里进行实地走访；第二个是问题导向型家庭教育指导。

全员教师大家访是班主任联合任课教师在休息时间前往学生家里进行实地走访的一种形式。一方面教师可以在更私人化的场景跟家长交流，让家长敞开心扉，形成更有效的交流，有助于家长更多地透露学生的相关情况。另一方面班主任可以观察学生家庭的相关情况，包括人员构成、生活的环境、生活的习惯等，甚至可以通过观察平时并不常接触的其他家庭成员，并与之交流，来寻找学生存在的一些问题的生成原因。这样让教师对学生的信息掌握更全面。长郡双语实验中学以贯彻落实教育部等十三部门联合印发《关于健全学校家庭社会协同育人机制的意见》等文件精神为契机，加强家校沟通互动，及时传递教育理念与方法，确定了“全员教师大家访”的具体办法。

1. 全面摸排，重点突破

学校根据日常教育管理和近期摸排情况，以“四特”学生（特殊家庭、特异体质、特殊心理、特殊行为）为重点对象，以关注了解学生的思想情绪波动、言行表现、确保学生安全为重点内容，分步骤、分年级编写学生家访方案，有序推进家访活动深入开展，实现家访全覆盖。

2. 持续关注，建立学生成长记录本

全员教师大家访活动分层持续推进。一方面，各年级利用本学期开学后的周末进行实地家访和线上访谈，制作详细的学期家访安排表，引导教师做到家访全覆盖。另一方面，学校引导教师将七年级暑期的家访和八年级暑期的家访进行对照总结，将学生的进步展现出来，将家访活动序列化，使家访成效长远。

3. 借助网络，打破时空限制

教师暑假家访会尤为关注“四特”学生的家庭情况，有些家长和学生对教师到家中实地家访感到压力，所以教师也会采用网上视频家访或者电话家访的方式。在信息化社会，微信、QQ等熟悉的沟通平台，可以有效打破时间、场地的局限。利用线上平台，教师将指出的问题及方法可视化，家长随时重温，教师再有针对性地

推送家庭教育的相关知识给家长，指导家长提高家庭教育认识水平。

4. 党员示范，调动教师全员参与

在全员教师大家访活动中，所有党员教师、班主任、副班主任、思政教师、心理教师均参与其中。班主任牵头成立家访小组，和任课老师一起制订家访计划，对家访对象、时间、谈论的内容、形式进行安排，并对学生过去一年常规习惯、行为表现和学习习惯等进行分析，组队共同完成家访工作。

在这种一对一的家访中，教师不仅宣传家庭教育方法及心理健康知识，指导家长转变教育观念，用科学的方法教育学生，帮助家长树立正确的人才观和价值观，还与家长共商促进学生发展的教育措施、方法和手段，如提醒家长做好学生的交通安全教育，消防安全教育，饮食安全教育，雷雨天气安全教育和防网络沉迷、防盗、防骗等安全教育的监督管理工作，让学生阳光生活，健康成长。

而问题导向型家庭教育指导主要指的是当学生出现了较为严重的行为偏差或心理问题时，班主任进行一定程度的干预，甚至提出更进一步的就医指导建议，鼓励家长能够正视学生的各个方面问题。这种定制化的服务一般是针对带有较为严重的心理疾病的学生及其家长，这样的家庭本身也不同于一般家庭，不可能按照既有的序列活动来进行指导，因此需要班主任区别对待，并且付出更多的耐心和关心。

（三）案例解析：全员教师大家访与问题导向型家庭教育指导

最近几年，习近平总书记对家庭、家教和家风建设有许多论述，如"家庭是人生的第一个课堂""家风是社会风气的重要组成部分"。家访能让教师切身感受到学生的成长环境，在了解家长的文化素质、家庭教育状况的基础上，对学生有更全面的认识、分析和理解，有利于给予家长更有针对性的指导。家访还是沟通教师、家长和学生心灵的桥梁，织成家长与教师达成共识的纽带，是促使学生健康成长的重要方式。在担任班主任这11年来，我更深切地感受到了家访在德育实践中所发挥的重要作用。

1. 家访的必要性

英国教育家斯宾塞在《斯宾塞的快乐教育》一书中说："即便是饲养一头牛、一匹马，人们都知道应该去获取相关的一些喂养知识，更何况养育的是自己的孩子。"不懂教育的父母，就如同一个做生意的人不会算账、一个没有学过解剖学的人给别人进行外科手术一样，对孩子身体、道德、心智方面了解甚少的父母和教师

都无法顺利指导孩子，所以教师需要了解学生的家庭情况，家长需要了解学校里孩子的情况。随着通信工具的多样化，尤其是 QQ 群和微信群的盛行，很多的互动停留在了电话、微信、QQ 上，而通过这几种方式了解的信息又显得过于单一和零碎，比较片面。接手九年级 7 班，面对 45 位稚气可爱的学生，他们在初中前两年养成了很多随性的习惯，很多学生已经抱团，这让班级教育显得很无力，单方面和班主任的互动具有很强的局限性，学生对家长和教师的依赖性极强。为了实现学校和家庭教育的良好衔接，家访显得尤为必要！

2. 家访时机

最适合的家访时机一般都出现在学生和教师有一定接触和了解之后，在班级管理过程中，我一般会选择暑假进行家访。家访前，我会充分了解学生在前面两年的表现（常规表现、活动表现、学业成绩等），再进行家访。家访后，我与家长达成了一定共识，若之后学生出了问题，我建议家长走进学校进行校访。这样也能让家长第一时间更了解学校的各项要求和措施，更好地配合班级。

3. 家访准备

良好的准备是成功的一半。暑假伊始的家长会上，我就要求学生在父母的帮助下做了暑假 48 天假期的大概规划，制成表格。学生将规划内容分为学习、家务、体育锻炼、旅游、特长练习等部分，上传至家长微信群，并打卡确认。规划上传至微信群也可以供家长相互借鉴，相互监督。我下载后保存。

根据学生所发的暑假计划里的时间空当，我在暑假将半的 8 月 1 号开始预约家长，制定家访计划，对家访对象、时间、谈论的内容、形式进行了安排，并对学生过去一年常规习惯、行为表现和学习习惯（大考成绩，家长会记录本上的家庭会议记录）等进行分析。家访出发前，我会准备矿泉水、雨伞、智能手机、移动电源等必备物品。

4. 家访过程

我一般先选择对各方面都优秀的学生进行家访，因为前面家访所获得的优秀学生的经验之谈可以成为后面家访的教育素材。我每天大约早上 7 点出发，一个家庭的家访时间一般为一个半小时左右，采用车行和步行相结合的方式，尽可能不给家长带来负担和麻烦，也尽可能体会学生来学校每天必走的路。到达家庭后，我一般先了解学生学习场所周边的情况，分析有利于学习的诸多因素，了解学生平时在家的生活习惯和学习情况，拍摄卧室、书房的布置，检查暑假作业（语、数、英）的完成情况，并逐个登记。座谈的地方一般选择在客厅，我简单表明来意后，让学生说一说这两年来学校和班级的收获以及困惑，让家长说一说学生初中两年来的成长和改变，以及与学生在交流中出现的问题。在逐条记录的同时，我会适时肯定并展望学生在学校和班级这几年来的成长，尤其会强调学生在学校对教师和家长表现出的感恩之心。然后，我会对班级"三个一"项目，即一个良好的学习习惯（必须有整体规划，了解初中各科学习的目录，找到各科学习的套路）、一项特长（必须挖掘或者重拾）、每天一个小时的体育锻炼加以介绍，强调坚持和落实，过程中几乎所有家长和学生都在旁一一做好笔记。最后，我对学生八年级到九年级的转换提出期待，面对部分学生的逆反心理，嘱咐家长继续坚持周末半天的亲子活动计划。对部分自觉性比较差的学生，我要求家长必须严控学生的网络使用，建议家长应该马上和学生对教师家访的要求进行梳理，形成落实可行的条文。

5. 家访心得

第一，获得更真实和全面的教育教学素材。苦行僧式的家访几乎深入每一个学生的家庭，诚心地与学生、与家长交流，让我了解了很多档案上看不出来的东西，认识了更真实、更全面的学生。有些学生本来让人觉得很难管，但走进他的家庭后，看看他儿时的照片，看看他小学获得的奖状证书和周末亲子活动的照片，知道了他的一些生活经历，便觉得教师与家长、孩子心灵的距离更近了。我将所见所闻做好详细的记载，将这一份份记录都整理出来，为即将到来的八年级教学工作做好准备，为以后的教育教学带来更多的底气。

第二，家长和教师增强了互信，极大提高了班级凝聚力。由于我能耐心地向家长讲述班级不同层次学生的不同要求，帮助家长明确方向，解决孩子学习和生活中的一些具体困惑，增强了家长的目标意识和信任度，也让家长对学校的教育有了更实在、更走心的了解。家访让家长觉得协助教师，就是帮助自己的孩子，落实学校要求，必将使自己的孩子受益。

第三，家访也给我本人上了一课。因为一个学生在班上不过是五十分之一，而在家里，却是家长的百分之百，寄托了家长厚厚的期望。在家访时的交谈中，教师深深体会到家长的期盼，我深感责任重大，对今后的工作丝毫不敢有懈怠之心。户户家访走出了用心为教育服务的第一步，也让初为人父的我学到了很多优秀的育儿经验。这次家访让我对整个班级有了全面的了解，为以后的班会、家长会等学校教育活动提供了更多的素材和案例，让我有了底气和自信，更让我明白面对问题，主动沟通是最关键的。教育者唯有遵循内心的声音，迈开实践的脚步，用心去发现，用心去沟通，用心去坚持做好自己的本分才是对教育最好的尊重。班级的工作细致而具体，可以说是千头万绪。班级的问题，学生的教育不可能通过一次家访就可以全部解决，但是开学后，我看到了学生走进班级时的欣喜和改变，学生看到我似乎有了久违的亲切。除此之外，整个假期苦行僧式的家访也让我体会到了作为长郡双语人的幸福感、认同感。德育实践，家访先行，我将永远走在学习和通往优秀的路上。

（案例来源：唐超）

第三节　协同育人序列经验总结

　　家长学校、家长团辅、家长沙龙和个人指导"四位一体"的协同育人序列活动在实施过程中有效地解决了很多传统的学校在进行协同育人时遇到的问题。如，增加活动的维度和活跃度，扩大受众的覆盖面，等等。但是，有些问题不是单靠学校就可以解决的，比如现代社会节奏过快导致的家长时间难以得到有效保证，而学校只能从自身出发在最大程度上提供解决这些问题的最优方案。在具体实践的过程中，长郡双语实验中学积累的经验主要由以下几个方面组成。

一、明确学校在协同育人工作中的职能定位

　　学校应定位为家庭教育的指导者、家校合作的协调者和教育资源整合者。这样就意味着学校的角色不是家庭教育的终结者和干预者，而是有别于政府和社会力量的职能定位，学校只能在有限的能力范围内对家庭教育进行综合性指导。由此可以推论，对家长教育行为的指导和对学生进行的教育规训应当区分开来，学校因为自身的特点，应以指导为主，不要过度干预学生家庭。

　　此外，进行协同育人时，学校更重要的职责是搭建家庭和学校之间的更有效的

沟通平台。学校可以利用自身优势，让家长接触到除了班主任和任课教师之外的其他教师和专家，从而让家长获得全方位的教育信息，以避免单一信息渠道带来的教育问题。最重要的是，学校本身担负着整合教育资源并给家长提供服务的职能，这也就意味着学校在协同育人方面并不是扮演一个教育机构的角色，而是一个平台，这个平台是各方面力量汇集的场所，包括一线教师、教育专家、心理专家、医学专家等群体，他们从社会角度为家长提供指导，而学校除了给家长的家庭教育提供有效的策略指导，也给家长提供超过学校教育以外的信息渠道。所以就设计初衷而言，学校在发挥协同育人作用时，充当了沟通平台的角色，而非一个简单的教育机构。例如，长郡双语实验中学开展了"庭院花开早，星在天间闹"活动，带领家长和学生走进国防科技大学，探秘北斗，感受国家国防科技力量的强大，激发学生在未来的学习中要用知识武装自己的大脑，为祖国强盛做出自己的贡献的爱国热情，也给家长带来了更多家庭教育大餐。这就是学校在充分发挥教育资源的整合能力，为家长提供更多的亲子教育契机。

二、构建多元化的协同育人服务体系

在协同育人的具体实施过程中，学校面临着家长因工作忙碌或时间冲突而无法参加的问题，那么，最有效的对策之一就是不仅仅利用传统的方式，在现实意义上建构一个实体化的家长学校机制，而且将学校的协同育人序列活动理解为一种全面的教育指导服务系统，这个系统既包括物理空间中的家长学校，又包括虚拟层面的家长学校，或者说以微课形式呈现的家长团辅和家长沙龙。当然，需要明确的是，现实层面的各类协同育人序列活动也不能因为现代通信技术的发达而取消，因为面对面的指导大多是有效的针对性指导，这种家长与学校之间的有效互动是整个家长学校的核心之一。但是，这也并不意味着我们只能采用唯一的形式。所以，家长学校机制的运行可以通过线上线下结合、专题讲座、工作坊、案例分享等多种多样的形式，为家长提供多样化的学习机会。这样对于那些在工作与家庭之间难以实现平衡的家长来说，他们也能通过互联网交流、微课网络回放等多种多样的方式来获取学校提供的多种多样的资源。这也就意味着成熟形态下的协同育人序列活动将逐步完成由单个的活动、事件向数据库形态的转型，可以在应对各种既有问题时以最快的速度为家长提供合适的一对一指导。

三、提升协同育人的专业化水平

专业化水平的提升是增强家长学校效用以及维持家长参与热情的一个主要途径，但是学校在协同育人方面的专业化水平不能仅依靠教师个人能力的提升。一方面，学校教师通常是某一特定领域内的专家；另一方面即便是作为德育专家的教师，他们在心理辅导的技巧、心理学相关的理论和经验方面也不一定能够完全达到专家的标准。所以要提升学校协同育人序列活动的专业化水平，需要从以下两个方面来入手。

第一是最基础的方面，就是从自身出发，提升自身实力。毕竟学校教育资源的主力是学校的教师，为了加强师资队伍建设，在引进和培养师资时，学校可以适度向具有心理学背景或者有志于教育心理咨询的教师倾斜，在条件允许且确实需要的时候，还可以模仿国外的做法，引入专业家校协同育人师，增强课程内容的科学性和实用性。

第二则是需要综合考虑学校的实力和平台资源整合的能力。学校要广泛利用家长学校这一平台，通过家长寻找更适合担任家长学校指导专家的人士来为家长学校开设相关的短期课程、讲座、对谈、工作坊等。

四、增强家长参与的主动性和积极性

增强家长参与的主动性，需要三方面的联动。第一方面是前期情况的了解。学校通过调查了解家长需求，合理安排活动时间，采用灵活多样的参与方式，提高家长的参与度，即以家长的时间为尺度进行综合调配。第二方面是丰富活动的形式。家长缺乏主动性的原因之一是活动类型长期且单一，因此，为了面对不同家长的需求，学校可以考虑在授课之外，组织更具有特色的讲座、对谈、工作坊等，以家长为活动主要参与者的对谈和工作坊的形式将更有利于他们表达自己的诉求和关心点，也更有利于学校获取家长方面的信息。第三方面是通过创建品牌的方式，制造社会效应。社会效应会鼓励家长参与，在品牌建设的过程中，学校可以积极地传播家长学校的作用和时间、地点等信息，这有利于学校的品牌认知，促进家长的参与。

五、建立家校互动的反馈机制

学校要建设家校交流平台，建立家校沟通的常态化机制，促进家校信息共享和协同育人。常态化的长效机制除了日常化的运作方案、设计和实施步骤以外，尤为重要的是得确保反馈机制的畅通。这也就意味着，家长的主动性会被调动起来，尤其是当反馈得到正面的回应时，家长会更多地参与其中，这会更加有助于家长学校品牌的树立及传播。即便在学生离开学校之后，学校仍然能够在协同育人体系的反馈机制中改善自身，从而获得更大的影响力。

学校的协同育人序列的建设和实施是一项系统工程，需要政府、学校、家庭和社会的共同努力。通过明确职能定位、构建多元化服务体系、提升专业化水平、增强家长参与度和建立长效机制等策略，学校可以有效推进家长学校、家长团辅和家长沙龙"四位一体"的协同育人体系的发展，促进家庭教育质量的提升。

综上所述，"四位一体"的协同育人体系内涵丰富，它不仅能有效指导家庭教育，也能协调家校合作，更是现代教育体系中不可或缺的一部分。通过家长学校、家长团辅、家长沙龙、个人指导在四个层级上的有效、协同运作，学校可以促进家庭教育与学校教育的有机结合，为学生的全面发展提供更加坚实的力量。

后 记

2024年是长郡双语实验中学建校十五周年。十五年栉风沐雨，十五年砥砺前行。在这十五载春华秋实中，学校在传承百年长郡"朴实沉毅"的基础上，守正创新，锐意进取，始终坚持以学生为本、以德育为先，坚持把立德树人融入学校的学科教学、日常管理、学生活动等各环节，培根铸魂。值此十五周年校庆之际，我们回看学校德育发展历程，总结和梳理学校德育工作的经验特色与不足之处，以促进学校未来的发展，抛砖引玉，为新时代中学德育发展提供一个探索样本，这本身就是一件很有意义的事情。

撰写本书的初衷，在于充分整合影响德育的各个要素，依据党建引领德育的时代要求和《指南》的指导，从组织育人、课程育人、文化育人、活动育人、实践育人、管理育人、协同育人七个方面，全面梳理学校近十五年德育实践，形成纵向有序、横向贯通的学校德育工作协同机制，使学生成人成才，使教师减负高效，使学校活力健康。

独行快，众行远。如果说书中有一些创新与成果，那也是学校全体教职工的工作结晶，我只不过是一位"串珠人"。学校的老师们年复一年，默默耕耘，在一线用心用情对待学生家长，认真开展德育实践与研究，用行动践行着"为党育人，为国育才"的初心使命。在本书的具体编写中，除编写小组核心成员外，以下教师也积极参与：梁小莉、孙甜甜、严娇、毛德凤、孟莉、何孟苹、袁金秀、叶建祥、李慧、刘美妮、王胜群、胡燕娜、唐超、罗丽、胡晓君、张诗嫣、刘蓉芳、吴娟、朱雅琴、康江昆、于林利、叶滔、陈琼琳、谢芳、吴畅、王凤、邢丽、文旭、李格、杨父立、姚琴、雷子帧、曾其文、胡清清等，因篇幅所限，还有很多为学校德育发展、为本书的编写出版做出了贡献的领导、教师、学生未能在书中一一署名，也在此一并表示衷心的感谢！

由于时间仓促，限于本人的认识水平，书中尚有不妥之处，敬请指正。

黄宁